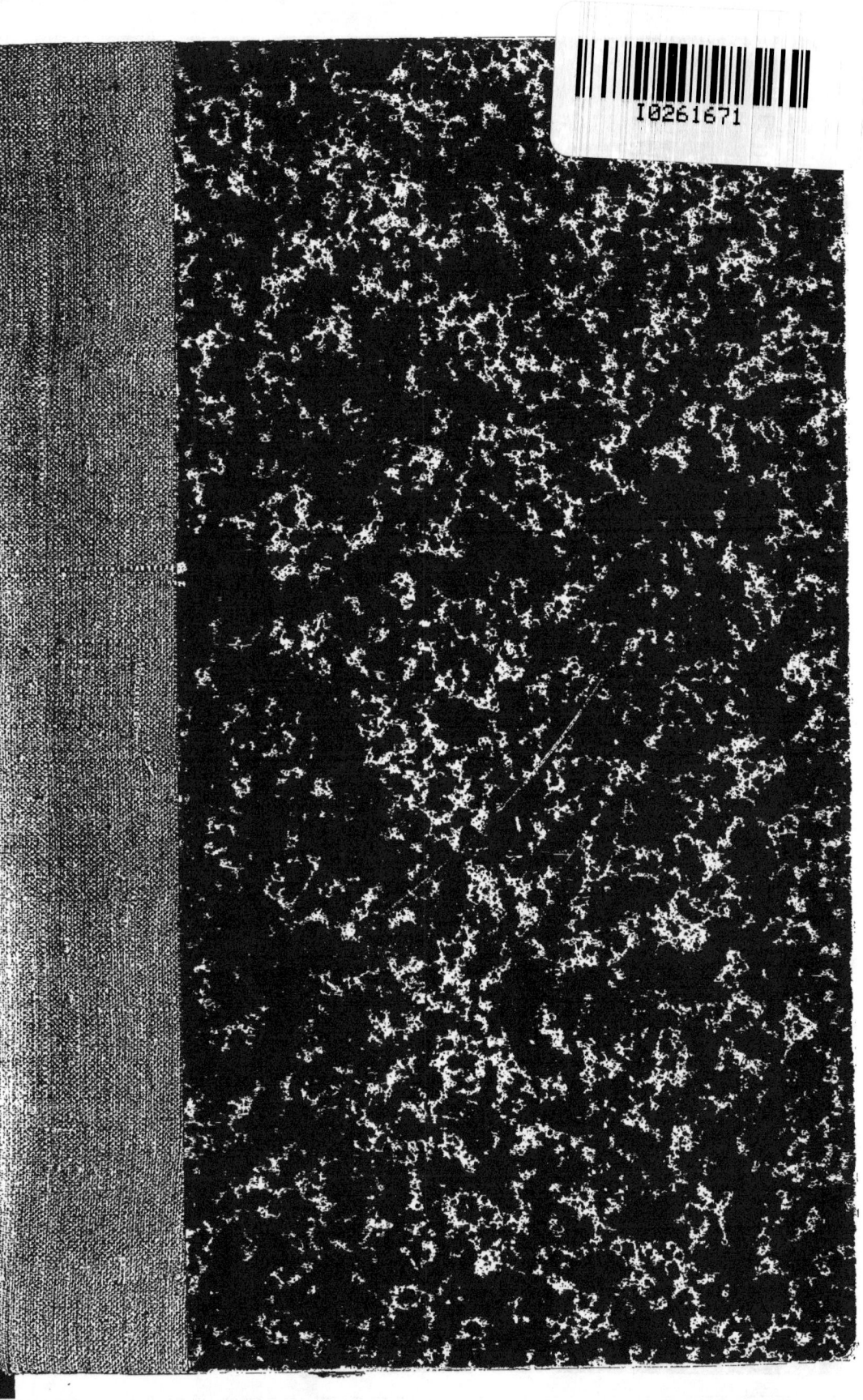

Congrès national
des
Sociétés françaises
de Géographie

COULOMMIERS.
Imprimerie PAUL BRODARD.

Congrès national

des

Sociétés françaises

de Géographie

XXIᵉ SESSION. — PARIS, 20-24 AOUT 1900

COMPTES RENDUS

PUBLIÉS PAR

La Société de Géographie

PARIS

MASSON ET Cⁱᵉ, ÉDITEURS | SOCIÉTÉ DE GÉOGRAPHIE

120, BOULEVARD SAINT-GERMAIN | 184, BOULEVARD SAINT-GERMAIN

1901

CONGRÈS NATIONAL
DES
SOCIÉTÉS FRANÇAISES
DE GÉOGRAPHIE

XXI° SESSION — PARIS, 20-25 AOUT 1900 [1]

RÈGLEMENT

I

Le Congrès des Sociétés françaises de Géographie a pour but essentiel :

1° De contribuer à l'étude, au progrès et à la diffusion des sciences géographiques, ainsi qu'à l'étude et à la solution des questions d'ordre géographique touchant aux intérêts du pays ;

2° D'entretenir et de développer les rapports de confraternité indispensables entre les Sociétés qui cultivent ces sciences, le rapprochement des hommes qui s'y consacrent.

II

1° Les Sociétés françaises de Géographie seront invitées, par les soins de la Société organisatrice, à adhérer au Congrès, sous l'obligation de se faire représenter officiellement par un délégué. Cette adhésion, donnée une fois pour toutes, ne peut cesser que par dénonciation ;

2° Tous les membres des Sociétés françaises de Géographie et des Sociétés assimilées sont admis à faire partie du Congrès national ;

3° Sont d'ores et déjà considérées comme *assimilées*, les Sociétés dont le Comité du Congrès de Bordeaux a arrêté la liste, à charge par elles de se soumettre à l'obligation stipulée pour les Sociétés de Géographie, de se con-

---

1. Ce compte rendu des travaux du Congrès est publié par le baron Hulot, secrétaire général, avec la collaboration de M. Paul Labbé, l'un des secrétaires du Congrès.

former aux règlements du Congrès et d'être en rapport d'échange de leur *Bulletin* avec toutes les Sociétés adhérentes;

4° Toute Société, ayant un caractère géographique, qui, dans la suite, voudra être admise au Congrès, devra en faire la demande par la voie de la Société organisatrice. Celle-ci en saisira les Sociétés adhérentes, lesquelles, par délégation ou par correspondance, se prononceront sur cette demande.

L'admission ne sera acquise que si elle réunit les deux tiers au moins des suffrages exprimés.

III

Le Congrès tient, autant que possible, une session annuelle au siège de l'une des Sociétés, laquelle est chargée de l'organisation, ainsi qu'il est dit notamment aux articles XII et XVIII.

Six mois au moins avant l'époque de la session, la Société organisatrice devra saisir les Sociétés intéressées de la préparation du Questionnaire, solliciter et grouper toutes questions ou travaux qu'elle soumettra à l'étude et aux délibérations du Congrès.

Toute question sujette à discussion et à l'émission d'un vœu devra figurer préalablement au questionnaire. Ce questionnaire devra être adressé aux Sociétés au moins trois mois avant la réunion du Congrès, chaque question étant accompagnée de quelques lignes explicatives sur les principaux considérants à l'appui.

IV

Chacune des Sociétés françaises de Géographie ou des Sociétés assimilées déléguera, pour la représenter au Comité du Congrès, un de ses membres, muni de ses pouvoirs ou désigné à l'avance par lettre émanant du Président de la Société représentée et adressée au Président de la Société organisatrice.

Les sections de groupes géographiques peuvent envoyer des délégués au Congrès.

C'est la réunion des délégués spéciaux des Sociétés qui constitue le Comité du Congrès. Celui-ci est présidé par le Président du Congrès (art. VIII) ou, à son défaut, par le Président de la Société organisatrice, ou encore par tel délégué désigné par le Comité lui-même.

V

Par les soins et l'initiative de la Société organisatrice, les différents ministères seront invités à se faire représenter officiellement à chacune des sessions du Congrès.

Seront également invités à prendre part aux travaux du Congrès : des voyageurs et explorateurs, des personnalités qualifiées sous le rapport de leurs connaissances géographiques, les directeurs de publications géographiques avec lesquelles les Sociétés de Géographie sont en rapport d'échange.

Peuvent être invitées à se faire représenter les Sociétés étrangères des pays frontière (art. XVII).

RÈGLEMENT

VI

La session du Congrès pourra durer de cinq à six jours consécutifs. Autant que possible, la Société organisatrice devra éviter de l'entrecouper par des excursions.

VII

Lorsque la Société appelée à recevoir le Congrès aura organisé une exposition spéciale de géographie, un jury local sera formé par ses soins pour préparer les opérations du jury définitif.

Durant la session, les membres du Congrès, suivant leurs aptitudes, seront répartis dans les diverses sections pour constituer le jury définitif.

Ne pourront faire partie du jury les membres du Congrès qui sont exposants personnels, s'ils ne sont mis hors concours, au moins dans la section dont ils font partie.

Toutes les expositions collectives seront, pour les récompenses accordées, mises hors concours.

Il est entendu, toutefois, que les membres isolés de ces collectivités auront droit à concourir aux récompenses à titre personnel.

VIII

Chacune des sessions du Congrès est placée sous la présidence à la fois d'honneur et effective d'une haute personnalité française, de compétence et de notoriété incontestées, invitée par la Société organisatrice et dûment informée par celle-ci des obligations qui lui incomberont.

Le Président du Congrès préside la séance d'ouverture et prononce le discours d'usage. Il préside également les réunions du Comité du Congrès, ainsi que la séance de clôture.

D'accord avec la Société organisatrice, il s'occupe, à l'issue du Congrès, de la transmission à qui de droit des vœux retenus par le Congrès. Lorsque le Président sera fixé sur le sort et le résultat de ces vœux, il en fera part au Président de la Société organisatrice de la session suivante.

IX

La session s'ouvrira par une séance générale, entourée autant que possible d'une certaine solennité, dans laquelle seront prononcés les discours de cérémonie.

Dans la séance générale suivante et dans l'ordre indiqué par voie de tirage au sort, le délégué attitré de chaque Société représentée au Congrès fera l'exposé sommaire des travaux de cette Société.

X

La lecture de chaque exposé ne devra pas durer plus de dix minutes, délai de rigueur. Ceux dont la lecture serait plus longue seront brièvement analysés par leurs auteurs. Ces rapports figureront *in extenso* au compte rendu général, à la condition cependant de ne pas tenir plus de cinq pages d'impression.

Tout exposé qui n'aura pas été présenté à la séance spéciale sera simplement déposé sur le bureau pour être inséré au compte rendu. Ce compte rendu — sténographique chaque fois qu'il se pourra — sera publié par les soins de la Société organisatrice dans le plus court délai possible.

XI

Une fois ouvert, le Congrès tiendra une séance le matin et une l'après-midi.
Les séances du matin seront exclusivement consacrées aux travaux sujets à discussions.
Celles de l'après-midi comprendront les communications diverses.
Il ne pourra être dérogé à cette disposition qu'en cas de force majeure ou quand il y aura surcharge à l'une des séances au détriment de l'autre.
Il pourra être organisé, suivant les besoins, des séances du soir pour des conférences spéciales (art. XVIII).

XII

La Société organisatrice sera chargée de pourvoir au service du secrétariat et de la publicité. Elle devra, notamment, assurer la rédaction des procès-verbaux de chaque séance pour être lus à la séance suivante, à tout le moins à la première séance du lendemain. Des ordres du jour imprimés seront, par ses soins, mis à la disposition des membres du Congrès, autant que possible la veille même de la date des séances.
Dès que les procès-verbaux des séances auront été approuvés par le Congrès, elle devra les transmettre à la presse et s'efforcer de leur donner la plus grande publicité possible.

XIII

Afin d'éviter les surcharges d'ordre du jour et de conserver aux délibérations du Congrès leur caractère absolument géographique, les personnes qui auront des communications à faire en dehors du programme devront en donner au préalable le titre et, au besoin, le caractère défini à la Société organisatrice.
Toute communication qui aurait été publiée avant d'être présentée au Congrès sera exclue. Cette disposition n'interdit en rien la présentation au Congrès d'ouvrages de nature à l'intéresser.

XIV

Les ordres du jour seront préparés par le bureau de la Société organisatrice.
Dès avant l'ouverture de la session, dans une réunion préliminaire du Comité du Congrès, les projets d'ordre du jour seront soumis à son approbation. Mais son acquiescement ne saurait supprimer la faculté qu'il a toujours de s'inspirer des nécessités du moment pour y apporter les modifications qu'il jugerait bonnes.

XV

Si dans le cours de la session, sous un titre géographique, il est présenté un travail ayant un tout autre objet, la parole sera retirée à son auteur.

XVI

La présidence des séances du matin, comme celle de l'après-midi, revient de droit aux délégués officiels des Sociétés.

Mais le nombre de ces séances ne pouvant jamais être en rapport avec celui des délégués, le Comité du Congrès, dans la séance préliminaire dont il est fait mention ci-dessus (art. XIV), élira au scrutin secret et à la majorité relative ceux d'entre les délégués présents à qui la présidence sera confiée à tour de rôle. Les autres délégués seront désignés comme vice-présidents, de manière que tous, sans exception, figurent au bureau dans le cycle des séances d'une session.

XVII

Si des délégués du Gouvernement, des membres des Sociétés de Géographie sont présents, à titre officiel ou non, ils pourront être désignés comme assesseurs. La présidence d'honneur de l'une ou l'autre séance pourra être offerte aux délégués étrangers; mais en aucun cas cette présidence ne pourra être effective pour les séances du matin ou de l'après-midi.

Le bureau de la Société pourra présenter comme assesseurs également les représentants des Sociétés, Académies, Administrations ou Institutions locales.

XVIII

L'ordre du jour et l'organisation du bureau des séances supplémentaires du soir sont réservés à la Société organisatrice. Mais il est entendu en principe que ces séances sont exclusivement consacrées à des conférences publiques destinées tout à la fois à faire œuvre de vulgarisation utile et à donner au Congrès toute sa portée dans la région où il se tient. En conséquence, elles seront l'objet de toute la publicité possible.

XIX

Toute question admise au Congrès sera traitée en séance de discussion générale. Les vœux qui pourront être formulés et votés en séance générale seront tous renvoyés au comité du Congrès, composé uniquement des délégués spéciaux des Sociétés de Géographie et des Sociétés assimilées, à raison de un par Société. Le Comité décide s'il retient ou non les vœux émis par l'Assemblée.

Toutefois, les modifications au règlement, ou les questions particulières aux Sociétés de Géographie, ainsi que le choix de la Société qui recevra le Congrès, sont exclusivement réservés aux seuls délégués des Sociétés de Géographie.

En séance générale de clôture, le président du Congrès fera connaître les vœux que le Comité aura maintenus.

XX

A chaque session, le Congrès désignera la Société qui devra le recevoir à la session suivante. Cette désignation devra être faite, quand il sera possible, deux ans à l'avance.

XXI

Le président de chaque séance sera chargé d'assurer l'exécution du présent règlement et de prendre toutes les mesures nécessaires pour maintenir la régularité de la marche des travaux.

XXII

Un exemplaire du présent règlement, imprimé aux frais de la Société organisatrice, sera distribué à chacun des membres du Congrès à la séance d'ouverture de chaque session et sera déposé en permanence, par ses soins, sur le bureau de l'Assemblée.

Le présent règlement, modifiant celui de Toulouse du 9 août 1884, a été voté par le Congrès de Bordeaux le 5 août 1895.

ORGANISATION DE LA XXIe SESSION

20-25 août 1900.

Désignée par le Congrès d'Alger pour organiser à Paris la vingt et unième session du Congrès national des Sociétés françaises de Géographie, qui devait coïncider avec l'Exposition universelle de 1900, la Société de Géographie a répondu avec empressement à cet appel.

L'honneur de ce choix avait pour elle un prix d'autant plus grand qu'il s'agissait de célébrer dans des circonstances exceptionnelles les vingt et un ans du Congrès à l'endroit même où avait été tenue sa première session.

Le Comité d'organisation fut ainsi composé : MM. A. Grandidier, président de la Société; de Lapparent et Cordier, vice-présidents; le prince Roland Bonaparte, président de la Commission centrale; Anthoine et Schlumberger, vice-présidents de la Commission centrale; le baron Hulot, secrétaire général; J. Girard, secrétaire adjoint; le général de division Derrécagaix, G. Marcel, Maunoir, J. Garnier, Camille Guy, H. Froidevaux, Commandant Lacroix.

Sans entrer dans le détail des travaux de ce comité, qui désigna pour président M. le général Derrécagaix, ancien directeur du Service géographique de l'Armée, et pour secrétaire général le baron Hulot, nous devons constater que sa tâche a été facilitée par de précieux concours.

La Société de Géographie est heureuse d'exprimer ici sa reconnaissance au Ministère de l'Instruction publique et au Conseil municipal de Paris, dont les généreuses subventions ont augmenté ses ressources; elle remercie également les Compagnies de chemins de fer et la Compagnie des Transatlantiques des avantages qu'elles ont accordés aux congressistes.

La magnifique soirée donnée par le prince Roland Bonaparte et les visites organisées à l'Exposition, sous la conduite de **MM.** Camille Guy, le capitaine Jardinet, Lemire, Leclèrc et Paul Labbé, ont très heureusement contribué au succès d'un congrès qui doit sa réussite à l'intérêt des questions traitées et à l'active participation de toutes les Sociétés françaises de Géographie.

QUESTIONNAIRE

I. — GÉOGRAPHIE GÉNÉRALE

1. *La Géographie, son domaine, ses limites.* (M. Marcel Dubois, professeur à la Sorbonne, membre de la Société de Géographie, Paris.)
2. *Classification des sciences géographiques.* (M. Marcel Dubois.)
3. *Rôle de la France dans une association cartographique internationale.* (Franz Schrader, Mb S. G. P.)
4. *Origine, formation et orthographe des noms de lieux.* (M. Émile Belloc, Mb S. G. P.)

II. — GÉOGRAPHIE RÉGIONALE

1. *Des monographies départementales.* (M. Henri Barré, bibliothécaire de la ville et de la Société de Géographie de Marseille.)
2. *Publication d'un atlas contenant les divers documents statistiques et géographiques des Ministères.* (M. Layec, secrétaire général de la Société Bretonne de Géographie de Lorient.)
3. *L'œuvre géographique de la pénétration russe en Asie.* (M. Édouard Blanc, Mb S. G. P.)
4. *Sakhaline. Les Aïnos.* (Paul Labbé, Mb S. G. P.)
5. *Exploration chez les ba-Rotsi, Haut-Zambèze.* (M. Alfred Bertrand, Mb S. G. P.)
6. *Les fouilles de Rusguniæ (Cap Matifou).* (M. le lieutenant Chardon, membre de la Société de Géographie d'Alger.) [Géographie historique.]
7. *Almanach nautique à l'usage des marins bretons au XV.ᵉ siècle.* (M. Gabriel Marcel, Mb S. G. P.) [Géographie historique.]

III. — GÉOGRAPHIE ÉCONOMIQUE ET COLONIALE

1. *Les routes conventionnelles des paquebots transatlantiques.* (M. Camena d'Almeida, professeur à l'Université de Bordeaux, membre de la Société de Géographie commerciale de Bordeaux.)

2. *Le Canal du Nord.* (M. Georges Bottin, président de l'Union géographique du nord de la France.)

3. *Le canal de l'Escaut à la Meuse.* (M. Georges Bottin, président de l'Union géographique du nord de la France.)

4. *Géographie de la houille dans la Grande-Bretagne.* (M. Émile Levasseur, de l'Institut, Mb S. G. P.)

5. *Nouvelle cartographie chinoise et nouveaux ports chinois.* (M. A. Fauvel, Mb S. G. P.)

6. *Les sanatoria de l'Indo-Chine française.* (M. G. Capus, directeur de l'agriculture et du commerce de l'Indo-Chine, Mb S. G. P.)

7. *Mission Foureau-Lamy.* (S. G. P.)

8. *Deuxième mission Gentil.* (S. G. P.)

9. *Les chemins de fer africains. — La mission Gendron.* (M. Camille Guy, chef du Service géographique des colonies, Mb S. G. P.)

10. *Le Transsaharien Bizerte-le Tchad.* (M. Paul Bonnard.)

11. *Densité comparée des populations européennes et musulmanes en Algérie.* (M. Demontès, secrétaire général de la Société de Géographie d'Alger.)

12. *La culture du sorgho à balais en Algérie. — L'alfa.* (M. Chanteloube, Mb S. G. A.)

13. *La Côte d'Ivoire en 1900.* (M. F.-J. Clozel, secrétaire général de la Côte d'Ivoire, Mb S. G. P.)

IV. — GÉOGRAPHIE PHYSIQUE ET MATHÉMATIQUE

1. *Travaux du Service géographique de l'Armée.* (M. le commandant d'état-major Bourgeois, chef de la section de la Géodésie, Mb S. G. P.)

2. *Le Service géographique de l'Armée à Madagascar et en Indo-Chine.* (M. le général Bassot, de l'Institut, sous-chef d'état-major général de l'Armée, directeur du Service géographique de l'Armée, Mb S. G. P.)

3. *Mode de confection des cartes lithologiques sous-marines.* (M. J. Thoulet, professeur à la Faculté des Sciences de Nancy, Mb S. G. P.)

4. *Projet d'une carte de France.* (M. le colonel Berthaut, chef de la section de cartographie au Service géographique de l'Armée.)

5. *Géographie souterraine. Les dernières explorations.* (M. E.-A. Martel, Mb S. G. P.)

6. *L'Hydrographie du Niger.* (M. l'amiral Servan, président de la Société de Géographie d'Alger.)

7. *Recherches sur le Sahara. Reliefs et dépressions.* (M. G.-B.-M. Flamand, professeur à l'École supérieure des sciences d'Alger, Mb S. G. P.)

BUREAU DU CONGRÈS

Président : M. le général de division DERRÉCAGAIX, ancien directeur du Service géographique de l'Armée.

Secrétaire général : M. le baron HULOT, secrétaire général de la Société de Géographie.

Secrétaires : MM. PAUL LABBÉ, explorateur [1] ;
MARIN, licencié ès lettres ;
BOULLAND DE L'ESCALE, publiciste [2].

Délégués des Ministères.

MM. GRANDIDIER, de l'Institut
LEVASSEUR, —
Prince ROLAND BONAPARTE.
} délégués du Ministère de l'Instruction publique.

ANTHOINE, ingénieur, chef du Service de la Carte de France au Ministère de l'Intérieur, délégué du Ministère de l'Intérieur.

CASENAVE, secrétaire d'ambassade, délégué du Ministère des Affaires étrangères.

Contre-amiral AUBRY DE LA NOË, délégué du Ministère de la Marine.

Commandant TOCANNE, délégué du Ministère de la Guerre.

C. GUY, chef du Service géographique des Colonies, délégué du Ministère des Colonies.

ARNOUX, délégué du Ministère des Finances.

---

1. Les procès-verbaux sommaires rédigés à l'issue de chaque séance, conformément à l'article XII du règlement, sont dus à M. Paul Labbé.
2. Les comptes rendus publiés dans la *Dépêche coloniale* ont été rédigés par M. Boulland de l'Escale.

CONGRÈS NATIONAL DE GÉOGRAPHIE

Délégués des Sociétés françaises de Géographie et Sociétés assimilées constituant le Comité du Congrès.

Siège social.	Date de la fondation.	Délégués.
1. Alger.	1879	MM. le contre-amiral SERVAN.
2. Bordeaux.	1874	CAMENA D'ALMEIDA.
3. Bourg	1881	CORCELLE.
4. Douai.	1880	BOTTIN.
5. Le Havre.	1884	FAVIER.
6. Lille	1882	MERCHIER.
7. Lorient.	1882	LAYEC.
8. Lyon	1873	CHAMBEYRON.
9. Marseille.	1877	LÉOTARD.
10. Montpellier.	1878	ANDRÉ.
11. Nancy.	1879	COLLESSON.
12. Nantes	1882	V. DOBY.
13. Oran.	1878	Le colonel DERRIEN.
14. Paris.	1821	HULOT.
15. Paris (Géographie commerciale).	1876	CH. GAUTHIOT.
16. Poitiers.	1898	Colonel BLANCHOT.
17. Rouen	1879	MONFLIER.
18. Saint-Nazaire.	1886	E. PORT.
19. Toulouse.	1882	GUÉNOT.
20. Tours.	1883	J.-G. KERGOMARD.

Comité de l'Afrique française : M. TERRIER.

— Madagascar : MM. GRANDIDIER, de l'Institut.
CH. ROUX.
DELHORBE.

Club Alpin français : MM. FR. SCHRADER.
Lieutenant-colonel PRUDENT.

Délégués des Sociétés de Géographie étrangères.

Madrid : M. AGUSTIN SARDA.
Rome : M. VENTURINO SABATINI.
Genève : M. ARTHUR DE CLAPARÈDE.

TRAVAUX DU CONGRÈS

Lundi 20 Août 1900

SÉANCE D'OUVERTURE

Avant l'ouverture solennelle du Congrès, les délégués des Sociétés françaises de Géographie ont tenu une séance préliminaire dans la salle du conseil de la Société de Géographie pour arrêter l'ordre de leurs travaux.

A dix heures du matin, les membres du Congrès sont réunis dans la grande salle des séances.

Au bureau et sur l'estrade prennent place : MM. Grandidier, membre de l'Institut, président de la Société de Géographie; le général Derrécagaix, président du Congrès; les délégués des ministères et des Sociétés de Géographie.

La séance ouverte, M. Grandidier prononce le discours suivant :

« Messieurs les délégués,

« Messieurs et chers collègues, soyez les bienvenus parmi nous! Il y a aujourd'hui, à quelques jours près, vingt-deux ans que les membres des diverses Sociétés françaises de Géographie alors existantes ont tenu leurs premières assises ici même, dans cet hôtel que nous étions heureux d'inaugurer en leur présence.

« Ces Sociétés étaient au nombre de huit; c'étaient : celles de Lyon et de Bordeaux, fondées en 1874; de Marseille (1876), de Montpellier (1878), auxquelles s'étaient jointes la Société de Géographie commerciale de Paris, éclose dans le sein de notre Société, en 1874, et qui, deux années après, a formé un groupe autonome, ainsi que les Sociétés de Topographie et du Club Alpin dont l'activité s'exerce dans des domaines spéciaux.

« La création de Sociétés régionales de Géographie, les unes purement scientifiques, les autres économiques et commerciales, répondait à un besoin réel puisque l'exemple donné par Lyon et Bordeaux a été suivi par toutes les grandes villes de France et que, huit ans après, en 1881, le quatrième Congrès en réunissait vingt-deux, le même nombre qu'il y a aujourd'hui dans cette session que j'ai l'honneur d'ouvrir, et qui est la vingt et unième.

« Nous pouvons jeter, avec une satisfaction bien légitime, un coup d'œil sur l'œuvre accomplie pendant ces vingt-deux années.

« Avant 1870, on s'occupait beaucoup du monde des anciens qui est, sans nul doute, fort intéressant, mais on étudiait peu et mal le monde moderne dans lequel nous vivons, la terre que nous habitons.

« Vos sociétés, en donnant de cette terre une idée juste, en fournissant au public des connaissances positives et pratiques sur les diverses contrées, sur leurs habitants et sur leurs productions, en montrant que la géographie est une science tout à la fois intéressante et utile, ont rendu le plus grand service à notre pays.

« Il ne suffit pas, en effet, que nos vaillants et dévoués voyageurs explorent avec une activité incessante, la surface de notre globe et effacent, peu à peu, des cartes les blancs qui y faisaient, il y a encore peu d'années, de si nombreuses et si larges taches. Il faut aussi attirer l'attention du public sur ces voyages, il faut l'intéresser à leurs résultats, il faut lui en montrer la portée pratique, il faut lui faire comprendre qu'il y a, pour lui, une utilité réelle à posséder des connaissances précises et détaillées sur les contrées lointaines et sur leurs ressources. N'est-ce pas de ces connaissances, en effet, que dépendent la grandeur future et le développement économique de notre pays? En un mot, il faut créer un courant dans l'opinion, et c'est ce que vous avez fort bien fait.

« L'ouverture dans les principales villes de France de cours de géographie populaire et commerciale, l'institution de conférences vulgarisatrices, la fondation de prix, l'installation de bibliothèques où les travailleurs et les colons trouvent sous la main tous les livres, journaux spéciaux, cartes et renseignements qui peuvent les instruire et les intéresser, la publication de bulletins périodiques qui mettent le public au courant des récentes explorations, l'établissement de cartes locales et d'itinéraires en pays inconnu, sont autant d'œuvres utiles dont on vous est redevable et qui ont puissamment contribué à l'essor qu'ont pris les sciences géographiques dans ces dernières années.

« C'est en partie à nos efforts, qu'il y a lieu de continuer et de multiplier, qu'on doit de voir aujourd'hui nos compatriotes, qui trouvaient depuis un siècle d'excellentes raisons pour rester chez eux, entrer résolument et avec succès en lutte avec les étrangers dans les pays d'outre-mer, comprenant, enfin, que la France, avec les moyens puissants de communication que la science lui donne, avec l'énorme activité industrielle qu'elle possède, avec ses besoins de bien-être et de luxe qui, s'accroissant d'année en année, la contraignent à s'approvisionner aux quatre coins du monde, ne peut pas et ne doit pas rester cantonnée dans ses étroites limites européennes sous peine d'être étouffée et de périr.

« Nos sociétés peuvent se glorifier d'avoir travaillé à la renaissance de l'idée de colonisation, trop longtemps abandonnée, et qui fort heureusement grandit chaque jour.

« Autrefois, les explorateurs, civils et militaires, qui ont préparé la conquête des vastes territoires d'outre-mer qui forment aujourd'hui notre magnifique empire colonial, dont l'étendue est vingt fois supérieure à celle de la mère patrie, n'étaient guère populaires, malgré le courage et le désintéressement dont ils ont constamment fait preuve, et qui est l'un des traits les plus dignes d'éloges de notre caractère national; le public portait un bien petit intérêt à leurs découvertes dont il ne comprenait pas la haute portée. Ce malentendu fâcheux est heureusement dissipé pour le plus grand bien de tous, et nous nous en réjouissons!

« Messieurs, le moment est venu de commencer vos travaux; le programme que vous présente votre commission d'organisation est plein d'intérêt, et nous sommes en droit d'attendre les meilleurs résultats de vos délibérations. Les Congrès qui réunissent chaque année nos Sociétés, ont tous eu le plus heureux effet. Je viens de parcourir les comptes rendus des vingt sessions qui ont eu lieu jusqu'à ce jour, et j'ai constaté combien de communications intéressantes y ont été faites, combien d'idées utiles y ont pris naissance. Ce n'est pas qu'on n'y trouve des vœux stériles, des aspirations vagues et, j'oserai dire, inutiles; quelquefois, on s'est à tort égaré sur le terrain de sciences qui, bien que confinant, comme toutes du reste, à la géographie, n'avaient rien à voir dans ces réunions d'un ordre spécial, où l'on ne peut faire œuvre utile qu'à la condition de ne pas s'écarter d'un programme soigneusement élaboré, — mais, malgré ces restrictions, elles ont été fécondes en excellents résultats, et il nous est permis de souhaiter et d'espérer qu'il en sera de même de cette session-ci.

« Vous avez pu voir, par le programme que la Société de Géographie vous a distribué, que votre Comité a jugé utile de subdiviser les travaux du Congrès en quatre sections, suivant la nature des sujets à discuter. Une visite à travers l'Exposition, qui aura lieu mercredi, dans l'après-midi, sous la conduite de personnes compétentes, vous permettra de voir vite et bien les plus beaux et les plus intéressants spécimens de la cartographie moderne, ainsi que les instruments de géodésie et de cartographie les meilleurs. — Enfin, le président de la Commission administrative de notre Société, le prince Roland Bonaparte, vous recevra ce soir dans son hôtel, où les savants de tous les pays sont depuis longtemps habitués à trouver une gracieuse et princière hospitalité, dont je suis heureux de le remercier en votre nom.

« Messieurs, je déclare ouverte la vingt et unième session du Congrès national des Sociétés françaises de Géographie, et je cède le fauteuil à votre président, le meilleur certainement qu'il nous était possible de choisir, et qui, mieux que personne, saura mener à bien vos délibérations. »

De vifs applaudissements accueillent cet éloquent discours et M. le général Derrécagaix, président du Congrès, a la parole.

« Messieurs,

« Permettez-moi de remercier tout d'abord les honorables collègues de la Commission d'organisation qui ont bien voulu m'en offrir la présidence. C'est un honneur qui m'a profondément touché et si j'espère pouvoir répondre à leur confiance c'est surtout grâce aux liens d'estime et d'amitié qui ont toujours uni les membres des Sociétés de Géographie de France.

« Toutefois, avant d'aborder avec vous les questions que nous aurons à traiter, permettez-moi d'exprimer un regret qui sera partagé par vous tous, celui de ne plus voir parmi nous le savant illustre qui a si longtemps présidé la Société de Géographie de Paris, M. Milne Edwards. Sa grande expérience, son tact exquis, son influence et son dévouement éclairé auraient été pour nous une aide puissante. Je crois répondre à vos sentiments intimes en rendant ici tout d'abord un pieux hommage à sa mémoire.

« Le chagrin que sa perte nous cause ne peut être atténué que par la pensée de le voir remplacé par un de ses meilleurs amis, membre comme lui de l'Académie des Sciences, M. Alfred Grandidier, l'explorateur de Madagascar, qui vient de vous souhaiter la bienvenue au nom de la Société et que le ministre de l'Instruction publique a bien voulu nommer son représentant auprès du Congrès, en lui adjoignant MM. Levasseur, de l'Institut, et le prince Roland Bonaparte.

« Je saisis cette occasion de remercier M. le Ministre et ses divers collègues du Gouvernement, du nouveau témoignage de bienveillance et de sollicitude qu'ils ont donné à nos travaux en désignant des délégués spéciaux pour assister, en leur nom, à nos principales séances.

« Vous avez sans doute été frappés de l'éclat qui doit rejaillir sur notre Congrès de cette circonstance exceptionnelle d'une exposition internationale qui attire à Paris, cette année, les esprits d'élite du monde civilisé. Vous savez que la pensée supérieure qui a présidé à son organisation a été de montrer aux visiteurs étonnés les différents progrès accomplis dans le cours du siècle.

« Ce serait, je crois, manquer à notre devoir que de ne pas rappeler, dans cette circonstance, ceux de la science qui nous réunit.

« Il y a cent ans, la géographie moderne était déjà née et déjà de bonnes cartes avaient vu le jour. Mais que de régions encore ignorées ! C'était à notre siècle, à cette brillante période qui a vu éclore tant de merveilles, qu'était réservé l'honneur de dissiper à cet égard, les derniers vestiges de l'ignorance; dans cette transformation, la géographie devait être amenée à consacrer les nouvelles conquêtes de la civilisation et à les inscrire dans l'histoire, comme les phases successives de la vie de l'humanité.

« De tous côtés, en effet, l'étendue de nos connaissances allait bientôt être portée jusqu'aux extrêmes limites des régions habitables, et l'étude descriptive de la terre allait être poussée si loin, qu'il n'y a plus aujourd'hui de contrées inconnues qu'autour des pôles. Jamais les voyages d'exploration n'ont été aussi multipliés, ni aussi fructueux. Ceux de nos compatriotes sont encore présents à notre pensée, et, depuis les traversées de circumnavigation du commencement du siècle jusqu'aux grandes explorations de ces dernières années, tous ces hauts faits sont aujourd'hui gravés dans la mémoire des contemporains. Je ne m'attarderai donc pas à les énumérer. Du reste leurs résultats frappent tous les yeux.

« Désormais la surface entière du globe est à peu près connue et parcourue par la vapeur et l'électricité. D'excellentes publications, inspirées par ces progrès, apparaissent dans les centres éclairés pour vulgariser les notions acquises, tandis que de nouvelles Sociétés de Géographie se créent pour développer le goût de ces études et les encourager par tous les moyens en leur pouvoir.

« En résumé, les continents ont été pénétrés en tous sens, sauf dans quelques parties reculées que le fanatisme ou les rigueurs excessives d'un climat inclément isolent encore de la civilisation. Il n'y a plus désormais que des études de détail à compléter. Les grandes explorations sont faites; il ne reste qu'à les perfectionner.

« On peut donc dire que le XIXe siècle a achevé la découverte du monde; et il suffira d'exposer les conséquences de cet événement pour en affirmer la réalité et en faire comprendre toute la portée.

« En Europe, vous le savez, les travaux des géographes sont désormais entièrement basés sur des données scientifiques. Il en est de même aux États-Unis d'Amérique, aux Indes anglaises et hollandaises et en général dans toutes les colonies européennes.

Ailleurs, il est vrai, il reste encore beaucoup à faire. Mais partout les études se poursuivent avec une activité incessante. Chacun comprend que le véritable but de la géographie est la connaissance exacte de la surface du globe et que la cartographie, en la vulgarisant, est devenue une science d'application.

« Grâce à elles, les vastes lacunes qui existaient jadis au centre de l'Asie ont disparu. L'intérieur des deux Amériques n'a plus de secrets : et tout récemment encore deux de nos officiers ont pu se rendre sur les sommets des Andes, pour y préparer la prochaine revision de l'arc du méridien de Quito, mesuré il y a cent cinquante ans par trois membres de l'Académie des Sciences, MM. Bouguer, Godin et La Condamine.

« En Australie, le centre du continent, naguère ignoré, a été reconnu de tous côtés. Enfin, l'Afrique, si longtemps mystérieuse, possède aujourd'hui sa carte à peu près complète.

« Sur mer les cartes de toutes les îles, celles de presque toutes les côtes, ont été dressées ; et dans la plupart des contrées, la géographie nautique l'emporte en précision sur celle des continents.

« L'hydrographie, la physique terrestre, la lithologie du fond des mers, l'ethnographie, l'océanographie, la géographie biologique, la spéléologie ont été renouvelées ou créées.

« La géographie scientifique a réalisé d'immenses progrès ; la géodésie, cette science fondamentale, s'est signalée dans tous les pays civilisés par d'admirables travaux qui ont amené la topographie et la chorographie à une exactitude mathématique.

« La géographie physique a été transformée par les nouvelles études des géologues.

« Enfin, un événement considérable, le partage de l'Afrique, a marqué la seconde moitié du siècle, et produit dans la géographie de ce continent des modifications profondes qui sont loin d'être terminées. La France a participé à ce grand mouvement et, en étendant ses domaines, elle a ouvert un vaste champ à nos entreprises et à nos investigations. En entrant dans cette voie elle s'est heurtée, il est vrai, à de vives critiques sur nos aptitudes colonisatrices. Mais elle a su passer outre et continuer son œuvre, comprenant qu'avec sa belle étendue de côtes sur les rivages de trois mers, au nord, à l'ouest et au midi, elle avait aussi pour destinée de fonder au loin des comptoirs et des colonies.

« Elle s'est souvenue qu'elle s'était établie, jadis, dans les deux Amériques, au Sénégal, en Guinée, au Canada, sur les côtes orientales de l'Asie, en Océanie, dans les Indes, et qu'au milieu du siècle dernier elle était encore citée comme une des plus grandes puissances coloniales du monde.

« Si cette situation a périclité, ce n'est pas aux défauts de notre race qu'il faut l'attribuer, mais bien aux faiblesses des gouvernements et à l'antagonisme acharné des rivaux que nos succès nous ont suscités.

« Partout où les Français ont porté leur drapeau, leur souvenir est resté vivant et ils ont montré qu'ils étaient aussi aptes que d'autres à faire de courageux et excellents colons.

« La meilleure preuve en est sous nos yeux dans cette Algérie conquise il y a peu d'années, agrandie aujourd'hui de la Tunisie, du M'zab, du Touat, qui produit, à elle seule, un mouvement commercial de plus d'un demi-milliard par an. Et en comparant aujourd'hui sa situation à celle du Cap, n'est-il pas permis d'affirmer que notre colonie du nord de l'Afrique n'a pas son égale dans tout ce continent!

« Il en est donc de cette légende sur nos aptitudes coloniales comme de beaucoup d'autres qu'on accepte sans réflexion et qu'on répète de même. Je n'en citerai qu'une, celle qui nous refuse le goût des voyages. Pour y croire, il faut oublier que l'étranger est attiré chez nous par les charmes du climat, par les facilités de la vie, par l'éclat du luxe et des beaux-arts et qu'il est moins utile pour nous d'aller chez les autres, puisque ceux-ci veulent bien prendre la peine de nous visiter.

« D'ailleurs n'est-il pas prouvé que le Français voyage avec ardeur, quand il a pour guide un mobile puissant, ou simplement l'espoir d'être utile à sa patrie? Et comment pourrait-on soutenir le contraire, au lendemain du mémorable voyage du colonel Marchand et des brillantes expéditions qui viennent de se réunir au sud du lac Tchad pour anéantir, sous les ordres de notre vaillant compatriote Gentil, la puissance du potentat Rabah. Cet événement, qui a eu un retentissement extraordinaire, nous laisse malheureusement le souvenir douloureux de la perte de deux officiers de grande valeur, MM. le commandant Lamy et le capitaine de Cointet. Mais il ajoute aussi un nouvel éclat au nom français, et cette marche étonnante de trois expéditions, parties de différents points de la côte pour opérer leur jonction au centre du continent et affirmer notre prise de possession, laissera, comme celle de Marchand, une trace ineffaçable dans les annales de l'Afrique. L'une d'elles surtout, celle de MM. Foureau et Lamy, qui, a traversé pour la première fois la région redoutable et désolée des Touareg, a pour notre Congrès un intérêt particulier, puisqu'elle est due à l'initiative et aux ressources de la Société de Géographie de Paris, qui, fidèle à ses traditions, n'a pas hésité à prendre à son compte presque tous les frais de l'entreprise. Elle a été généreusement secondée à cette occasion par son président et son secrétaire général, MM. Milne Edwards et Hulot, qui, en attendant la libre disposition des fonds nécessaires, en ont fait l'avance de la façon la plus spontanée.

« En réalité, la situation géographique des peuples exerce toujours une influence sur leurs usages et sur leurs habitudes. Celle de la France entre le nord et le midi, sur les rivages des mers qui relient l'Europe à trois continents, présente des conditions exceptionnelles et privilégiées qui lui ont suscité bien des ennemis, mais qui nous assure encore, si nous savons être prévoyants, un avenir de prospérité, de succès et d'honneur.

« Messieurs, la géographie m'a entraîné bien loin des travaux de notre congrès. Je m'empresse d'y revenir. Vous avez lu dans le programme qui vous a été remis les questions que nous avons à traiter. Dans le nombre, il en est une qui intéresse le pays tout entier et sur laquelle je prends la liberté d'appeler votre attention.

« Il s'agit d'une nouvelle carte de France, dont le projet vous sera exposé par l'un des officiers supérieurs les plus marquants du Service géographique de l'Armée.

« Jadis nous avons devancé les autres nations dans la publication d'une carte nationale. Mais depuis lors, elles ont suivi cet exemple : et, profitant des progrès réalisés, elles ont produit d'excellentes cartes, quelques-unes même plus parfaites que les nôtres. Elles ont également compris les nouveaux besoins du public et mis à sa portée, à des prix abordables, des cartes exactes à grandes échelles.

« En France, cet avantage n'existait pas ; et pendant ce temps, notre carte vieillissait et ses planches s'usaient. Maintenant la situation s'est aggravée au point qu'on est forcé de s'en occuper. La commission centrale des travaux géographiques et l'Académie des Sciences ont été saisies de la question, et se sont prononcées pour l'exécution immédiate d'une nouvelle carte de France.

« Tous les détails du projet sont prêts et vous pourrez en juger, par les explications que vous donnera M. le colonel d'état-major Berthaut. Un vote du Congrès pourra créer en sa faveur un mouvement d'opinion qui lui serait très avantageux.

« Il me reste à vous remercier, Messieurs, de l'attention que vous avez bien voulu me prêter. M. le baron Hulot, notre secrétaire général, va maintenant vous entretenir de l'emploi de notre temps et de l'organisation de nos séances. »

Après ce discours, qui a été très applaudi, le secrétaire général donne lecture du programme des journées et les délégués des Sociétés françaises de Géographie rendent compte des actes de chacune d'elles dans l'ordre indiqué par le tirage au sort (article IX° du règlement).

Rapports des Délégués des Sociétés de Géographie

Société de Géographie de Lille.

Rapport de M. A. MERCIER, secrétaire général.

Au 30 juin de la présente année notre Société comptait 2477 membres, répartis comme suit :

    Section de Lille. . . . 1789
    Section de Roubaix . . 446
    Section de Tourcoing. 242

Ce chiffre peut même être porté à 2699 si l'on y joint les 222 sociétaires de Valenciennes, cette société étant abonnée à notre bulletin.

Ce bulletin est mensuel avec un minimum de 64 pages.

Nous avons donné 33 conférences dans notre campagne d'hiver. Pour ne citer que quelques noms connus dans cette enceinte, je citerai ceux de Marcel Monnier; d'Attanoux; Arctowski et l'exploration australe de la *Belgica*; le commandant Houdaille et le chemin de fer à la Côte d'Ivoire; Marcel Dubois, M. Etienne, député, avec l'organisation de l'Algérie.

Depuis le dernier congrès tenu à Alger nous avons organisé 29 excursions aux distances les plus variables, depuis les environs immédiats de Lille jusqu'à Munich et Oberamergau.

Nous continuons à avoir un concours qui réunit de nombreux concurrents. Pour la première fois, l'année prochaine, une bourse de voyage figurera parmi nos prix.

Cette bourse portera le nom de notre regretté président, M. Paul Crépy, qui n'était pas inconnu à la Société de Géographie de Paris. Sa mort inopinée a été un deuil cruel pour la Société de Géographie de Lille. C'est parce que nous sommes en deuil que je vous ai infligé un résumé si sec et si succinct.

Ceux d'entre vous qui voudront apprécier de plus près notre œuvre la trouveront à la classe XIV de l'Exposition, à côté, j'allais dire à l'ombre, de nos deux grandes sœurs de Paris.

Société de Géographie de Toulouse.

Rapport de M. GRÉNOT, secrétaire général.

La Société de Géographie de Toulouse continue avec succès son œuvre de vulgarisation.

Les séances de quinzaine, très régulières, sont toujours des plus suivies. Ce qui peut en donner une idée, c'est qu'elle n'est pas encore parvenue à trouver une salle assez vaste pour contenir le nombre des auditeurs qui répondent à son appel, bien que son amphithéâtre actuel contienne plus de six cents personnes.

Le nombre de ses membres augmente bien plutôt qu'il ne diminue. La Société compte à l'heure actuelle plus de huit cents membres.

Ses excursions dans la région du Sud-Ouest sont toujours très appréciées. Il n'est guère de curiosités ou d'accidents géographiques ou naturels que la Société n'ait convié ses adhérents à visiter.

Les travaux de géographie locale, auxquels elle attache une grande importance, ne lui paraissent pas assez nombreux. Les travailleurs manquent. Afin de les encourager, la Société vient d'instituer un concours annuel. Elle espère que les récompenses diverses attribuées aux lauréats lui amèneront des concours auxquels elle attache le plus grand prix.

Son installation actuelle, dans un magnifique palais Renaissance, ne laisse rien à désirer. Des legs importants, sa reconnaissance de Société d'utilité publique facilitent sa mission et assurent son avenir. Ses publications régulières s'efforcent de suivre le mouvement géographique contemporain. Des cartes géographiques et des documents économiques affichés régulièrement dans un local spécial, et très suivis par la population, sont tenus à jour des explorations en cours et des découvertes géographiques. Elle peut se rendre, en outre, ce témoignage d'avoir fait naître des vocations géographiques.

Société de Géographie de Lyon.

Rapport de M. CHAMBEYRON, président.

La Société de Géographie de Lyon, que j'ai l'honneur de représenter, est, ainsi que vient de le rappeler M. le Président, la première des sociétés de province créées après 1870. Elle date du mois d'octobre 1874 et je dépose sur le bureau l'historique de ses travaux pendant les premières années de son existence. Parmi ces travaux je n'en rappellerai qu'un seul, parce qu'il figure à l'Exposition dans la classe III : c'est la gravure en plan du célèbre globe du R. P. Grégoire, qu'on voit à la bibliothèque de la ville de Lyon, qui date du xviiie siècle et sur lequel sont indiqués d'une façon relativement exacte les grands lacs dont sort le Nil.

La Société de Géographie de Lyon a vu, ces dernières années, s'accroître le nombre de ses adhérents qui atteint actuellement le chiffre de 550; son bulletin trimestriel est tiré à 700 exemplaires et est adressé à toutes les Sociétés de Géographie. Outre les nouvelles géographiques d'actualité et la revue des livres dus à la libéralité des auteurs et des éditeurs, il y a lieu de remarquer plus particulièrement le compte rendu annuel des travaux scientifiques des missionnaires, qui est fait par le secrétaire adjoint de la Société, M. Groffier, le rédacteur du journal des Missions catholiques dont le siège est à Lyon.

Deux conférences publiques ont été données chaque mois, et successivement on a pu entendre M. Chéradame étudiant les populations si diverses de l'empire Austro-Hongrois; le député Fleury-Ravarin exposant ses vues sur la défense de l'empire colonial français; M. Jean Hesse, sur les résultats de son voyage au Cambodge et en Annam; M. Bertrand, de Genève, sur la civilisation du Haut-Zambèze par M. le pasteur Coillard.

L'historique de l'expédition au pôle Nord a été fait par M. le professeur Zimmermann et celui des populations boer par M. Chailley-Bert. Enfin, par une faveur toute spéciale, à la veille de son départ pour la Chine, Mgr Favier, évêque de Pékin, a bien voulu nous donner, sur ce pays qu'il connaissait si bien, qu'il aimait tant et qui l'a payé de tant d'ingratitude, les documents les plus circonstanciés et les mieux choisis.

L'enseignement de la géographie coloniale par une série de professeurs des plus distingués, subventionné par la Chambre de commerce de Lyon, a rendu inutiles les cours anciennement institués par la Société de Géographie; seul a subsisté celui de M. le professeur Crescent, qui a étudié l'Afrique physique et politique.

Parmi les questions de géographie locale, nous avons ouvert le *Bulletin* de la Société à l'étude des noms de lieux, mais la philologie et l'archéologie ont fini par y prendre une telle place que la Société de Géographie a dû renoncer à publier la fin de ses travaux, malgré leur grande valeur scientifique.

Société de Géographie Commerciale du Havre.

Rapport présenté par M. Favier, secrétaire général.

J'éprouve toujours un certain embarras, lorsque je dois faire ce rapport sur les travaux de la Société de Géographie du Havre. Je crains, en effet, qu'on se méprenne sur le sens du mot travaux et tout ensemble sur le caractère de la Société que je représente. A vrai dire nous ne produisons guère de travaux scientifiques au sens propre du mot; mais je me hâte d'ajouter que la science pure n'est pas notre fait. Nous ne sommes pas une société de savants, pas même une société d'érudits et, si nous nous sommes réunis, c'est moins pour l'étude patiente et réfléchie que pour l'action.

Créer un centre de diffusion des connaissances géographiques; fournir aux négociants, qui sont nos membres les plus nombreux et les plus fidèles, un bureau toujours ouvert de renseignements; exposer et discuter dans nos réunions mensuelles les questions d'actualité dont l'intelligence est indispensable à qui veut suivre et contrôler la politique économique et coloniale de notre pays; mesurer la force de productivité et d'expansion de nos voisins ou de nos rivaux; développer enfin, par des encouragements, le goût de la géographie chez les jeunes gens, telles sont les fins diverses que se sont proposées, il y a seize ans, les fondateurs de notre Société ou que les circonstances lui ont assignées.

Et nous avons pourvu à toutes ces tâches en usant des procédés qu'une expérience déjà vieille nous a recommandés.

Nos conférences sont de deux sortes : les unes s'adressent au grand public et sont données dans une salle d'emprunt. Cette année nous avons entendu M. Doumic, sur les *Universités américaines*, M. P. Leroy-Beaulieu sur le *Transsaharien*, M. Jules Saurin sur l'*Invasion sicilienne et le peuplement français de la Tunisie*, M. Bonnafy sur l'*Armée coloniale*, et M. Pierre Mille sur le *Congo Belge*. Les autres, plus techniques, supposent des auditeurs pourvus d'une préparation spéciale et par suite un public moins nombreux. Nous les donnons au siège de la Société. Notre local devenait cependant trop étroit; nous avons dû l'agrandir cette année et nous pouvons ouvrir aujourd'hui une salle capable de contenir 300 personnes.

Le Comité de la Société, qui compte 40 membres, est à la fois un conseil d'administration et un centre d'études. Il se réunit chaque mois très régulièrement, expédie les affaires courantes et discute les questions de géographie économique qu'il a portées à son ordre du jour.

Notre bulletin renseigne les membres absents sur tout ce qui se passe dans ces réunions.

Enfin notre bibliothèque est très fréquentée et les concours que nous organisons chaque année entre les enfants des écoles sont très suivis.

La prospérité d'une société comme la nôtre se manifeste par le nombre de ses membres. C'est un signe certain qu'elle rend des services appréciés quand elle retient auprès d'elle les bonnes volontés qu'elles a groupées.

Nous oscillions autour du chiffre de 700 adhérents; cette année nous sommes même plutôt au-dessus qu'au dessous : c'est un résultat dont nous pouvons nous applaudir, si l'on songe que, par suite des décès ou des départs du Havre, nous perdons chaque année 60 membres, soit environ le dixième de notre effectif.

Société de Géographie d'Alger.

Rapport du capitaine JUGUES, secrétaire général, présenté par M. le contre-amiral SERVAN, président.

Sa fondation. — Dans les premiers jours de l'année 1896, M. de Varigny, ancien ministre du gouvernement hawaïen, publiait, dans l'un des plus grands journaux d'Alger, l'appel suivant :
« Alger, capitale de l'Algérie, n'est pas seulement un port maritime, une ville commerciale, une station d'hiverneurs; elle est aussi et surtout la métropole de notre colonie africaine, son centre administratif et militaire, intellectuel et scientifique. A ce dernier titre, une lacune subsiste : c'est l'absence d'une Société de Géographie.

Alger est, surtout par sa position, toute indiquée pour une création de cette nature. Elle réunit toutes les conditions voulues : seuil d'accès d'un continent que l'Europe dépèce et se partage avant d'en avoir relevé l'orographie complète; tête de ligne de voies ferrées qui, par Oran, Arzew, Constantine, s'allongent vers le sud; trait d'union entre l'Europe et l'Afrique centrale, Alger est le point précis où devraient se concentrer les renseignements épars, disséminés, ayant trait à l'histoire, à la géographie africaine. »

La Société était fondée. Le 7 mars elle votait des statuts et le 24 du même mois, un arrêté préfectoral reconnaissait son existence.

Le 16 avril, M. le colonel de Polignac, signataire du traité de Ghadamès, était nommé président; il était remplacé, au renouvellement du bureau, au commencement de l'année suivante, par M. de Varigny, que la mort surprit dans ses fonctions le 10 novembre 1899 et à qui succéda l'amiral Servan.

Son but. — La Société naissante avait défini sa mission par l'article premier de ses statuts : « La Société a pour but l'étude et la diffusion de toutes les questions qui ont trait à la géographie et aux sciences qui s'y rattachent. Elle se donne pour mission d'aider et d'encourager, par tous les moyens dont elle dispose, les recherches et les travaux qui peuvent avoir pour but l'intérêt de la France et l'avenir de tous les territoires où notre influence a le devoir de s'exercer.

Plus particulièrement, elle encourage et provoque les travaux et les études pouvant faire connaître les ressources et les richesses de l'Algérie; elle s'occupe de toutes les connaissances relatives à la colonisation et à l'immigration; elle favorise les voyages qui peuvent ouvrir de nouvelles voies au commerce et à l'industrie; elle répand, enfin, les renseignements relatifs à la géographie commerciale, industrielle et maritime. »

A ces lignes générales qu'elle a toujours fidèlement suivies, on peut ajouter l'intérêt plus immédiat qu'elle attache à la solution des questions africaines, et plus spécialement de celles relatives au centre et au nord de l'Afrique.

Ses moyens. — La réalisation de ce programme assez vaste est assurée :

1° Par six réunions mensuelles (2 pour chaque section et pour la Société);

2° Par des conférences publiques;

3° Par des excursions;

4° Par la publication d'un bulletin trimestriel;
5° Par des subventions aux explorateurs;
6° Par des concours;
7° Par sa bibliothèque.

Ses travaux. — Les six réunions mensuelles sont suivies par un grand nombre de sociétaires; d'importants travaux y sont discutés, et cette discussion aboutit souvent à l'envoi de vœux aux pouvoirs publics. Il serait trop long d'énumérer ici toutes les études présentées dans ces séances, nous nous contenterons d'en indiquer quelques-unes :

Développement de la consommation fruitière aux États-Unis, et particulièrement de la banane. — La Crète. — L'Alaska, par M. de Varigny;

Compte rendu de la mission Hourst, par le R. P. Hacquard;

Le Congo, par M. de Lamothe, commissaire général;

Les inscriptions rupestres du Sud Oranais, par M. Flamand;

Origine du fleuve Congo; situation économique et agricole de la Tunisie; acclimatation du caféier en Algérie; culture et mise en valeur de la région saharienne; acclimatation et culture des plantes des pays chauds en Algérie; acclimatation possible, à la côte occidentale d'Afrique, du cotonier et du bambou; la plaine du Chéliff; le climat algérien, par M. Rivière, directeur du Jardin d'Essai d'Alger;

Le Transvaal, par M. Mesplé;

La question des blés; les anomalies du régime commercial de l'Algérie avec le Maroc; le régime commercial de l'Algérie avec la Tunisie; le budget spécial de l'Algérie; les erreurs des statistiques, par M. de Solliers, ancien député;

Voyages et découvertes de M. Désiré Charnay; l'île de Pantellaria; l'art de la photographie à Alger; faïences hispano-mauresques à reflets métalliques; les relations et le commerce de l'Afrique septentrionale avec les nations chrétiennes au moyen âge; la défense contre l'Angleterre et la question du Transsaharien après Fachoda; Madagascar; la pénétration commerciale en Chine; l'œuvre du cardinal Lavigerie, par M. Saurel;

La guerre hispano-américaine; la question de Fachoda; Gibraltar et le Maroc, par M. le capitaine Godchot;

La colonisation par les chemins de fer, par M. Lebourgeois;

La colonisation romaine en Afrique; la question forestière en Algérie; les barrages en Algérie; la colonisation du maréchal Bugeaud, par M. le baron de Vialar;

L'élevage de l'autruche en Algérie, par M. Rovzom;

La pisciculture en Algérie; l'olivier en Algérie; le mouton touareg, par M. Couput, directeur des bergeries nationales;

La faune et la chasse dans le Sahara tunisien, par M. Cometz:

Origine de l'alphabet phénicien; un essai malheureux de colonisation phénicienne au Brésil; note sur une stèle phénicienne trouvée au Brésil, par M. Colléja;

Projet d'établissement d'un sanatorium à Alger; la situation au Maroc, par M. Périé, archiviste départemental;

Le commerce au Maroc, par M. Laurens;

La décimalisation du temps et de l'angle, par M. de Sarrauton;

Itinéraires sahariens; le climat du Mzab, par le Dr Huguet;

L'utilisation de la main-d'œuvre pénitentiaire en Algérie; le crin végétal et son exportation, par M. Sudrand;

La création d'une école de commerce à Alger; l'utilisation des alfas d'Algérie pour la fabrication du papier, par M. Hubert;

Les missions françaises et anglaises dans la partie occidentale de la boucle du Niger, par M. Busson, professeur d'histoire;

Rachgoun, port de guerre et de commerce;

Les statistiques de l'Algérie; les pêcheries algériennes, par M. Reynard;

Monographie d'Alger, par un groupe de sociétaires;

Les colonies allemandes en Afrique; l'alcoolisme; la question des Philippines, par M. Foix;

L'hygiène du colon en Algérie, par M. le docteur Sabadini;

La réorganisation des commissions départementales de météorologie, par M. Tarry, ancien inspecteur des finances;

La culture du sorgho à balais en Algérie, par M. Chanteloube;

Une contribution à l'étude du Transsaharien, par M. le capitaine Farian;

Établissement d'un consulat à Gadhamès, par M. Sambet;

Les fouilles de Rusguniæ, par M. le lieutenant Chardon;

Les derniers événements en Chine, par M. Le Vasseur;

Les ruines de Kalaa (Oran), par M. Gauchet;

La mission Flamand, par M. Joly.

Les *conférences publiques*, données sous le patronage de la Société, attirent un public choisi et nombreux ; citons :

Souvenirs et impressions de voyage dans les deux Amériques, par M. de Varigny ;

Des bords de l'Oubanghi à nos possessions méditerranéennes, en passant par le Tchad, par M. de Béhagle ;

La Tunisie moderne et la Tunisie ancienne, par M. le docteur Rosière ;

Les anciennes civilisations américaines, par M. Désiré Charnay ;

La mission Hourst, par le révérend père Hacquart ;

Voyage sur la côte Est de Madagascar, par M. Fournier ;

Un mois dans le Sahara, par M. le capitaine de l'Eprevier ;

Le Chili, par M. Galliano, consul général d'Espagne ;

L'heure décimale, par M. de Sarrauton ;

Le Sahara tunisien, par M. Cornetz ;

Le Maroc inconnu, par M. Doutté ;

Le Tonkin, par M. le docteur Pascal ;

Cuba, par M. de Varigny ;

Le Mzab, par M. le médecin-major Huguet ;

Madagascar, par M. Henri de Vaudelbourg ;

Les pêcheries de Terre-Neuve, par P. Delorme ;

Les femmes des musulmans dans l'Afrique du Nord, par M. Boutté ;

Voyage en Grèce, par M. de Galland ;

Douze ans de Tonkin, par M. Le Vasseur ;

Au Siam, par M. Ferrand ;

Les chemins de fer chinois, par M. le docteur Pascal ;

Les Transsahariens, par M. Broussais ;

Madagascar, par M. l'enseigne de vaisseau Vivielle ;

Au Tidikelt, par M. Flamand. Pour cette conférence, toutes les autorités civiles et militaires, les consuls, tous ceux enfin qu'intéressait, à un degré quelconque, la solution du mystérieux et troublant problème de l'occupation de notre Extrême-Sud algérien, se trouvaient réunis dans cette vaste salle du palais consulaire, où tant de hautes questions avaient déjà été traitées par des voix autorisées pendant le XXe Congrès national des Sociétés de Géographie. Une médaille de vermeil fut attribuée à M. Flamand pour cette mission.

Les *excursions* n'ont été organisées que tout récemment.

La première a eu lieu le 3 juin, aux ruines de Rusguniæ au cap Matifou, où M. le lieutenant Chardon fit connaître ses travaux et les résultats de ses fouilles.

La deuxième consista en une visite de la casbah, des mosquées et des rues de la haute ville, sous la conduite de M. le conseiller indigène Ahmed ben Brimath.

D'autres suivront désormais régulièrement et se succéderont à intervalles assez rapprochés.

Le bulletin de la Société paraît trimestriellement.

En ce qui concerne les travaux qui y sont insérés, s'il ne peut nous appartenir d'en apprécier l'importance pas plus que l'intérêt scientifique, nous pouvons néanmoins faire remarquer que c'est grâce à l'initiative de quelques-uns de nos sociétaires que certaines idées émises par eux dans le bulletin ont pu se faire jour et recevoir un commencement d'application pratique, comme, par exemple, les modifications à apporter dans le système jusque-là suivi des explorations sahariennes, modifications qui semblent avoir été adoptées avec un peu d'exagération peut-être par la mission Foureau-Lamy; il en a été de même pour la question du point d'appui de la flotte sur la côte ouest de l'Algérie, envisagée sérieusement par l'Amirauté. Enfin, nous avons pu, par le bulletin, signaler à l'autorité supérieure, ce dont elle s'est empressée de tenir compte, des lacunes ou des imperfections dans l'établissement de recueils de statistiques et de renseignements concernant l'industrie, le commerce et l'agriculture en Algérie.

Les *subventions* accordées aux explorateurs ont été limitées par les ressources de la Société. Citons cependant les subventions accordées aux missions de M. de Béhagle dans l'intérieur de l'Afrique, de M. Moulieras au Maroc et de M. Laurens dans l'Ouest africain; citons également les médailles attribuées au capitaine Pein et à M. Flamand.

La Société donne chaque année un sujet de concours. Celui de 1898 se rapportait à la description physique, politique et économique de tout ou partie du Sahara algéro-tunisien. Les lauréats furent MM. le médecin-major Huguet, qui reçut une médaille d'argent, et le lieutenant Peltier, qui obtint une médaille de bronze.

Le concours de 1899 ne donna pas de résultat; le prix, une médaille d'argent, fut attribué à M. le capitaine Pein.

Enfin, le concours de 1900 a pour sujet : la Vallée du Chéliff et le Touat.

La Société attribue, en outre, chaque année, deux prix aux élèves de la division supérieure de la Ligue de l'enseignement et du cours de Saint-Cyr du lycée d'Alger, qui ont obtenu la première place en géographie.

Sa *bibliothèque* comprend environ 500 volumes et de nombreuses cartes. A ces ouvrages viennent s'ajouter les bulletins de cinquante-cinq Sociétés françaises de Géographie et de vingt-neuf sociétés étrangères, avec lesquelles elle fait l'échange de son bulletin.

Mais sa vitalité se manifesta surtout pendant la XXe session du Congrès national des Sociétés françaises de Géographie qui se tint à Alger du 26 mars au 2 avril 1899, sous la présidence de M. P. S. de Brazza, commissaire général honoraire du Congo français. Il serait trop long d'énumérer les importantes questions qui y furent traitées. Ce fut là, il est vrai, une période d'activité toute spéciale, mais elle eut pour résultat de montrer le chemin déjà parcouru par notre Société et de ne laisser aucun doute sur son avenir dans l'esprit de tous ceux qui assistaient à ses séances.

La prospérité matérielle s'accroît aussi de jour en jour, par le nombre de ses membres qui dépasse actuellement le chiffre de 500, et par la confiance et l'appui pécuniaire que lui apportent le Gouvernement général, les corps constitués, les grandes compagnies et les grands établissements financiers. Aussi a-t-elle pu, depuis mai 1897, avoir un local à elle, après avoir usé jusqu'à cette époque de la généreuse hospitalité que lui offrait la mairie d'Alger. Elle continue, comme par le passé, à justifier les espérances qu'elle a fait naître et la confiance qui lui est témoignée.

La Société est en instance pour être reconnue d'utilité publique.

Société de Géographie Commerciale de Nantes.

Rapport de M. V. Doby.

La Société de Géographie Commerciale de Nantes, qui m'a fait l'honneur de me déléguer à ce Congrès, vient d'entrer dans sa dix-huitième année d'existence. Elle n'a, depuis cette époque, cessé de se développer et a fait son possible pour se maintenir à l'unisson du grand mouvement qui depuis plus de vingt ans entraîne notre pays vers la politique coloniale.

Placée dans un grand centre commercial dont elle a suivi le développement avec intérêt, elle continue à en favoriser le progrès, s'attachant de préférence à l'étude des voies navigables et des questions maritimes.

Ses moyens d'action sont ceux des autres sociétés de province : conférences, publication d'un bulletin, bibliothèque géographique, prix aux écoles, musée commercial. Ce dernier vient d'être entièrement réorganisé et complété par notre trésorier, M. Dagault, qui a bien voulu mettre à notre service la haute expérience que lui a donnée une longue pratique du commerce.

Notre bibliothèque qui s'enrichit constamment et notre collection de cartes et de documents commerciaux, de plus en plus appréciée et consultée, sont une source de renseignements utiles à la prospérité commerciale de toute notre région.

Comme les années précédentes, nous avons reçu des subventions de la ville de Nantes, du Conseil général de la Loire-Inférieure et de la Chambre de commerce, ce qui nous a permis de nous acquitter des lourdes charges contractées par une installation matérielle des plus confortables, dans un local qui nous a permis de grouper autour de nous d'autres sociétés s'occupant de littérature, d'art, de sciences, d'agriculture, etc.

Nos conférences publiques ont été comme toujours fort suivies et ont tenu notre public au courant des progrès réalisés par l'expansion française dans toutes les parties du monde. Je citerai tout particulièrement les intéressantes communications de MM. Richet sur le Klondyke, de M. Ch. Lemire sur le Siam, de M. Tchobanian sur l'Arménie, de M. Barreau sur la Côte d'Ivoire, de M. Collenot sur l'Asie centrale russe, de M. Levat sur la

Guyane, de M. de Laprade sur la Cochinchine, de M. Delhorbe sur Madagascar et de M. Depincé sur le Tonkin.

Nous n'avons pu déléguer aucun de nos membres au Congrès d'Alger de l'an dernier, mais nous nous sommes associés de tout cœur à ce qui s'y est fait et aux vœux qui y ont été formulés pour le succès des entreprises dont l'Afrique française a été le théâtre.

Nous exprimons les mêmes vœux pour la réussite complète de l'expédition destinée en ce moment à sauvegarder en Extrême-Orient les intérêts légitimes de l'Europe et à maintenir dans ces lointains pays l'influence que la France y a toujours exercée.

Société Languedocienne de Géographie.

Rapport de M. Louis ANDRÉ, secrétaire général adjoint.

La Société Languedocienne de Géographie a, cette année, continué la publication de sa *Géographie générale du département de l'Hérault*, commencée en 1891. Par les volumes que je suis chargé de remettre entre vos mains, vous pourrez vous rendre compte du plan de cet ouvrage et des efforts considérables déjà faits par notre Société. En effet, de 1891 à 1895 a été publié le premier volume, qui comprend trois fascicules et qui a rapport à la géographie physique (introduction, orographie, géologie, hydrologie, minéralogie, météorologie et annexe de géologie); en 1893 et en 1898 ont paru les fascicules relatifs à la flore et à la faune et formant le tome II (2 fascicules). Cette année même, nous avons commencé la publication du tome III (Histoire générale), dont le premier fascicule traite de l'Hérault aux temps préhistoriques. Notre tâche avance et progresse donc régulièrement : peut-être nous reprochera-t-on un peu de lenteur. Mais, si l'on se rend compte des charges financières qui nous incombent et surtout si l'on songe que les collaborateurs dévoués de notre Société, MM. Duponchel, de Rouville, Crova, Sabatier, Cazalis de Fondouce, etc., ont eu l'ambition légitime de faire, chacun en ce qui le concerne, une œuvre, non pas futile et superficielle, mais sérieuse, et même définitive, l'on nous absoudra aisément et on comprendra, en outre, la joie qu'éprouve notre Société à avoir donné l'exemple et à avoir été la première à publier une monographie départementale vraiment digne de ce nom.

Je dépose en même temps une carte générale du département de l'Hérault au 200 000ᵉ, faite d'après les minutes de la carte du Service géographique de l'Armée, que M. le général Derrécagaix a mises si obligeamment à notre disposition, et gravée par la maison Erhard. Cette carte forme le complément nécessaire de notre Géographie; nous avons seulement à exprimer le regret qu'elle ne puisse être répandue à profusion et mise dans le commerce.

La Société Languedocienne de Géographie ne s'est pas laissé absorber par la publication de la monographie du département de l'Hérault. Elle se préoccupe, elle aussi, des questions de colonisation si importantes aujourd'hui. Par son bulletin, qui paraît régulièrement, et par des conférences, faites cette année sur l'Afrique en particulier (Tunisie, Soudan, etc.), elle s'est efforcée de faire pénétrer dans le public cette juste idée que nos colonies ne sont pas que du sable, mais offrent au contraire des ressources suffisantes, quelquefois exceptionnelles, et que partout la France poursuit son œuvre traditionnelle de civilisation.

Société de Géographie Commerciale de Saint-Nazaire.

Rapport de M. ÉTIENNE PORT, secrétaire général.

Fondée depuis quatorze années, la Société de Géographie de Saint-Nazaire s'apprête à fêter son quinzième anniversaire de la façon la plus heureuse. Tout d'abord, grâce à la libéralité de la Chambre de commerce qui lui a offert dans son hôtel la plus large hospitalité, elle se trouve depuis quelques mois installée dans un local spécial, où se réunit son comité et où sa bibliothèque est à la disposition de ses membres. En outre, son bulletin s'est transformé : publié autrefois une seule fois par an, il paraît maintenant trois fois; l'impression en a été modifiée et, pour ce qui est du texte, la Société, sans négliger les questions de géographie générale, s'attache à publier des études relatives aux grands intérêts commerciaux de Saint-Nazaire et sollicite — non sans succès, — par voie de concours, la confection de monographies communales.

Les conférences données cet hiver ont réuni un public plus nombreux que d'habitude et je tiens à vous signaler tout particulièrement le succès obtenu par MM. Louis Simon, délégué de la Nouvelle-Calédonie, et Collenot, avocat à la Cour d'appel de Paris, le premier sur l'île qu'il représente à Paris et le second sur les monts Alaï.

Notre Comité a rendu plus fréquentes et plus régulières ses réunions et a augmenté le nombre de ses membres.

Notre Société continue à subventionner les sociétés de l'Afrique française, de l'Alliance française, le comité de Madagascar, etc. Elle donne des prix spéciaux de géographie aux élèves de notre collège et a fondé cette année dix prix nouveaux destinés aux élèves des écoles communales de la ville.

Le nombre des réunions de la Société, en dehors des conférences, a été de beaucoup augmenté et je suis heureux de pouvoir signaler que, par suite des diverses modifications apportées dans le régime de notre Société, le nombre de ses membres s'est accru cette année de cent trente.

C'est dire que nous avons tout lieu d'être satisfaits de notre exercice 1899-1900 et si, l'an passé, j'ai pu vous dire que la Société de Géographie de Saint-Nazaire, semblable aux peuples heureux, n'avait pas d'histoire, je crois aujourd'hui devoir vous assurer qu'elle a la ferme intention et la presque certitude de parvenir, par ses travaux, par ses efforts, à s'inscrire au nombre des sociétés les plus actives et les plus dévouées aux grands intérêts de la géographie.

Société de Géographie de Marseille.

Rapport de M. JACQUES LÉOTARD, secrétaire général.

La Société de Géographie de Marseille, consciente des obligations que lui impose la situation exceptionnellement favorable du premier port de la France, poursuit avec activité et succès son œuvre de vulgarisation géographique et de propagande coloniale.

Elle est puissamment soutenue dans cette voie utile par ses 540 membres, avec le généreux concours des corps élus, des grandes compagnies et de tous les pouvoirs publics.

Les travaux de la Société ont été surtout marqués par les conférences publiques faites sous son patronnage. Le 24 novembre 1890, M. Paul Bourdarie, chargé de mission du Ministère des Colonies, exposait l'état de la « Colonisation du Congo français », avec projections lumineuses. Le 12 janvier 1900, M. le baron d'Estournelles de Constant, député, nous démontrait les « Résultats de la Conférence de la Paix », où il appartenait à la délégation de la République française. Le 19 février, notre éminent président honoraire, M. Charles Roux, commissaire général des colonies à l'Exposition universelle, faisait, pour le comité de l'Alliance française annexé à notre Société, le tableau de ce que seraient les « Colonies à l'Exposition de 1900 ». Le 23 février, c'était M. le prince Henri d'Orléans, explorateur, qui nous parlait sur « le Transvaal et l'Abyssinie », avec projections lumineuses. Le 6 mars, M. Jules Saurin, colon à Tunis, exposait la situation des « Français en Tunisie ». Puis, le 1er mai, M. Émile Baillaud, chargé de mission du ministère des Colonies, racontait son voyage « A travers nos possessions du Niger », avec projection lumineuses. Le 9 juin, notre Société faisait une réception solennelle au général Gallieni repartant pour Madagascar, et, après le discours de l'illustre gouverneur général, M. Jully, directeur des Bâtiments civils, donnait une conférence sur « Madagascar au point de vue économique ». Enfin, pour la clôture de la session, le 16 juin, M. Ch.-E. Bonin, explorateur, rentré la veille de mission, narrait son voyage de « Deux ans et demi à travers l'Asie Centrale ».

Les attrayantes conférences de ces personnalités éloquentes et sympathiques, données dans de vastes locaux, ont obtenu le plus vif succès auprès d'une foule d'auditeurs, comprenant beaucoup de notabilités et de dames.

Dans les séances de quinzaine de la Société, l'activité effective s'est manifestée par de nombreuses et intéressantes communications : celles de MM. A. Rampal, sur les travaux du Congrès national de Géographie d'Alger; Jacques Léotard, sur les travaux du Congrès international de Géographie de Berlin; R. Teisseire, sur la question du Transvaal; J. Henriet, sur les États-Unis d'Europe; L. Blanc, sur l'enseignement aux colonies; Joseph Fournier, sur un voyage de La Rochelle à Madagascar au xviie siècle; H. Oddera, sur ses souvenirs de chasse en Annam; Hubert Giraud, sur les récentes expéditions océanographiques; le chef d'escadron Imbert, sur la région de Tombouctou; et Adrien Fraissinet, sur une tournée au Cavally (côte d'Ivoire). Une conférence-causerie sur les événements géographiques et coloniaux de 1899, faite par les secrétaires de la Société, MM. Jacques Léotard, H. Giraud, R. Teisseire et J. Fournier, chacun pour une partie du monde, a complété les travaux de nos séances.

Le cours populaire de Géographie, entretenu par notre Société, s'est ajouté à notre action féconde. Ce cours hebdomadaire, public et gratuit, a lieu le soir dans une salle de la préfecture. Confié à M. Paul Masson, professeur à la Faculté des lettres, il a été consacré pendant la dernière session à Madagascar, aux Philippines et aux Indes Néerlandaises. Ajoutons que, d'autre part, le secrétaire général de notre Société a été chargé, en avril dernier, par la Société pour la défense du commerce, d'un cours de Géographie coloniale, annexé aux cours commerciaux, publics et gratuits, qui ont lieu à l'École supérieure de commerce.

Notre bulletin trimestriel, auquel nous apportons les soins les plus attentifs, a publié pendant le dernier exercice, en outre des actes de la Société, d'importants mémoires de MM. Paul Masson, professeur, sur le commerce de Marseille avec les colonies françaises; Georges Bourge, capitaine aux Messageries maritimes, sur les ports d'Australie; G. Saint-Yves, explorateur, sur l'Érythrée italienne; L. Estrine, négociant, sur Hambourg-Marseille; G. Andrin, ingénieur, sur la côte des Maures; J. Fournier, sous-archiviste départemental, sur une Société de Géographie à Marseille en 1801, etc. La chronique géographique de notre secrétaire général continue à former un répertoire analytique complet des explorations, des traités et de tous les faits notables. Une abondante bibliographie et de nombreuses variétés complètent notre publication, qui a renfermé comme cartes : Itinéraire de la Mission Foureau-Lamy, Transvaal et État d'Orange, Nouvelle-Afrique Occidentale française, Gourara-Touat et Tidikelt.

Outre les 500 pages du bulletin, notre Société a édité et largement distribué le compte rendu des travaux du Congrès national de Géographie que nos associations ont tenu à Marseille en 1898. Il constitue un volume de plus de 500 pages in-8°, avec 9 planches ou cartes, dont nous avons encore des exemplaires à la disposition des sociétés sœurs.

Plus que jamais fidèle à un excellent usage, le bureau de la Société a eu l'honneur, depuis le congrès d'Alger, de saluer à leur débarquement sur le sol de la patrie, en mai 1899, deux glorieux soldats de France : à Marseille, le général Gallieni, gouverneur général de Madagascar, et à Toulon, le commandant Marchand, chef de la mission du Congo-Nil. Notre médaille d'or a été remise à ces deux héros de l'épopée coloniale. Nous avons également souhaité la bienvenue à de nombreux explorateurs, et aussi salué à son départ le général Voyron, commandant du corps expéditionnaire en Chine.

Comme les années précédentes, notre Société a distribué de nombreux prix (54) aux établissements d'instruction publique de Marseille et de la région, pour maintenir l'émulation en faveur de la géographie.

Enfin notre bibliothèque et nos collections accroissent rapidement leurs richesses et nous permettent de bien renseigner non seulement nos collègues, mais aussi le public, qui est librement admis à la Société et utilise surtout nos informations au point de vue colonial. Pendant l'année écoulée la bibliothèque s'est augmentée de 270 volumes ou brochures et de 4 atlas, sans compter les fascicules de 200 périodiques du monde entier et un grand nombre de cartes.

La Société de Géographie de Marseille poursuit donc avec prospérité son œuvre scientifique et patriotique. Elle s'efforce ainsi de rester digne de la vieille cité phocéenne, qui vient de célébrer le vingt-cinquième centenaire de sa fondation et dont les paquebots promènent aujourd'hui sur toutes les mers notre glorieux pavillon.

Société de Géographie et d'Archéologie d'Oran.

Rapport du colonel DERRIEN, président.

La Société de Géographie et d'Archéologie d'Oran, dont j'ai l'honneur d'être le président et le délégué à ce congrès, a vingt-deux ans d'existence, ce qui la place au cinquième rang sur la liste d'ancienneté des Sociétés de Géographie de France et lui donne un air de vénérabilité qui n'exclut nullement la vigueur, comme le prouve d'ailleurs notre sœur aînée, je dirais mieux, notre mère, qui porte superbement et glorieusement ses soixante-dix-neuf ans d'âge et à laquelle la Société de Géographie d'Oran est heureuse d'exprimer sa respectueuse déférence et sa sincère admiration.

Qu'avons nous fait depuis le dernier congrès d'Alger? Eh bien! nous avons marché : en avant, bien entendu; c'est-à-dire que nous avons continué à suivre le programme tracé par les fondateurs de la Société et qui est de faire connaître et apprécier l'Algérie et, en particulier, notre chère province, cette province d'Oran, dont les annales géographiques signalent votre nom, mon Général [1], parmi ceux des premiers topographes qui ont fait connaître notre Extrême-Sud oranais, alors que, comme capitaine d'état-major, vous leviez, en 1864, l'itinéraire de la colonne du général Deligny.

Je ne vous parlerai que pour mémoire des concours que nous ouvrons, des prix et subventions que nous donnons chaque année; ce sont là des manifestations matérielles qui nous sont communes, avec plus ou moins d'ampleur, suivant celle de nos ressources budgétaires.

Notre activité se manifeste surtout par nos publications et nos conférences.

Nos bulletins de cette année présentent deux monographies sur *Tiaret* et *el-Bordj*, une étude historique sur le général *Mustapha ben Ismaël*, des études géologiques sur le massif de *Santa-Cruz d'Oran* et sur la région de *Saïda*, un travail complet sur la *Faune erpétologique de l'Oranie*, des chroniques géographiques, des tableaux statistiques donnant les mouvements du commerce et de la navigation

---

[1]. Le Général Derrécagaix, président du Congrès.

de nos ports, des observations météorologiques et des comptes rendus bibliographiques.

Je ne dirai rien de nos travaux archéologiques, qui sortent un peu de notre cadre. Permettez-moi toutefois d'atténuer la froideur de cette exclusion, en vous avouant que chez nous la Géographie et l'Archéologie font très bon ménage, celle-ci guidant et éclairant sa compagne à travers les ruines qui couvrent le sol algérien. C'est à l'archéologie que nous devons la reconstitution de la carte de la Mauritanie Césarienne, avec son réseau de voies stratégiques et les postes qu'elles desservaient.

Nous avons eu quatre conférences : la première de M. Gentil, chargé de conférences à la Sorbonne et membre correspondant de notre Société, sur la constitution géologique du massif de Santa-Cruz d'Oran et sur les découvertes paléontologiques dans les environs du village de Lamoricière. — La deuxième, de M. Monbrun, notre Président honoraire, sur le vieil Oran; une troisième, de M. Doutté, sur la question du Maroc. Nous avons eu enfin la satisfaction d'entendre M. Mouliéras, notre premier vice-président, de retour de sa mission au Maroc, nous faire en une causerie intime, émaillée de nombreuses anecdotes, le récit de son voyage de Tanger à Fez et des incidents de son séjour dans cette dernière ville.

Toutes nos conférences sont faites, lorsqu'il y a lieu, avec projections lumineuses, grâce au concours obligeant de la Société de l'*Enseignement par l'aspect*, dont le président, M. Gillot, professeur de rhétorique au lycée d'Oran, est notre deuxième vice-président.

Cet exposé vous fait voir que le champ de nos travaux est des plus variés et que nos études portent de préférence sur les questions de géographie locale, études qui se fondront plus tard dans l'édifice d'une géographie régionale.

Nos préoccupations se sont encore portées naturellement sur les régions qui nous avoisinent, le Sahara et le Maroc.

Vers le Sahara, c'est la question du *Transsaharien Oranais*, notre objectif depuis plus de vingt ans, que l'occupation des oasis du Touat vient de résoudre en notre faveur.

Notre situation à l'ouest de l'Algérie, vers les confins du Maroc, nous fait un devoir de ne pas négliger les études de ce mystérieux pays.

Aussi n'avons-nous pas hésité à allouer à M. Mouliéras une subvention de 500 francs pour l'aider dans sa mission officielle à Fez, et c'est dans cet ordre d'idées que nous venons d'ouvrir un concours extraordinaire pour une *Géographie du Maroc* à l'usage du public français, avec prime de 500 francs à l'auteur du travail qui en sera jugé digne.

Ajoutons enfin que notre Société a participé aux congrès scientifiques et géographiques, et que nous avons eu des délégués au Congrès international de Berlin en 1899 et à celui, tout récent, des Sociétés savantes à la Sorbonne.

Mais je m'arrête, pour ne pas dépasser les dix minutes réglementaires.

Cet aperçu, si rapide qu'il soit, suffira, j'en suis convaincu, à vous prouver la vitalité de la Société de Géographie et d'Archéologie d'Oran, en même temps qu'à vous faire constater ses efforts et son dévouement à la cause de la Géographie, pour le bien de la science et de la patrie; et elle espère ainsi justifier la requête qu'elle doit adresser, à la fin de cette session, aux délégués des sociétés sœurs, en vue d'obtenir la désignation de la ville d'Oran pour recevoir en 1902 la vingt-troisième session des Congrès nationaux des Sociétés françaises de Géographie.

Société Normande de Géographie (Rouen).

Rapport de M. MONFLIER, président.

La Société Normande de Géographie, dont le siège social est à Rouen, hôtel des Sociétés savantes, 40, rue Saint-Lô, a été fondée en 1879 par M. Gabriel Gravier, aujourd'hui président honoraire de la Société.

Elle eut des débuts modestes (elle comptait, à sa fondation, un trentaine de membres), mais grâce à l'activité et à la persévérance de son fondateur, qui fut longtemps son secrétaire général, elle augmenta en nombre et prospéra vite.

Aujourd'hui, elle compte 852 membres, et elle s'est fait une place des plus honorables au milieu de ses sœurs, les sociétés françaises, et occupe un rang estimé parmi les sociétés étrangères.

La Société donne huit grandes conférences par an. Elle publie un bulletin trimestriel qui, outre le texte des conférences publiées *in extenso*, contient des travaux inédits et donne des renseignements sur le mouvement géographique et commercial.

Quelques jours avant chaque conférence, tout membre de la Société reçoit une carte d'entrée qui lui donne droit à deux places réservées. La carte étant au porteur, chacun peut en disposer à sa volonté.

Les membres du bureau, les membres à vie de la Société ont, outre leur carte, une entrée personnelle sur l'estrade.

La Société ayant pour but l'instruction publique et générale, les sujets des conférences sont toujours choisis pour ce résultat. Les personnes de toute opinion peuvent y assister avec plaisir et profit. Les dames, jeunes filles et enfants peuvent être inscrits personnellement comme membres de la Société.

Parmi les conférenciers qui se sont fait entendre à la Société, nous citerons :

M. Albert Sorel, de l'Académie française; M. Larroumet, de l'Institut; Mme Jane Dieulafoy, M. Guimet, M. Hugues Leroux, M. Gaston Deschamps, M. Édouard Rod, M. Max O'Rell, M. Georges Perrot, de l'Institut, directeur de l'École Normale supérieure; M. Louis Léger, professeur au Collège de France; M. Marcel Dubois, maître de conférences à la Sorbonne; le docteur Fridjof Nansen et, en dernier lieu, M. de Gerlache, réunissant ainsi les deux célèbres explorateurs du pôle Nord et du pôle Sud.

Je dépose sur le bureau du Congrès un bulletin spécial que nous avons publié à l'occasion précisément de la réception de Nansen. (Un bulletin est en préparation pour la réception de Gerlache.)

J'y joins les deux bulletins de l'année courante, dont le dernier contient une carte fort curieuse, la plus ancienne de Normandie (reproduction).

Enfin un petit opuscule sur la retraite de M. Gabriel Gravier, qui résume assez bien l'histoire de la Société.

P. S. — J'ajoute que je viens d'apprendre que la Société Normande de Géographie a obtenu à l'Exposition une mention honorable pour ses travaux.

Société de Géographie Commerciale (Paris).

Rapport de M. Ch. Gauthiot, secrétaire général.

La Société de Géographie Commerciale a sa réputation faite et s'efforce de la soutenir en limitant son action au terrain qu'elle s'est donné pour mission de cultiver.

Elle continue de travailler à la vulgarisation de la géographie économique, reconnue maintenant comme science, à côté de la géographie scientifique, que représente la Société de Géographie. Par ses conférences, ses prix, ses bourses de voyage, l'action directe sur le public, les rapports personnels des intéressés avec ses membres, elle fait connaître et travaille à faire exploiter et échanger les produits des divers pays du globe et des colonies françaises, à entretenir, augmenter et créer les rapports de peuple à peuple, à étendre les voies de communication.

Le principe sur lequel elle s'appuie est la liberté économique; ses efforts tendent à assurer l'exercice de cette liberté.

Le délégué de la Société de Géographie Commerciale, regrettant d'être tenu à se restreindre à l'exposé des travaux de la Société, s'arrête dans ce développement et annonce l'ouverture, le 26 août, du Congrès international (le 3e) de Géographie économique, où les idées qu'il indique seront exposées et soumises à discussion.

Société de Géographie de l'Est (Nancy)

Rapport de M. P. Colleseon, secrétaire général.

Depuis le dernier Congrès national des Sociétés de Géographie, qui s'est réuni à Alger, et auquel, comme cette année, j'avais eu l'honneur de représenter la Société de Géographie de l'Est, et ses sections qui siègent à Épinal et à Bar-le-Duc, notre compagnie n'est pas restée inactive.

Les travaux auxquels elle s'est livrée peuvent être classés en plusieurs séries : les conférences, les excursions, puis les travaux d'études et d'organisation intérieure.

Les conférences, qui sont toujours très suivies par les membres de la Société, sont faites tantôt par des personnes marquantes de Nancy, ou de la région lorraine, souvent par des professeurs de notre Université, mais plus souvent par des étrangers. C'est ainsi que nous avons pu entendre, quelques jours après le congrès d'Alger, M. Henri Mager nous parler des intérêts de la France dans l'Afrique centrale.

Nous eûmes également des séances où nous entendîmes : un Arménien, M. Echobaniau, narrer les malheurs de son pays; Mme de Mayolle, qui fit un étonnant récit de son voyage en Sardaigne; M. Haumant, de la Société de Géographie de Lille, qui exposa d'une façon parfaite la géographie de la Bulgarie et les mœurs du peuple bulgare; M. Baillaud, qui nous emmena bien loin de notre Lorraine, pour nous faire pour ainsi dire toucher de la main nos possessions du Niger; M. Saurin, de Tunis, qui nous apprit comment on colonise et qui nous montra le danger, pour l'avenir de la colonie, qu'il y avait à laisser les étrangers prendre une trop grande prépondérance dans le pays de protectorat; enfin M. Lhéritier, qui fit un ardent plaidoyer en faveur de la défense navale de nos côtes.

Voilà pour les conférenciers étrangers à Nancy; mais nous eûmes d'autres réunions : M. Thoulet, professeur à la Faculté des sciences de l'Université de Nancy, nous offrit la primeur de la carte lithologique des côtes de France qu'il a dressée et qui a été exposée depuis à Paris, au Palais des Pêcheries.

M. Laurent, professeur à la Faculté des lettres, nous parla de la Grèce; M. Perdriset traita un sujet quelque peu historique, mais surtout ethnographique : l'invasion des races aryennes chez les Orientaux; quant à M. le docteur Bleicher, directeur de l'École supérieure de pharmacie, il nous fit faire, un soir, une excursion verbale tout près de Nancy : il nous apprit la formation géologique du plateau de Haye. Ce qui fait un total de huit conférences.

Si, après avoir parlé de nos réunions d'hiver nous passons à nos travaux d'été, nous trouvons les excursions géographiques.

Leur succès, qui va croissant, est dû à ce qu'elles ne prennent qu'un ou deux jours. C'est peu, mais pour trouver de nombreux adhérents, il ne faut pas demander aux personnes retenues par leurs occupations de quitter leurs travaux pendant plusieurs jours. Aussi organisons-nous nos sorties pour le dimanche.

Ces excursions sont dirigées par une personne compétente, spécialement choisie en vue de compléter, par des explications techniques, l'instruction que l'on acquiert par la vue des sites traversés ou des usines visitées.

Trois excursions seulement purent être organisées cet été, Paris ayant attiré énormément de nos membres.

Le plateau de Haye fut étudié au point de vue géologique; une autre fois on descendit sous terre, dans les mines de sel de la Société des salines de Rosières; enfin on alla dans le merveilleux site vosgien, bien connu : à Gérardmer, à la Schlucht et au Hohneck.

Je vais maintenant vous ramener dans le sein de notre Société et vous montrer ce qu'elle a de plus précieux, à sa bibliothèque, qui est composée d'un grand nombre de volumes gardés avec un soin jaloux par M. le bibliothécaire et un adjoint de bonne volonté, lequel classe les volumes et surtout la partie étrangère. Les prêts sont nombreux et les lecteurs semblent satisfaits de ce qu'ils trouvent sur nos rayons.

Nos sections d'Épinal et de Bar ont eu également leur série de conférences, en général semblables à celles faites à Nancy, car les conférenciers qui veulent bien venir à la section centrale parlent également dans nos villes sœurs.

La section de Bar entretient, outre sa bibliothèque, un musée géographique et ethnographique, dont Cl. Bounabelle a été le fondateur.

J'allais oublier de parler de l'organe vital de notre Société : son bulletin. Ils paraît tous les mois et comprend, outre des articles de fonds, les rapports sur les travaux de la Société. Il est parfois illustré de phototypies et contient souvent des cartes ou des itinéraires.

Société de Géographie Commerciale de Bordeaux.

Rapport de M. P. CAMENA D'ALMEIDA.

La Société de Géographie Commerciale de Bordeaux a célébré en janvier 1900 le vingt-cinquième anniversaire de sa fondation. Son bulletin, qui continue à paraître à raison de deux numéros par mois, a pour rédacteur en chef, en remplacement du regretté

M. Gebelin, M. Lorin, professeur de géographie coloniale à l'Université de Bordeaux. Malheureusement, l'état peu favorable des finances de la Société a amené la réduction de chaque numéro à 10 pages au lieu de 20. Néanmoins, le volume annuel du bulletin forme encore un ensemble considérable.

La Société tient régulièrement ses assemblées mensuelles, dont les principales communications viennent ensuite alimenter le bulletin. Ses conférences publiques, données dans la grande salle de l'Athénée, attirent de nombreux auditeurs.

Désireuse de se rendre utile au commerce bordelais, qui lui fournit une bonne partie de ses adhérents, la Société a conclu une entente avec la *Revue commerciale et coloniale de Bordeaux*, et lui fournit des informations d'un caractère pratique, réservant son bulletin en principe aux communications scientifiques. Parmi ces dernières, une assez grande place reste faite aux études de géographie régionale, qui ont fait, sous la rédaction précédente, grâce à MM. Duffart, Durègne et Dutrait, la réputation du bulletin. Un service d'informations commerciales et coloniales a été institué, favorisé par le développement de la bibliothèque.

Du même désir de servir les intérêts régionaux et nationaux procède la création à Bordeaux d'une Société d'Océanographie. Issue de la Société de Géographie, composée en grande partie de membres de la Société, elle se préoccupe de combler une lacune de nos connaissances en faisant appel au concours des officiers de la marine de guerre et de la marine marchande, de façon à pouvoir donner des instructions nautiques précises aux navigateurs, des indications aux pêcheurs, et, pour les géographes, une monographie du golfe de Gascogne et des observations sur l'océanographie et la météorologie du sud de l'Atlantique.

Société de Géographie (Paris).

Rapport du baron HULOT, secrétaire général.

Des modifications importantes ont été introduites dans le fonctionnement de la Société de Géographie depuis le Congrès d'Alger. En présence du développement progressif des études géographiques la Société a cru devoir élargir le cadre de ses publications. Le *Bulletin* trimestriel et les *Comptes rendus* des séances ont été fondus en une revue mensuelle grand in-8, éditée par la librairie Masson et C¹ᵉ sous le titre de *La Géographie, Bulletin de la Société de Géographie*. Cette organisation nouvelle a nécessité la constitution d'un comité de rédaction et la nomination d'un secrétaire, M. Rabot, dont la tâche demande autant de compétence que de dévouement.

Sur l'initiative du prince Roland Bonaparte, président de la commission centrale, un concours a été ouvert par la Société. Il porte sur les trois sujets suivants :

I. Étudier, dans les Alpes françaises, les régions de la Tarantaise, Maurienne et Briançonnais, au point de vue des établissements humains. Chercher comment l'altitude, la topographie, la nature du sol, l'orientation, l'hydrographie influent sur le site des groupements, le genre de vie, le nombre et la répartition des habitants. Exprimer autant que possible cartographiquement les résultats de ces recherches.

II. Appliquer les principes actuels de la géographie physique à l'explication des particularités diverses d'une région naturelle de la France.

III. Déterminer, d'après l'état des connaissances, l'étendue de la région forestière de l'Afrique tropicale. Caractériser les divers aspects de sa physionomie; retracer l'aire d'extension de certaines espèces. Montrer quels moyens de nourriture et quelles conditions d'existence elle offre à l'homme.

L'admission au concours est exclusivement réservée aux Français. Le programme et le règlement sont envoyés par les soins du secrétaire général à toute personne qui en fait la demande. Par ce moyen la Société espère provoquer l'étude de problèmes incomplètement résolus, et concourir au progrès de la géographie. Les travaux couronnés seront publiés à ses frais dans les conditions spécifiées au programme.

Ces travaux, qui paraîtront en livraisons séparées, ressusciteront, pour ainsi dire, les anciens *Mémoires* publiés dès l'origine de la Société.

Rappelons, à ce propos, que notre carte d'Afrique au 10 000 000ᵉ publiée chez Barrère a été remaniée et mise à jour, et que la

Société fait paraître chez Plon les itinéraires de M. Marcel Monnier à travers l'Asie.

Deux modifications ont été apportées au règlement intérieur : l'une concerne le rachat des cotisations dont le prix est fixé à quatre cents francs, l'autre a trait à la qualité de membre bienfaiteur, qui s'obtient par un versement minimum de mille francs.

Nous ne ferons que mentionner la participation de la Société en 1899 aux travaux du Congrès international de Géographie de Berlin et à ceux du Congrès des Orientalistes de Rome. La Société fut également représentée l'an dernier au Congrès des Sociétés savantes à Toulouse, aux réunions de l'Alliance française et de l'Association française pour l'avancement des Sciences, etc.

L'Exposition universelle de 1900 lui a fourni l'occasion de faire connaître son œuvre des dix dernières années dans la classe XIV ; de figurer honorablement à l'Exposition centennale ; enfin de tracer une rapide esquisse de ses travaux dans une notice historique rédigée sur la demande du ministère de l'Instruction publique.

Le but que poursuit la Société de Géographie est connu, mais il est bon de le rappeler. Elle provoque les voyages, participe à leur préparation, les récompense, en publie les résultats et favorise, d'une façon générale, les efforts de tous ceux qui, explorateurs, érudits, fonctionnaires ou colons, concourent au progrès des sciences géographiques. Ce serait une erreur de croire qu'elle restreint son action à l'exploration et à la science pure, en écartant *à priori* les problèmes économiques de la colonisation. Son objet c'est la géographie dans toute son étendue, qu'il s'agisse de géographie physique ou descriptive, mathématique ou économique, générale ou coloniale. Aussi les sociétés françaises de géographie, à quelque point de vue qu'elles se placent, sont-elles toujours assurées de se mouvoir dans la même sphère d'études que leur doyenne, qui vit se constituer chez elle ce congrès national et qui se félicite hautement de pouvoir fêter sa majorité dans le lieu même de sa naissance.

C'est le désir de resserrer les liens existant entre ces associations et la nôtre, qui a disposé notre comité de rédaction à ouvrir dans *La Géographie* une rubrique « Chronique des Sociétés françaises de Géographie ».

Trop rarement la Société s'est trouvée en mesure de subventionner des explorations; mais il est facile d'apprécier l'emploi qu'elle fait des fonds qui lui sont confiés à cet effet, en considérant l'œuvre de la mission Saharienne, organisée en grande partie par elle, sous les auspices du Ministère de l'Instruction publique. En remettant à M. Foureau, dont l'expérience et le savoir justifiaient sa confiance, la somme de 250 000 francs qu'elle tenait de la générosité patriotique de M. Renoust des Orgeries, elle a rendu possible l'un des voyages qui honorent le plus l'exploration française. Malheureusement celui qui avait été placé à la tête de l'escorte, le commandant Lamy, qu'un glorieux passé désignait aussi pour collaborer à cette grande entreprise de pénétration saharienne, a succombé en délivrant de Rabah les territoires placés sous l'administration d'un autre de nos collègues, M. Gentil, lauréat de la grande médaille d'or, qui dirige notre politique dans le bassin du Chari.

Les pertes éprouvées par la Société ont été cruelles. Son éminent président, M. Alphonse Milne-Edwards, dont l'autorité s'imposait d'elle-même, lui avait imprimé pendant quatre années la plus heureuse direction. Il a été remplacé par son ami, M. Grandidier, homme de science et homme d'action, qui fut à Madagascar un précurseur. Peu de temps avant Milne-Edwards, le comte de Bizemont, qui fit flotter le pavillon français sur le haut Nil à la fin du deuxième Empire, nous fut enlevé, au moment où il rassemblait des notes sur les explorations françaises. Mizon, Bretonnet, de Béhagle, de Cointet et bien d'autres manqueront désormais à nos réunions.

Les séances de quinzaine ont été régulièrement suivies dans une salle devenue trop étroite pour contenir les amis de la géographie et des voyages. Parmi les explorateurs, ceux de l'Afrique ont le plus souvent occupé notre tribune. Ainsi : M. le commandant Gouraud (capture de Samory), Dr Maclaud (Guinée française), Baillaud (boucle du Niger), Michel (mission de Bonchamps), Guillaume Grandidier, Jully (Madagascar).

M. Paul Leroy-Beaulieu a fait une conférence très remarquée sur le Transsaharien. L'océanographie a donné lieu à une savante communication de M. Thoulet.

D'Asie, nous ont entretenus MM. Monnier (Tour d'Asie), H. Krafft (Turkestan), R. P. Galland (Mésopotamie), Paul Labbé (Sakhaline), Leclère (Chine méridionale); — de l'Amérique, MM. les capitaines Maurain et Lacombe (mission de l'Équateur), Levat (Guyane et Contesté franco-brésilien), Moncousin (Patagonie); — de l'Australie, M. J. Garnier; — enfin des abords du Pôle Sud, le commandant A. de Gerlache, chef de la mission antarctique belge.

Le désir de la Société avait été de recevoir au Trocadéro les membres de la mission Congo-Nil. Si elle n'a pu mettre ce projet à exécution, elle a eu cependant l'occasion de saluer à Marseille et à la gare de Paris-Lyon le commandant Marchand et ses compagnons. Elle a obtenu, d'autre part, l'autorisation d'organiser à la Sorbonne une séance solennelle en l'honneur de deux autres missions africaines : l'une dirigée par M. Flamand (In-Salah), l'autre par M. Hostains, assisté du capitaine d'Ollone (Le Cavally).

L'attrait des voyages et l'ambition de coopérer au développement de notre empire colonial sollicitent avec une telle ardeur le zèle des explorateurs que la commission des prix, jadis embarrassée pour attribuer certaines de ses médailles à des Français, se voit dans l'impossibilité de récompenser tous les mérites. De généreux fondateurs l'ont cependant largement pourvue. Au nombre des prix décernés en 1900, il faut citer d'abord la grande médaille d'or remise au lieutenant-colonel Marchand pour la mission Congo-Nil, le prix Herbet-Fournet s'élevant à 6 000 francs a été obtenu par M. Flamand. MM. Liotard, Le Chatelier, de Gerlache, Pein figurent en tête de la liste des lauréats, où se trouvent les noms de MM. O. Reclus, Guillaume Grandidier, Prins, Dyé et Germain, Dr Billet, Le Boulleur de Courlon, Huguet, Naudé, Kilian, Meyrac, Dehérain, qui se sont tous distingués par l'importance de leurs explorations ou de leurs travaux de cabinet.

Les récompenses, la publication des résultats scientifiques des voyages, les subventions aux missions, les réceptions et séances solennelles constituent les principaux moyens d'action de la Société. Elle les doit, en majeure partie, à la libéralité de ses membres. Il est donc juste de signaler les legs ou dons de MM. Milne-Edwards, de Bizemont, de Balaschoff, Molteni et de Mme Billet, qui permettent à la Société de rendre ses efforts plus efficaces.

Ces fondations diverses sont un éloquent témoignage de l'intérêt que portent à l'œuvre de la Société de Géographie ceux qui en ont dirigé la marche, suivi les progrès ou simplement connu le but et la portée. Elles sont un précieux encouragement pour ceux qui ont l'honneur et la charge d'en assurer le fonctionnement, et pour la Société elle-même la preuve des sympathies qu'elle rencontre et la garantie de sa prospérité future.

Société de Géographie de Bourg.

Rapport de M. J. CORCELLE, agrégé de l'Université.

La Société de Géographie de Bourg continue à remplir avec zèle la tâche que lui avaient fixée ses fondateurs. Si elle avance un peu lentement, c'est que parfois les concours promis lui font défaut et qu'ainsi ses publications régulières sont retardées.

Nous avons perdu cette année notre premier président, M. Jarrin, qui fut à la fois un des fondateurs et un des plus énergiques soutiens de notre association. Son nom n'est guère connu au delà des frontières des pays de l'Ain, parce qu'il a consacré son activité intellectuelle, qui était grande, à reconstituer l'histoire de sa petite patrie et à en retracer la physionomie actuelle. Il a réuni pendant les longues années de son existence une foule de documents précieux, intéressant à la fois la géographie passée et présente de sa province; notamment, sur les patois et les usages de la Bresse et du Bugey, des notices substantielles.

Nous avons continué régulièrement la suite de nos travaux, destinés à initier nos adhérents aux principales questions de la géographie mondiale : nous avons consacré au Transvaal et à ses héroïques habitants, les Boers, une longue étude. Elle était destinée surtout à mettre en lumière les origines françaises des Boers, et d'indiquer leurs fortes qualités morales. Quelques pages consacrées à l'Algérie renfermaient, d'après des données récentes et des souvenirs de voyage, un tableau des progrès économiques de notre France africaine.

Nous avons publié sur notre département des travaux nombreux. L'an dernier notre géographie de l'Ain, qui compte déjà deux gros volumes, s'enrichissait d'un long chapitre où était mise en lumière l'effroyable dépopulation de nos petites communes rurales. Cette dépopulation correspond à une augmentation du bien-être et de la richesse : elle a pour cause la diminution progressive du chiffre des naissances, et l'émigration toujours très active des jeunes gens vers les villes industrielles. On ne peut noter d'accroissements sérieux que dans quelques centres où sont travaillés la soie, le celluloïd, le bois, comme Saint-Rambert, Tenay, Oyonnax, Bellegarde.

Dans nos bulletins ont paru ensuite sous ce titre général : *Notes et Documents sur la géographie du département de l'Ain*, deux études qui seront suivies d'autres, dans lesquelles sont réunis des faits de géographie ancienne et contemporaine. On y reproduit, soit en entier, soit sous forme d'analyse, des documents oubliés ou très rares. Par la suite ces notes et documents formeront une encyclopédie fort utile. Enfin nous avons édité sur le pays de Gex un travail assez long, dû à un érudit, Delaigue, mort avant d'avoir achevé son œuvre : il renferme, sur les usages et coutumes de ce pays isolé sur la pente orientale du Jura, des renseignements d'autant plus précieux que ces usages et coutumes disparaissent très rapidement.

En résumé notre Société poursuit paisiblement sa tâche et, dans sa sphère, essaye d'aviver le goût des études géographiques. Elle fait ainsi œuvre méritoire et patriotique. Nous avons besoin, si nous voulons conserver notre place dans le monde, de suivre d'un œil attentif les faits politiques et économiques.

Société Bretonne de Géographie (Lorient).

Rapport par A. LAYEC.

La Société Bretonne de Lorient compte dix-huit ans d'existence.

Fondée par un ancien gouverneur de nos colonies, au milieu d'une ville militaire et maritime, elle s'est, au début, spécialement consacrée à l'étude de l'organisation de notre domaine colonial ; bien renseignée par de nombreux sociétaires mêlés à la vie coloniale, elle a donné dans ses bulletins des renseignements importants et émis des idées qui, depuis, sont entrées dans l'application.

Nous continuons dans cette voie.

Voisins de la mer, nous ne pouvions négliger l'étude de l'Océan, au point de vue scientifique et pratique. Notre Société, qui compte M. Thoulet, l'océanographe si distingué, parmi ses membres correspondants, a demandé, la première, la création des écoles de pêche, qui, nées dans l'île de Groix, se sont développées sur tout le littoral, au grand avantage des pêcheurs. Nous avons obtenu aussi l'introduction, dans les écoles primaires du littoral, de notions élémentaires de pêche, de navigation et d'océanographie, destinées à remplacer les notions d'agriculture données dans les écoles du continent. Le premier livre, rédigé dans ce but, est l'œuvre d'un de nos membres les plus laborieux, M. Guillard, directeur de l'École de Pêche de Groix, en collaboration avec M. l'Inspecteur d'Académie du Morbihan. J'ai l'honneur d'en déposer un exemplaire sur le bureau. Vous pourrez juger de son caractère pratique et pittoresque.

Enfin, Bretons, notre troisième œuvre doit être la géographie locale de la Bretagne. Le travail est loin d'être complet. Cependant le bulletin a fait paraître un certain nombre d'études, qui sont des contributions à la géographie de la Bretagne : des monographies de Groix, de Belle-Ile, des travaux sur le mouvement de la population dans l'arrondissement de Lorient, sur le golfe du Morbihan, une carte hypsométrique de la Bretagne.

Avec ces trois sortes d'études : colonisation, océanographie, géographie de la Bretagne, nous croyons remplir le principal but d'une société de province comme la nôtre, dont les caractères sont surtout maritimes et coloniaux.

SÉANCE DE L'APRÈS-MIDI

Présidence du colonel BLANCHOT,
délégué de la Société de Géographie de Poitiers.

Assesseur : M. le baron HULOT (S. G. P.).

Au bureau : M. SABATINI, délégué de la Société de Géographie de Rome.

Mission à Madagascar : Les Mahafaly,

Par E.-J. BASTARD, explorateur.

C'est une bonne fortune pour moi de rentrer en France juste à temps pour avoir l'honneur de faire, devant les représentants des Sociétés de Géographie de France réunies, une communication sur la mission que je viens d'accomplir à Madagascar.

Tout d'abord il me semble nécessaire d'expliquer en peu de mots comment j'ai été conduit à tenter d'amener par des moyens pacifiques l'occupation des régions situées au sud de Tuléar, et dont les habitants, superstitieux et guerriers, se montraient jusqu'alors hostiles à toute pénétration étrangère.

Ma première mission dans l'île de Madagascar, sous les auspices du Muséum d'Histoire naturelle de Paris, m'avait permis, en 1896, 1897 et 1898, de fréquenter les Sakalava, les Bara, les Antanosy, et de me mettre au courant de leur état social et de leurs mœurs.

C'est ainsi qu'en 1896, j'avais pu remonter la vallée du Mangoky jusqu'à Vondrové, traverser du nord au sud le pays de Fiherenana et rapporter à Tuléar, outre des collections et mon itinéraire, beaucoup de renseignements qui furent des plus utiles lorsqu'en juin 1897, le roi de ce pays, Tompomanana, se mit en révolte. Je pus en effet prêter un concours efficace au résident Estèbe, qui entreprit alors, presque sans moyens, de châtier Tompomanana et de protéger les établissements des traitants installés sur cette partie de la côte.

De plus, je venais de séjourner pendant quelques mois chez les Bara Imamono, et tout en m'occupant à réunir des documents pour le Muséum, j'avais réussi à persuader au roi Impoinimerina de faire sa soumission à l'autorité française. Impoinimerina ne s'est jamais départi des promesses qu'il m'avait faites à cette époque; entouré de tous côtés de peuplades rebelles, il nous est resté constamment fidèle, et, non seulement il a payé l'impôt régulier, mais encore il nous a aidé de toutes ses forces à triompher des révoltés en fournissant des porteurs, des vivres, et même un corps de partisans.

Enfin, le 13 août 1897, partant de la baie de Saint-Augustin avec trente Malgaches armés, j'avais pu mener à bien un itinéraire qui, après avoir suivi le Bas Onilahy, passait par le pays des Antanosy émigrés, remontait chez les Bara du Sud-Ouest pour traverser l'Isalo près des sources de la Malio et du Fiherenana et me conduisait à Ranohira, quelques jours après que ce poste avait subi et repoussé l'attaque de trois cents Bara. De Ranohira je suis allé à Ihosy par l'Horombé, et là, prenant vers le nord, j'ai suivi la fertile vallée de l'Ihosy, rencontré le Timandao, le Mananatanana, le haut Mangoky, et suis arrivé à Midongy, d'où j'ai gagné Ambositra et Antsirabé, où j'ai passé trois mois à faire des fouilles; enfin d'Antsirabé, je me suis rendu à Tananarivo et à Tamatave, que j'ai atteint le 13 février 1898, ayant parcouru ainsi, à petites journées, sans la moindre escorte officielle, plus de douze cents kilomètres du sud-ouest au nord-est, dont au moins six cents kilomètres dans des régions alors en pleine effervescence.

C'est en m'appuyant sur l'expérience des indigènes que j'avais nécessairement acquise pendant ces voyages, qu'en février 1899, je demandai au général Gallieni de m'autoriser à tenter d'explorer le pays des Mahafaly et de persuader à ces irréconciliables indigènes qu'ils avaient tout intérêt à accepter de bon gré l'autorité française. Le général Gallieni m'accorda cette autorisation et mit quelques fonds à ma disposition.

Je me rendis tout de suite à Tuléar où j'arrivai le 14 avril 1899.

Ayant ordre de suivre la politique du chef de bataillon Toquenne, qui commandait le cercle, je me mis sans tarder en rapport avec lui.

Avant d'essayer de pénétrer chez les Mahafaly, il me semblait nécessaire d'aller le long de l'Onilahy m'informer personnellement de l'état d'esprit des populations. Ce fut aussi l'avis du commandant Toquenne, qui de plus me chargea de pousser jusque chez les Vinda et de visiter les peuplades du sud-est de sa circonscription, afin de trouver un point favorable à la construction d'un poste reliant Tongobory ou Sakamaré à Isoanaly; Tongobory et Sakamaré étaient nos deux postes les plus avancés du sud-ouest vers l'est et Isoanaly le poste avancé de l'est vers l'ouest. Voici, extraits des instructions écrites qui me furent remises le 20 avril par le commandant du cercle, quelques passages indiquant où en étaient les choses à cette époque :

« Dans une entrevue à Itandraka entre le commandant Toquenne et Refotaka, chef des Mahafaly du Nord, celui-ci n'accorde ni le passage des Européens sur son territoire, ni le séjour auprès de lui d'un représentant; il ne consent pas non plus à mettre un représentant soit à Tuléar, soit à Tongobory. Il est simplement convenu que les méfaits entre les sujets seront empêchés de part et d'autre.

« Entre les Mahafaly et les Vinda sont des populations mélangées : il y a des Marovolo, des Zafimarozaha, des Manambia, sur lesquels on sait peu de chose; il en est qui ont vendu du riz au poste de Sakamaré : sondés, ils ont dit qu'ils préféraient le *statu quo.* »

Je n'ai pas besoin d'insister pour faire comprendre que la convention que je viens de citer, si elle était observée de notre côté, en ce sens que nous n'allions pas chez les Mahafaly, ceux-ci ne se gênaient nullement pour passer l'Onilahy, frontière illusoire, et pour venir à tous propos voler les bœufs des Antanosy, qui nous étaient soumis, auxquels nous avions enlevé leurs fusils, et qui n'avaient plus aucun moyen de se défendre. Les pillards naturellement étaient insaisissables puisqu'ils se réfugiaient chez eux en territoire mahafaly, où nous avions promis de ne pas aller, et dont les chefs se gardaient bien de nous livrer les voleurs. — Cette situation ne pouvait évidemment durer.

Il fallait de gré ou de force obtenir la soumission effective des Mahafaly et placer chez eux des postes pour les tenir en respect, en admettant même que leur pays, dénué, comme on le disait, de toutes ressources, ne valût pas les frais de l'occupation.

Les traitants de Tuléar qui, chaque année, s'en allaient le long de la côte troquer du caoutchouc contre des marchandises, représentaient ce pays comme aride et privé d'eau.

C'est sur ces données que je quittai Tuléar le 22 avril de l'année dernière, sans escorte naturellement, puisqu'il était entendu que je devais agir par persuasion. J'étais accompagné seulement d'un créole, M. Tendrya, dont j'avais jadis apprécié le sang-froid, et d'une vingtaine de porteurs recrutés à Tuléar.

Arrivé le 3 mai à Tongobory, je me mis en relation avec des indigènes de la rive gauche de l'Onilahy et j'envoyai plusieurs d'entre eux porter des cadeaux au roi Refotaka et lui faire part de mon désir d'avoir une entrevue avec lui. Puis, traversant le pays antanosy, j'allai à Sakamaré, notre poste avancé, et là je réunis dans un grand kabary Mahavory, roi des Bara Vinda, Remandrosy, roi des Antanosy du Sud, et plusieurs chefs Mahafaly, et je persuadai à ces derniers de me conduire dans leurs villages. Je traversai donc l'Onilahy en face de Sakamaré et regagnai Tongobory en visitant successivement tous les groupements mahafaly de la rive gauche. C'étaient soixante-dix kilomètres relevés en pays mahafaly.

A Tongobory je passai patiemment plusieurs semaines à échanger des courriers avec Refotaka, qui ne se décidait pas. Enfin l'ayant rejoint là, je le décidai, lui et ses chefs, à me conduire à Manera, leur village principal.

Ce fut le 3 juin au matin que nous quittâmes l'Onilahy pour nous diriger vers le sud, accompagnés de Refotaka et de ses gens, et nous n'arrivâmes à Manera que le soir, ayant mis toute la journée à faire vingt-sept kilomètres. Il y avait en effet manifestement deux partis : l'un qui désirait, sans autre forme de procès, nous supprimer immédiatement; l'autre, moins malveillant, qui semblait vouloir se laisser gagner par de sages raisonnements. Lorsque nous eûmes pénétré dans le village de Manera, il se produisit dans tous les esprits une détente manifeste et la partie parut gagnée pour nous.

Le lendemain 4 juin, grand kabary, qui aboutit aux résultats suivants :

1° Abolition de la vieille loi qui interdisait aux blancs l'entrée du pays mahafaly. Le roi Refotaka et ses chefs s'engagent formellement à laisser désormais pénétrer chez eux et à respecter tout blanc qui viendra pour y faire du commerce.

2° Refotaka s'engage de plus à accepter près de lui un représentant du gouvernement. Tout cela allait mieux que je n'aurais osé l'espérer. Aussi, ne voulant pas trop insister, je quittai Manera le lendemain, visitai Miaré, seconde capitale de Refotaka, et me dirigeai vers les tribus du Sud-Est.

Je visitai successivement le pays de Remandrosy, la République de Soanavelo, poussai une pointe jusqu'à l'Ilinta, non loin de sa source, puis jusqu'à l'une des sources du Menarandra, l'Antrofeky, où je trouvai la petite peuplade des Zafimarozaha ; après avoir visité leurs villages, je ramenai leur roi Ramiaba faire sa soumission au poste de Sakamaré, où je revins fermer un itinéraire de 380 kilomètres tout entier au sud de l'Onilaky. Je rentrai alors à Tuléar pour me ravitailler et organiser un deuxième voyage.

Le 25 juillet, j'étais de nouveau à Tongobory où j'apprenais que mon premier passage chez Refotaka avait causé une véritable révolution et que la tribu était maintenant divisée en deux camps : l'un hostile, l'autre favorable à mon retour dans le pays, et que le roi, pour éviter personnellement toute responsabilité à mon égard, s'était retiré chez un de ses parents, tout près du poste de Sakamaré.

A force de cadeaux, je déterminai le chef, qui passait pour notre ennemi le plus acharné, à m'accompagner et, toujours suivi de Tendrya, je passai de nouveau l'Onilahy. Je retrouvai à Manera mon ancien campement et une case dans laquelle j'avais laissé en garde, à la bonne foi des indigènes, un dépôt de provisions, qui était intact.

Me dirigeant vers le sud, j'arrivai sur les bords de l'Ilinta, à Ezeda, capitale d'une tribu dont le roi, Tsibasy, fut assez facilement gagné à mes idées. A vingt kilomètres plus au sud, je trouvai Antrazotaha, groupe de cinq villages où séjournait un autre roi, Tsiverenga. Nous n'étions plus qu'à soixante kilomètres de Lanirano, point de la côte où je désirais aboutir. A Antrazotaha, après deux jours de négociations, les choses se gâtèrent à cause de l'influence des ombiasy (ou sorciers). Grâce au sang-froid de Tendrya et à notre habitude des indigènes, nous parvînmes à nous replier en bon ordre jusque chez Tsibasy, qui nous menaçait en gesticulant et criant. C'était le 13 août. Le lendemain, Tsibasy, ayant attaché au bout de sa grande sagaie le pavillon français que je lui avais donné, le planta lui-même sur sa case devant tous ses gens réunis.

Avec deux vieux chefs que Tsibasy nous donna pour venir témoigner officiellement de sa soumission au prochain poste, nous regagnâmes sans incident Tongobory en faisant un nouvel itinéraire dans le pays de Refotaka.

Le 22 août, Tsiaranga vint au poste faire sa soumission. Le 26, Redama, frère de Refotaka, vint également.

Enfin, je repris le chemin de Tuléar pour venir rendre compte au commandant du cercle de ces résultats, qui peuvent se résumer ainsi :

Cinq cents kilomètres d'itinéraire nouveau venaient d'être relevés au sud de l'Onilahy, dans une région jusque-là obstinément fermée aux blancs : et la vieille loi d'interdiction (fady aux vazaha) était détruite.

Dans toutes les régions ainsi parcourues, sauf chez Tsiverenga, les populations avaient été préparées à l'occupation française ; et, s'il était prématuré d'ajouter une foi absolue dans la sincérité des rois et des chefs, leur venue dans les postes et les promesses qu'ils avaient faites, sur de simples sollicitations d'un voyageur isolé, n'en étaient pas moins des faits acquis.

Cette appréciation a été justifiée depuis par les événements qui se sont précipités, avec une facilité remarquable, dans ce pays mahafaly que l'on peut considérer comme définitivement pacifié. Il y a aujourd'hui cinq postes d'installés : à Betsioka chez Refotaka, à Ezeda chez Tsibasy, à Androka et Itampolo sur la côte et à Ezeva sur le Menarandra. Tous ces postes ont été établis sans qu'il ait été besoin de tirer de coups de fusil. La colonne que l'on eût été, tôt ou tard, obligé de faire de ces côtés, eût sans doute coûté plus d'argent et certainement plus d'hommes.

Il me fallait aussi, à côté des résultats politiques obtenus, chercher à ouvrir un nouveau champ aux recherches scientifiques et commerciales et contribuer, si c'était possible, à la mise en valeur du sud de notre colonie.

Les résultats géographiques de mon exploration ont été consignés dans une carte qu'a publiée *La Géographie* dans son numéro du 15 février 1900, et dans des rapports adressés au gouverneur général de Madagascar et publiés dans les livraisons 21 et 28 des « Notes et Explorations ».

Voici toutefois quelques aperçus très généraux :

J'ai pu constater que si le pays était en général peu fertile, et surtout peu cultivé à cause de la paresse extraordinaires des habitants, il y avait cependant, çà et là, du riz, du maïs, du manioc, et l'eau en quantité suffisante. Il y a des bœufs, et dans le sud, du côté du Menarandra, beaucoup de moutons. J'ai fait toute cette exploration à cheval, et mon cheval a admirablement supporté d'énormes fatigues et s'est constamment mieux porté qu'à Majunga. Le climat lui était donc favorable et, sur la foi du capitaine Corre, qui depuis a exploré le Menarandra, il y a dans les régions arrosées par cette rivière des pâturages assez étendus pour y élever de grands troupeaux de moutons. Un peu dans l'est du pays mahafaly, la zone occupée par les Antanosy de Renandrosy et par la république Soanavelo est sillonée de nombreux ruisseaux dont les indigènes tirent parti pour aménager des rizières. Il est certain qu'il y a de vastes plateaux déserts où la soif guette parfois le voyageur, mais ce phénomène se produit dans beaucoup d'autres régions de l'Ouest malgache.

Rien ne dit que dans les montagnes qui séparent ces territoires du pays des Barabé des recherches attentives n'amènent à trouver d'intéressants minéraux. Il y a déjà des traces de charbon à la surface du sol dans le haut Ilinta. Bref, il faut attendre, avant de se prononcer sur ce que l'avenir réserve. Le pays mahafaly est la patrie de l'intisy, sorte d'euphorbe qui donne un caoutchouc estimé. Malheureusement la sphère d'habitation de cette euphorbe n'est pas très étendue et les indigènes l'exploitent sans précaution, à tel point que si l'on n'y met ordre il ne faudra guère plus de quelques années encore pour qu'ils le détruisent tout à fait.

La plus grosse difficulté, dans ce pays comme dans le reste de

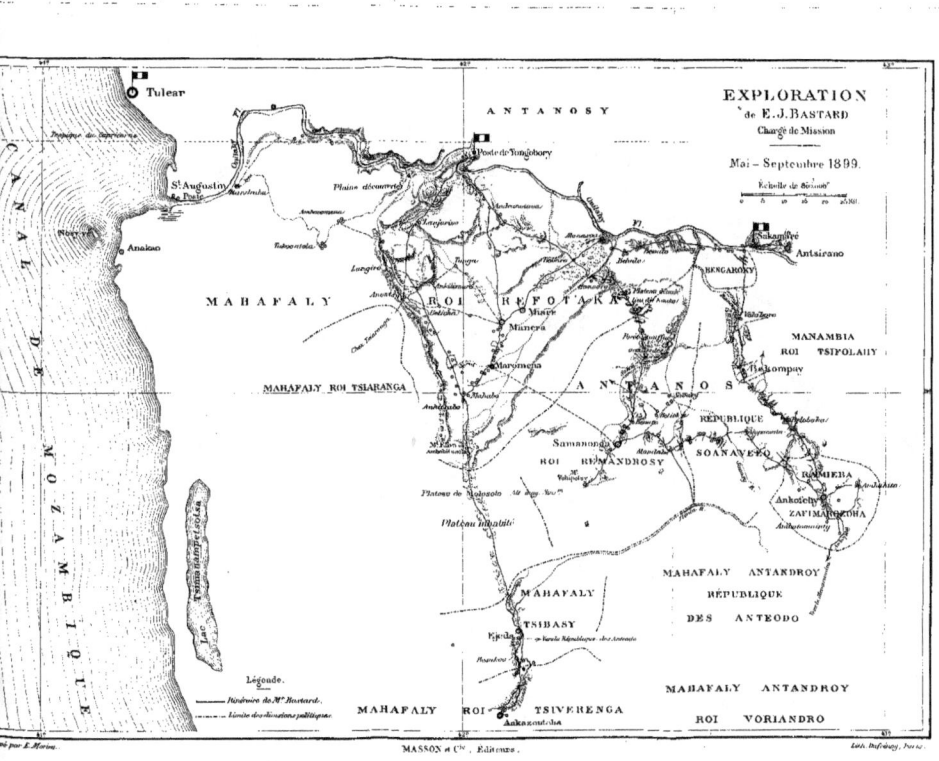

Madagascar, sera le manque de main-d'œuvre, d'autant que les Mahafaly sont fort peu nombreux et ont l'horreur du travail.

J'ai eu lieu de penser, en observant quelques-unes de leurs coutumes, que les Mahafaly étaient proches parents des Bara; mais on trouve chez eux des types extrêmement mélangés. L'influence des Arabes et des Cafres s'y fait sentir et il n'est pas douteux que beaucoup de Mahafaly n'aient du sang blanc dans les veines.

Note sur des portulans du XVIe siècle à l'usage des marins bretons,

Par M. G. MARCEL, conservateur de la Section Géographique à la Bibliothèque Nationale.

M. Marcel passe en revue une série de calendriers, qui renferment de petits portulans et dont quelques uns portent la date de 1548. Il résulte du travail de comparaison auquel M. Marcel s'est livré, qu'il y a eu au moins deux éditions portant le nom de J. Trodec, sans qu'on sache si celui-ci est l'auteur, le graveur ou l'imprimeur de ces petits documents infiniment rares et imprimés en caractères xylographiques. G. Brouscon, auteur d'un traité de navigation qui est resté manuscrit et qui est accompagné de portulans, est également l'auteur de plusieurs autres de ces petits livrets. Ce sont là des documents que personne n'avait encore étudiés; les noms de Trodec et de Brouscon prendront place parmi ceux des plus anciens auteurs de ces cartes, qui servaient au cabotage et à l'usage de ces marins bretons qui ont été porter, au XVIe siècle, le nom de la France et celui de la Bretagne sur les rivages de l'Amérique. M. Marcel a fait circuler au cours de sa lecture l'un de ces petits livrets (appartenant à M. Rosenthal, de Munich), qui possède encore ses ais de bois et qui est enfermé dans un curieux coffret du XVIe siècle.

Nouvelle cartographie chinoise,

Par M. A.-A. FAUVEL, ancien officier des douanes impériales chinoises.

Les Chinois n'ont eu une idée exacte de la forme de leur pays qu'au commencement du xviii° siècle lorsque les pères jésuites, envoyés à l'empereur Kang-hsi par Louis XIV, eurent dressé la première carte scientifique de l'Empire du Milieu. Jusque-là on avait dû se contenter des esquisses informes tracées par des dessinateurs indigènes, d'après des données qui n'avaient rien de commun avec la géographie la plus primitive. Nous avons vu, par exemple, des cartes sur lesquelles le littoral maritime de la Chine était représenté sur une longue ligne horizontale plus ou moins sinueuse et semée d'archipels disposés d'une façon fantaisiste. En général, sur ces cartes, les fleuves ont une largeur démesurée par rapport à la longueur de leurs cours, les montagnes sont jetées çà et là sur le terrain et indiquées par quelques traits en forme d'accent circonflexe. Les plus célèbres s'élèvent en projection sur le plan vertical et représentent assez bien le dessin anguleux des rochers artificiels qui ornent les jardins chinois. Les villes et villages sont indiqués par des carrés, des rectangles, des losanges ou des cercles d'une dimension exagérée, permettant souvent d'écrire le nom du lieu dans cette sorte de cadre. Il faut avoir une grande habitude de ces documents pour arriver à en tirer un renseignement utile. D'échelle il n'en est point question, c'est tout au plus si l'on peut compter sur l'orientation approximative des lieux, les uns par rapport aux autres. De fait, tous les renseignements pratiques concernant la géographie et surtout la topographie devaient être recherchés non sur les cartes, mais bien dans la collection des monographies des provinces généralement connues sous le nom de *Toung-tche*, que nous avons traduit le plus souvent par *Annales*. On y trouve, en effet, à côté des cartes informes dont nous venons de parler, des descriptions minutieuses du pays et des lieux habités et de longues listes indiquant les distances qui les séparent ainsi que celles des principales montagnes, fleuves, rivières, ponts, etc., comptées en *lis*[1] ou lieues chinoises, à partir de chaque ville ou

---

1. Environ 500 mètres.

village important. Le *li* varie souvent de longueur suivant la province et même suivant la nature du terrain, car le Chinois l'estime non pas au moyen d'une longueur, mais trop souvent d'après le temps qu'il met à le parcourir. Il sera donc plus long à la montée qu'à la descente. Quoi qu'il en soit, dans un même pays, lorsqu'il n'est pas trop accidenté, on peut, au moyen de trois recoupements, placer assez exactement tel village ou tel pont par rapport aux trois villes voisines.

L'œuvre géographique des missionnaires jésuites chargés par Kang-hsi de dresser la carte de son empire s'étend de 1708 à 1716. Pendant ces huit années ils parcoururent toute la Chine propre et les pays circonvoisins tels que la Mandchourie, la Mongolie, la Tartarie, le Gobi et ne s'arrêtèrent qu'aux frontières de Corée, où l'Empereur leur avait interdit de pénétrer, pour raisons politiques, ainsi qu'à celle du Thibet et de l'Annam. Ils dressèrent une carte spéciale du fleuve Jaune et du Yang-tze-kiang. Celle de la Grande Muraille ne mesurait pas moins de 13 pieds de longueur pour 21° de latitude. La carte générale de la Chine fut aussi exécutée à une grande échelle. Elle fut achevée en 1718 par le P. Jartoux. Bien que deux copies au moins de l'original aient été envoyées en Europe, dont une fut présentée à Louis XIV et conservée dans sa bibliothèque à Versailles, elles semblent avoir été perdues[1]. D'Anville en a certainement reçu une d'après laquelle il a exécuté la première carte sérieuse de Chine gravée à Paris. Elle a été reproduite par provinces dans le grand ouvrage de Duhalde sur la Chine. Sur une indication fournie par M. H. Cordier, nous avons eu un moment l'espoir de retrouver l'un des originaux envoyés de Chine au roi Louis XIV, au Ministère des Affaires étrangères. Malheureusement nous n'avons trouvé aux archives du quai d'Orsay qu'un grand atlas in-folio renfermant 32 cartes gravées et publiées en chinois à Pékin par ordre de l'empereur Kang-hsi en 1713. C'est une édition réduite, qui a dû être en possession de Klaproth, ce qui explique pourquoi le catalogue manuscrit, inséré au premier feuillet de l'atlas, est en partie double, français et russe ; on

---

[1]. Le P. Gaubil, l'un des premiers missionnaires jésuites de Pékin, dit qu'il ne put lui-même retrouver toutes les minutes de ses confrères Régis, Cardoso, etc. Le R. P. G. Brucker a fait l'histoire de cette carte dans un travail publié par le Congrès international des Sciences géographiques en 1889. Q.-V., p. 378-389.

remarque également que les noms sont traduits en russe et à l'encre rouge pour les villes de première et de seconde classe (Fou et Tcheou). Les cartes sont gravées sur cuivre et imprimées sur papier mince chinois collé sur papier fort; les dimensions varient : certaines provinces ont $0^m40 \times 0^m54$; la carte n° 19 manque (lieux d'Enoskia). La Province de Pékin mesure $0^m29 \times 0^m371$.

Bien que les missionnaires n'aient pas pénétré en Corée, ils en dressèrent une carte d'après les renseignements fournis par les Chinois : elle porte le n° 20 et le titre *Terre de Corée* ($0^m405 \times 0^m540$). L'échelle n'est pas indiquée; mais, sur le méridien de Pékin, la distance entre 39° et 40° de latitude est de 0^m036 [1].

On lit dans les *Lettres édifiantes* qu'en 1770 le P. Benoist, S. J., fit surveiller à Pékin la gravure d'une carte générale de l'Empire chinois en 104 feuilles.

A la Bibliothèque Nationale, département des cartes, M. Gabriel Marcel a bien voulu nous communiquer un album dans lequel il avait pris soin de faire coller un certain nombre de calques (20) sur papier végétal des provinces chinoises qui proviennent des papiers de Klaproth. Ces calques paraissent avoir été faits à la fin du XVIIIe siècle, sans doute sur les travaux de d'Anville d'après les originaux des PP. Jésuites. Malheureusement il manque un certain nombre de provinces (Chen-si, Tché-li, Sse-tchouen, Yun-nan et Fokien). On sait que Klaproth publia en 1853, à Paris, chez B. Duprat, une carte générale de la Chine.

Il y a quelques années, Mgr Favier, évêque de Pékin, nous raconta comment il avait eu la chance de trouver, dans une boutique de libraire de la ville chinoise de Pékin, un certain nombre de cartes à grande échelle provenant évidemment du palais impérial et qui n'étaient autre chose qu'une édition originale de la grande carte des Jésuites, telle qu'elle fut gravée sur cuivre à Pékin même, par l'un des frères coadjuteurs, sans doute le

---

[1]. Cette carte générale de l'Empire chinois a été reproduite à plus petite échelle dans la grande géographie de la Chine (*Ta-tching-yi-toung-tche*), éditée à Pékin avec texte et carte en plusieurs éditions: la première, celle de 1743, comprend 25 volumes de 102 cahiers (*pen*) in-4°; celle de 1764 est de 52 volumes de 240 cahiers in-4°. Klaproth en a possédé une nouvelle édition imprimée en 1790. Voir Klaproth, *Magasin asiatique*, 1825, Paris, tome I. Stanislas Julien en a aussi parlé au point de vue du texte.

F. Attiret. Sachant qu'on en avait perdu la trace en Europe, le P. Alphonse Favier fit copier très soigneusement cette immense carte dont l'ensemble mesurait plusieurs mètres carrés et l'envoya au Ministère de la Guerre à Paris. Nous avons eu l'heureuse chance de pouvoir examiner, à la mission du Pé-tang, en 1887, peu avant leur envoi en France, une collection de cartons dont l'ensemble représente la partie septentrionale de la Chine jusqu'à la latitude de la frontière du Chan-toung. Le carton d'assemblage, qui porte en rouge la large signature Alphonse Favier, mesure environ $0^m60 \times 0^m40$, chaque carton est constitué par un calque de la carte des Jésuites fait sur papier de Chine léger, collé sur papier-carton et garni tout autour, à la mode chinoise, d'un cadre de gaze de soie légère et de couleur bleu clair. Chacun de ces cartons, au nombre de 28, mesure 0^m555 de côté; ils sont carrés et leur ensemble donne une carte de $3^m885 \times 2^m775$, dont l'échelle, non indiquée mais déduite de la distance connue entre Tientsin et Takou (0^m576 sur la carte), paraît être celle du cent-millième.

Le pays représenté sur l'ensemble s'étend du méridien de Pao-Ting-fou au Tché-li, à celui qui passe un peu à l'est de l'extrémité de la Grande-Muraille à Chan-haï-kouan sur le golfe du Pé-tché-li. La limite septentrionale de la carte passe à quelques milles au nord de Kou-pei-kou, la porte la plus septentrionale du grand mur, et la limite sud est le parallèle de Hien-hien, par 38°15 de latitude environ. Ce n'est donc là qu'une partie seulement de la province du Pé-tché-li; mais, à vrai dire, la plus intéressante puisqu'elle comprend Pékin, Tientsin, et presque toute la côte. Elle permet donc de suivre pas à pas les opérations des armées alliées en Chine. Les eaux y sont figurées en bleu verdâtre, les villes, les villages, les routes et le quadrillé sont en rouge. Les montagnes ayant un nom particulier y sont marquées par un dessin, genre chinois, représentant des rochers aigus et contournés, les chaînes ordinaires sont dessinées à la chinoise au moyen d'accents circonflexes accolés ou superposés. Elles sont de couleur noire ou bistre. Les villes sont indiquées par des signes conventionnels chinois représentant des enceintes murées, carrées ou arrondies avec ou sans portes; il y en a 7 différentes, suivant qu'on a affaire à la capitale ou à des villes de premier et deuxième ordre, des villages, des bourgs, etc. Les palais où l'Empereur passe la nuit en voyage (*Sin-koung*) et ceux où il s'arrête pendant le jour (*Tien-yin*) sont indiqués par deux carrés inscrits l'un dans l'autre. Une particularité que nous n'avons trouvée sur aucune autre carte chinoise est celle de trois carrés doubles en partie supperposés suivant la diagonale et qui représentent des *hsien* ou villes de 3º ordre. Une petite tour en tronc de pyramide représente les forts ; quand elle est surmontée d'un petit kiosque, elle indique les tourelles de veille ou de signaux dites tourelles des *lis*, dans la légende très détaillée qui accompagne le carton d'assemblage. Cette légende explique encore les signes particuliers employés sur la carte pour montrer la position des ponts, bacs, digues, routes, dunes, sources et salines, postes de douane et portes du grand mur, relais de chevaux et de postes, tombes impériales, etc. Mgr Favier a complété la carte ancienne en y traçant les chemins de fer en construction ou terminés en 1886. La projection paraît être celle de Mercator, la carte étant couverte d'un quadrillé rouge de lignes équidistantes.

Les caractères chinois ont été traduits en caractères latins par Mgr Favier et la légende indique les noms et titres des divers mandarins civils et militaires.

Nous croyons savoir que cette carte se trouve actuellement au Service géographique de l'Armée, où elle a été utilisée pour la construction de la carte de Chine actuellement en voie d'exécution dans cet établissement et dont la première partie a été exposée cette année au Champ de Mars.

Il y a quelques années (1882), Li-Fong-pao, qui fut pendant quelque temps ambassadeur de Chine en Angleterre, France et Allemagne, fit graver sur bois, à Han-keou, une reproduction réduite de la grande carte des Jésuites. Elle fut imprimée à la mode chinoise en une série de cahiers représentant deux gros volumes in-4º, précédés de plusieurs introductions et intitulés : Ta-tching-yi-toung-yu-tou.

Pour arriver à présenter la carte sous cette forme il a fallu la diviser en bandes horizontales dont chacune constitue un cahier. Ces bandes sont numérotées en montant vers le nord et en descendant vers le sud, à partir d'une bande centrale, celle qui comprend Pékin et qui est simplement indiquée par le caractère Tchong (milieu). On comprend combien ce système est peu pratique pour des étrangers et quel temps l'on perd à consulter ce curieux ouvrage.

Vers 1876 un missionnaire américain, ministre des États-Unis à la cour de Pékin, le Révérend Wells Williams, fit graver sur cuivre une réduction (2 mètres carrés environ) de la carte des Jésuites. Étant destinée à l'usage des Chinois, cette reproduction ne porte pas de caractères latins. Dans les coins se trouvent des cartons donnant les plans de Pékin, Tientsin, Canton, etc. Cette carte, coloriée à la main et fort utile, fut vite épuisée. La mission des PP. Jésuites à Zi-ka-wei en a publié, il y a quelques années, une reproduction sur bois imprimée sur papier de Chine. Elle mesure $1^m21 \times 0^m84$ et est pliée à la chinoise dans un carton de $0^m23 \times 0^m165$. Elle possède aussi les plans de Pékin, Canton, Chang-haï, Tokio, Yokohama, une mappemonde, et comprend le Japon, Formose et Haï-nan. Son titre est *A-hsi-ya-toung-tou-yu-ti-tou* ou Carte de l'Asie orientale. Étant d'un prix très modique, elle se vend beaucoup en Chine. Malheureusement l'impression sur bois laisse à désirer et les caractères étant souvent effacés ou brouillés, la lecture en est difficile.

Le P. Stan. Chevalier, directeur de l'Observatoire météorologique de la Compagnie de Jésus à Zi-ka-wei, a aussi publié en 1894 une carte murale de la Chine de $0^m73 \times 0^m67$ entièrement en chinois et destinée aux écoles de la mission. Elle n'a pas d'intérêt pour les étrangers. Elle présente seulement toutes les préfectures. En 1894 le Service géographique du Ministère de la Guerre au Japon a publié une fort belle carte de Chine, gravée sur cuivre, en beaux caractères chinois. Imprimée sur beau papier fort, japonais, indéchirable, elle mesure $1^m95 \times 1^m36$, et est pliée en un album à la mode japonaise, format grand in-4°.

Comme l'indique son titre (Carte générale de l'Empire du Milieu et pays environnants), elle comprend toute la Chine, jusqu'aux frontières extrêmes septentrionales et occidentales, le Japon avec Formose et Haï-nan. Les côtes de l'Annam, le Tonkin sont représentés à part dans un des sept cartons qui donnent aussi un excellent plan de Pékin ($0^m18 \times 0^m24$) et ceux de Chang-haï, Canton, Sou-tcheou, Hang-tcheou, Han-keou et Nankin. L'échelle est au deux-millionième. Cette carte, établie évidemment d'après celle des Jésuites, a été mise au point à l'aide des cartes hydrographiques des puissances étrangères, France, Angleterre, Allemagne, Russie et même de celles de la marine japonaise, qui prépara son expédition en Chine et Corée en 1894 par de nombreuses campagnes de sondes sur les côtes de ces deux pays. Cette carte générale de la Chine est la meilleure de toutes les cartes récentes que nous connaissions, et il est regrettable que le ministre de la guerre japonais n'ait pas jugé à propos de la rendre d'un usage général en y ajoutant les traductions du chinois en caractères latins.

Le Dr Bretschneider, ancien médecin de la légation de Russie à Pékin, a été amené par ses travaux sur la botanique de l'Empire chinois à publier une carte générale de ce pays, destinée à accompagner et compléter son histoire des découvertes botaniques en Chine. Elle a été publiée en quatre feuilles et en couleurs, à Saint-Pétersbourg, il y a quelques années. Il a paru en 1900 une seconde édition [1], un complément sous forme de cinq cartons donnant des cartes à plus grande échelle de certaines parties de la Chine, entre autres des environs de Pékin, des districts explorés au point de vue botanique par le Père Delavay, missionnaire catholique au Yun-nan. Les grandes rivières de la province de Canton donnent la cartographie de la Chine centrale et du Yang-tze-kiang. Ces cartes sont en anglais et gravées sur pierre. Les villes y sont indiquées en rouge, les eaux en bleu. Elles sont très claires. Les villes n'y étant indiquées que jusqu'au troisième ordre, cette carte est insuffisante pour une étude approfondie du pays.

Le baron de Richthofen, président de la Société de Géographie de Berlin, a fait un certain nombre de voyages d'exploration géologique dans la Chine du Nord, pour le compte de sociétés savantes et industrielles de Chang-haï, vers 1873. Rentré en Europe, il a entrepris la publication d'un énorme ouvrage sur la Chine ainsi que divers atlas de ce pays. L'un et l'autre sont malheureusement restés inachevés. L'atlas, dont les premières cartes, celles du Tché-li et du Chan-toung, datent de 1878 ou 1879, est en partie double, à savoir géologie et géographie physique. Il n'a paru jusqu'ici qu'une partie des provinces au nord du bassin du Yang-tze-kiang.

---

1. *Map of China* by E. Bretschneider, 2° edition thorougly revised and enlarged, edition 1900, Saint-Petersbourg.

Les Japonais se sont occupés activement depuis 1890 à reconnaître les côtes de la Chine du Nord. Ils ont aussi publié en 1894 une carte générale de la Corée et de l'Asie orientale. Cette carte est sortie des presses de l'état-major japonais à Tokio. C'est la meilleure de toutes celles que nous ayons vues à cette date. Elle se compose de dix feuilles format colombier ($0^m43 \times 0^m28$). Établie comme celles de l'état-major français, chaque feuille porte à la partie supérieure, hors cadre, le nom du district qu'elle représente ainsi qu'un petit carton d'assemblage. Au bas de chacune se trouvent les légendes, indications topographiques et les échelles. Celles-ci sont au nombre de trois : *Lis* chinois ou coréens, milles anglais et kilomètres. Les cartes sont gravées par le procédé de la photozincographie. La lettre est en caractères chinois noirs ou bleus, suivant que les noms s'appliquent à des villes, villages et montagnes ou à des cours d'eau. Ceux-ci sont, en effet, tracés en bleu comme les côtes. Mers et lacs sont en filets bleus. Les caractères sont droits pour les noms de lieu, couchés quand ils indiquent des montagnes et des eaux. Les noms étrangers des cartes hydrographiques sont souvent rendus en caractères japonais alphabétiques. L'importance respective des lieux habités est marquée par une douzaine de signes analogues à ceux employés en Europe. Cinq pointes en étoile y sont ajoutées pour marquer que le lieu est fortifié. Les pagodes et temples célèbres ou remarquables sont indiqués, ainsi que les ports, forts, phares, ancrages et lieux où ont été livrés des combats. Le grand mur de Chine, la barrière de pieux et les murs de défense locale sont figurés avec leurs portes ainsi que les lignes télégraphiques et les voies ferrées avec leurs stations respectives. On n'a pas oublié non plus les câbles des télégraphes sous-marins et les lignes principales de navigation. A l'entrée des principaux ports on trouve la distance en milles entre ceux-ci et les ports voisins de Chine ou du Japon. Les routes, grandes et petites, sont marquées ainsi que celles en construction. En somme ces cartes sont aussi complètes que possible. Les montagnes y étant dessinées en teintes plates légèrement estompées au crayon lithographique, elles sont claires et la lecture en est très facile pour ceux qui ont une connaissance des caractères chinois et japonais.

L'ensemble de cette carte au millionième s'étend du 115° au

130° de longitude est de Greenwich, c'est-à-dire de 2°30′ à l'ouest de Pékin jusqu'à 20 minutes à l'est de la ville de Houn-tchouen sur le fleuve Tou-men, à la frontière du nord-est de la Corée. En latitude elle couvre les pays compris entre le 42°30′ nord, soit de Houn-tchouen, au 32°30′ nord, soit 40 milles au sud de l'île de Quelpaert pour la Corée. Pour la Chine elle s'arrête plus haut à 35°, soit 5 milles au sud de Yi-tchéou-fou au Chan-toung.

Le Service géographique de l'état-major de l'Armée française a achevé au mois d'avril dernier, juste à temps pour la faire figurer à l'Exposition universelle, une de ces régions. Ce travail comprend aussi neuf feuilles et est à la même échelle que la carte japonaise, soit au millionième, mais il couvre une plus grande surface de pays s'étendant du 44° au 32° degré de latitude nord et du 114° au 132° degré de longitude orientale de Paris, c'est-à-dire qu'il comprend le pays situé jusqu'à 2°25′ à l'est de Vladivostok, tandis que la carte japonaise s'arrête un peu à l'ouest de l'embouchure du *Tou-men-oula*. Au sud la carte française descend jusqu'au 32° degré de latitude nord. Les cartographes de l'état-major se sont servis des levés faits par les topographes de l'armée pendant la campagne de 1860 ainsi que d'autres, faits il n'y a que quelques années par les capitaines d'Amade et de Fleurac, attachés militaires à la légation de France à Pékin et dont le premier parcourut le Tché-li jusqu'à la Mandchourie et une grande partie de la Corée. Ils ont utilisé également les dernières cartes hydrographiques des marines européennes, américaines et même japonaises, tout particulièrement pour le tracé des côtes de Corée. On s'est servi encore des cartes dressées par l'état-major russe pour le nord de la Chine. Le travail, digne du Service géographique de l'Armée, est extrêmement soigné. La gravure est obtenue par la photozincographie. Le trait est en noir ainsi que la lettre pour ce qui concerne les noms de lieux, car les eaux et leurs noms sont en bleu, les routes sont tracées en rouge. Les montagnes sont figurées en dégradé bistre au crayon lithographique. Les altitudes et les principales profondeurs des mers sont indiquées en mètres. Les lignes télégraphiques terrestres et sous-marines sont portées partout où elles étaient achevées au 1er avril 1900. Ces cartes se vendent 1 fr. 50 la feuille, ce qui est un prix très modéré.

La Compagnie de Fives-Lille, qui a obtenu plusieurs concessions de chemins de fer dans le nord et dans le sud de l'Empire chinois et en Corée, a fait dresser, pour l'usage de ses ingénieurs et par l'un d'eux, deux grandes cartes d'ensemble, à grande échelle ($\frac{1}{2\,000\,000}$), l'une pour le nord, l'autre pour le sud de la Chine. Nous devons à l'extrême obligeance de M. Duval, vice-président du conseil de cette compagnie, un exemplaire de chacune de ces cartes, qui ne sont pas dans le commerce.

Ce sont des copies au bleu des originaux. Elles portent l'indication des lignes de chemins de fer en construction ou projetées sur la partie sud, qui comprend aussi le Tonkin, on a marqué par des signes spéciaux toutes les mines connues dans le pays et la nature de leurs produits. La carte de la partie nord comprend une partie de la Sibérie et la Corée. Elle a été tracée d'après les travaux de l'état-major russe et l'on s'aperçoit facilement, à l'orthographe des noms, qu'ils ont été traduits du russe et écrits par un Russe. Aussi est-il quelquefois difficile de reconnaître sous cette forme les lieux indiqués. La compagnie songe à compléter ce grand travail en faisant établir la carte de la Chine centrale.

Il serait à désirer que le tout fût ensuite gravé et mis dans le commerce, car il n'existe encore aucune carte générale de Chine à grande échelle, au moins en France et à notre connaissance. Celle qui nous a paru la plus digne d'être signalée comme approchant des desiderata de ceux qui s'occupent de la géographie extrême-orientale est la carte de l'Asie orientale et de l'archipel d'Asie à l'échelle de $\frac{1}{5\,000\,000}$, publiée cette année même par M. H. Barrère, à Paris. L'échelle est trop petite malheureusement pour permettre de donner tous les détails qu'on peut désirer et il y aurait lieu de revoir la traduction des noms chinois dont la romanisation laisse à désirer. Disons tout de suite cependant qu'il y a là une très grande difficulté, car malgré tous les vœux émis dans divers congrès de géographie on n'a pu s'entendre pour adopter une façon pratique et générale de traduire en caractères latins la prononciation, si variable d'ailleurs, des noms chinois ou coréens : chaque nation les rend d'après sa façon de les entendre et c'est ainsi par exemple que nous avons vu le nom de Chang-haï écrit de plus de treize façons différentes. Suivant nous il est impossible d'arriver à une traduction unique. Il faudra adopter la prononciation mandarine pour les provinces au nord du Yang-tze-kiang, et le mandarin du sud pour les pays au sud du grand fleuve. Pour résoudre le problème d'une façon satisfaisante il y aurait lieu de faire toujours figurer les caractères chinois à côté de leur traduction. C'est le procédé que nous avons employé pour notre carte de la province du Chan-toung et l'analogue de celui adopté par certaines sociétés de géographie pour les cartes des pays de langue arabe ou dérivée de l'arabe.

Ce principe a été adopté en partie par MM. P.-G. von Möllendorf et A.-R. de Villard, employés des douanes impériales maritimes chinoises, dans leur carte intitulée *Map of North China, Corea and part of Japan showing the principal cities, routes and rivers from Shang-haï to Moukden and Fusan*, et imprimée à Chang-haï en 1894. L'échelle est de $\frac{1}{2\,250\,000}$. Nous n'avons pas encore vu cette carte, mais nous avons pu nous procurer une carte générale de la Corée qui, bien qu'elle ne soit pas signée, nous paraît devoir être attribuée aux mêmes auteurs. Elle répond en effet exactement à celle mentionnée dès 1895 par l'*Orientalische Bibliographie* (VIII, p. 198) comme étant d'eux. Cette carte, en caractères chinois avec les principaux noms en anglais, mesure 0^{m}88 de long sur 0^{m}59 de large (0^{m}90 $\times$ 0^{m}62, suivant l'ouvrage allemand). L'échantillon que nous avons pu nous procurer à Leipzig est formé de deux feuilles de papier de Corée collées bout à bout. Il porte un carton de comparaison (0^{m}20 $\times$ 0^{m}20) montrant la situation de la Corée par rapport à la Chine et au Japon. On y trouve aussi le plan de Séoul, celui des environs, et ceux des ports de Yuen-san (Port Lazareff), de Fousan et de Tchemulpo ou Jen-chuan. La légende n'indique ni les lignes télégraphiques ni les projets de chemins de fer. Elle ne comporte que quatre catégories de villes, deux de routes et deux de frontières ou limites, ce qui est insuffisant. La graduation en chinois et en anglais est établie d'après le méridien de Greenwich. Les limites des provinces sont seules en couleurs. Les noms sont écrits en caractères chinois, dont la prononciation coréenne est figurée en caractères latins.

Cette carte a été imprimée sur pierre à Chang-haï en septembre 1894, peut-être à l'établissement des douanes chinoises, qui ont là une imprimerie fort bien montée. En tout cas rien n'indique la provenance. Bien qu'elle possède sur le travail de l'état-major japonais l'avantage d'avoir les principaux noms écrits en caractères latins, elle est beaucoup moins complète que les travaux analogues des services géographiques des états-majors japonais et français.

L'échelle est encore plus petite ($\frac{1}{1\,400\,000}$), aussi est elle beaucoup moins riche en noms. Nous n'y trouvons ni Tche-nan-po ni Mok-po, ouverts en 1899, ou Ma-san-po, ouvert cette année. Par contre, les cartes japonaise et française ne possèdent aucun des plans portés sur celle-ci et qui paraissent empruntés à ceux publiés dans les *Customs Reports on trade*, par les douanes chinoises à Shang-haï.

La Société des Misssions Étrangères a publié, il y a un peu plus de vingt ans, une assez bonne carte de Corée, de petit format, gravée à Paris et qui a été insérée dans le Dictionnaire coréen-français rédigé par ses missionnaires. Elle est une réduction de la grande carte du pays dressée longtemps auparavant par le Père André Kim-hai-kim, l'un des premiers convertis coréens admis au sacerdoce. Cette carte, dont nous possédons un calque, fut dessinée d'après des documents indigènes, aussi est-elle très inexacte; mais le dessinateur de la carte jointe au dictionnaire coréen a eu le soin de corriger les côtes d'après les levés hydrographiques connus à l'époque. M. Collin de Plancy, secrétaire d'ambassade et ministre du gouvernement français auprès de la cour de l'empereur de Corée, a rapporté de Séoul, en février dernier, une grande carte de l'Empire du Calme Matin (*Tchao-hsiang*), en caractères chinois, dont il a fait cadeau à la bibliothèque de l'École des langues orientales vivantes à Paris, où nous avons pu la consulter.

Cette carte unique date de 1861 et se compose de 23 feuilles de 0ᵐ40 de hauteur, ce qui donne à l'ensemble 6ᵐ30 du nord au sud sur 2ᵐ70 de l'est à l'ouest. La première feuille porte le titre ainsi qu'un plan de Séoul et des environs. Elle est mentionnée dans la Bibliographie coréenne de M. M. Courant sous le n° 2196.

Il existe une autre carte indigène de Corée rapportée de Chine par M. d'Amade, attaché militaire à la légation de Pékin. Elle est de dimensions beaucoup moindres, mesurant environ un mètre de long sur 30 à 40 centimètres de hauteur.

La Corée y est tracée ou couchée dans le sens de la longueur, suivant une habitude fréquemment observée dans les cartes indigènes du Japon, ainsi qu'on a pu le remarquer à la Section Japonaise de l'Instruction publique à l'Exposition universelle au Champ de Mars. De nombreuses légendes, en caractère chinois comme la carte, en font le tour et donnent des renseignements beaucoup plus utiles que le dessin fort inexact de ce document. On y trouve la liste des diverses productions de la Corée ainsi que la distance à la capitale des principales villes de chaque province.

Au moment de la lutte entre la Chine et le Japon en 1894 un établissement allemand, dont le nom nous échappe, publia une carte dite du théâtre de la guerre, comprenant la Chine du nord-est avec le Chan-toung, la Corée et le Japon. Elle est malheureusement à une échelle beaucoup trop réduite (dix-millionième) pour permettre une représentation suffisante des pays qu'elle comprend; aussi ne la citons-nous que pour mémoire. Comme cartes de renseignements spéciaux sur l'ensemble de la Chine, nous pouvons citer celle des télégraphes chinois, imprimée à Changhaï sur les presses de l'imprimerie de la Mission catholique de Zi-ka-wei en 1894, pour le compte de l'administration des télégraphes de l'Empire de Chine.

Nous l'avons complétée dans une petite carte jointe à notre travail sur les télégraphes en Chine, qui a paru dans les *Questions diplomatiques et coloniales*, il y a trois ans. Nous avons aussi publié une carte réduite des chemins de fer chinois construits, en construction ou projetés. Elle a paru, en juillet 1899, à la suite de notre article sur le Transsinien et les chemins de fer chinois, dans la *Revue des questions politiques et parlementaires*. Nous avons utilisé pour ce travail une grande carte en couleur publiée sur ce sujet par le *Daily Mail* en mai 1899. Enfin la carte de Chine de Bianconi, publiée en 1900 chez Colin, est plutôt une carte scolaire qu'un document géographique.

*
* *

Si, des cartes générales, nous passons à l'étude des cartes des provinces, des voies de navigation ou des côtes, il nous faut citer tout d'abord le levé du fleuve Jaune de son embouchure à la frontière du Chan-toung, dessiné, à forte échelle, en deux grandes cartes d'environ un mètre de longueur chacune, par Ney Elias, vers 1867, pour le compte du Conseil municipal et de la Chambre de commerce de Chang-haï. Nous nous sommes servi de ce tracé pour la construction de notre grande carte de la province du Chan-toung. Celle-ci avait été précédée, en 1873, d'une carte à grande échelle (elle mesure plus de 2 mètres de longueur sur un peu plus d'un mètre de hauteur) de la même province que M. T.-T. Fergusson, négociant anglais établi à Tche-fou, fit imprimer chez Stanford à Londres, en vue de faire adopter par ses compatriotes et par la Chine ses plans d'un chemin de fer de Tche-fou à Tsi-nan-fou *via* Weï-hsien et Tching-tcheou-fou, destiné à desservir les mines de charbon de Weï-hsien et de Po-chan-hsien, ces dernières au moyen d'un embranchement. Cette grande carte en anglais ne portait que les côtes d'après les cartes hydrographiques anglaises, les villes principales, quelques rivières, mais un gros trait noir indiquait avant tout le futur chemin de fer. Il était intéressant de citer ce document, qui a certainement donné aux Allemands l'idée de demander la concession du chemin de fer de Kiao-tcheou aux mines de charbon en question, ainsi qu'à celles de Yi-tcheou-fou et à la capitale Tsi-nan-fou.

En 1876 nous avons utilisé les documents ci-dessus ainsi que les cartes hydrographiques françaises et anglaises, puis les Annales de la province (Chan-toung-toung-tche) pour dessiner une grande carte du Chan-toung en partie double, c'est-à-dire en caractères chinois avec, à côté, leur prononciation figurée en lettres latines, d'après le système de romanisation préconisé par Sir Thomas Wade dans son cours de langue chinoise et adopté par le Service consulaire anglais en Chine et le Service de l'Inspectorat des douanes impériales maritimes chinoises, dirigé par Sir Robert Hart, qui a bien voulu payer les frais considérables de la gravure sur pierre de cette carte en couleur, qui mesure près de 1^m50 de long sur 0^m70 de haut. Nous y avons ajouté à l'encre rouge l'indication en français de toutes les productions du pays tant minérales, qu'animales ou végétales. Elle a été éditée à Paris, chez Lanée, en 1876.

Nous avions l'intention de dresser d'une façon analogue les provinces du Tché-li, où nous avions habité près d'un an, à Pékin, avant de résider au Chan-toung, mais on possédait déjà une excellente carte en russe de cette province publiée vers 1872 ou 1873 à Saint-Pétersbourg, par M. Waeber, longtemps consul général de Russie à Tientsin. Cette carte, qui mesure environ 1 mètre de hauteur sur 0ᵐ60 de largeur, possède en carton un excellent plan de Pékin et un autre de Tientsin; elle est fort bien gravée sur pierre et les montagnes y sont indiquées en couleur bistre à l'estompe. Elle est malheureusement écrite en caractères russes, ce qui en restreint l'emploi aux trop rares personnes qui savent lire cette langue, qui a d'ailleurs le défaut de ne rendre que très imparfaitement la prononciation des noms chinois, qui se trouvent ainsi souvent défigurés.

Le même M. Waeber a publié depuis, en 1896, une grande carte du Nord-Est de la Chine en anglais.

Le service des douanes chinoises a souvent publié, à l'appui de ses statistiques et rapports sur le commerce de la Chine, des cartes locales, entre autres de la province du Tché-kiang, de Formose, etc., des environs de Canton, etc. Ce sont surtout des cartes commerciales et elles n'ont aucune prétention à l'exactitude qu'on demande aux travaux purement géographiques. Nous en dirons autant de la carte de la province du Yun-nan, publiée par M. E. Rocher, des douanes chinoises, vers 1880, dans son *Histoire de la province du Yun-nan*, en 2 volumes in-4°. Beaucoup plus sérieuses sont celles des diverses provinces parcourues par les membres de la Mission lyonnaise d'exploration en Chine et que l'on trouve dans le compte rendu de cette mission, éditées par la Chambre de commerce de Lyon en 1898. Ces cartes sont soigneusement dessinées d'après les itinéraires de la mission et ceux des missionnaires catholiques, qui ont fourni à MM. E. Rocher et Henri Brenier, les chefs de la Mission lyonnaise, d'excellents documents. A propos de ces cartes nous pouvons mentionner ici une carte générale des Missions catholiques en Chine, dessinée par M. l'abbé Launay, l'historiographe du Séminaire des Missions Étrangères à Paris, auquel on doit aussi un atlas in-folio des provinces chinoises où ses confrères ont des stations. Les montagnes n'y sont pas indiquées et beaucoup de villes n'y sont portées qu'au point de vue tout spécial des missionnaires, aussi carte générale et atlas sont-ils de peu d'utilité aux géographes proprement dits, et nous ne les mentionnons ici que pour mémoire.

Les ingénieurs danois chargés de la pose des lignes télégraphiques en Chine ont fourni aux douanes chinoises des itinéraires et coupes du pays qui ont été publiés dans le *Customs Returns* et qui peuvent être utilisés avec profit par les cartographes.

La meilleure carte que nous connaissions de la Chine du Sud est celle de la Chine méridionale et du Tonkin, publiée en 1896, par le capitaine Friquegnon, chez Andriveau-Goujon (Barrère, successeur).

Plus scientifiques et mieux outillés que les missionnaires de la rue du Bac, les Pères Jésuites, dont la résidence principale en Chine se trouve à Zi-ka-wei, près de Chang-haï, où ils ont un observatoire météréologique remarquable, ont suivi les traces de leurs savants devanciers de la cour de Kang-hsi, et la science géographique leur doit d'excellents travaux de cartographie. Nous en avons donné le détail dans *La Géographie* de juin 1900. Contentons-nous de citer ici les principaux. Ce sont d'abord une série de cartes dressées pour l'usage de leurs confrères. Elles ont été dessinées par le P. Pfister, qui comptait publier une carte complète et à grande échelle des provinces du Kiang-nan et du Ngan-hoëï, et mesurent $0^m60 \times 0^m45$. Ce travail, qui n'est pas dans le commerce, sera complété, nous dit-on, et mis à la disposition du public quand on aura achevé de réunir toutes les indications nécessaires pour le rendre digne de voir le jour. En attendant, le P. Stanislas Chevalier, S. J., vient de publier à Chang-haï un magnifique *Atlas du Haut Yang-tze* de Y-Tchang-fou à Ping-chan-hien, d'après ses levés scientifiques, exécutés en 1897 et 1898. Il comprend 64 cartes lithographiées en noir, mesurant $0^m50 \times 0^m40$, établies à l'échelle numérique de $\frac{1}{25000}$. Les légendes et la lettre sont en français, anglais et chinois, ce qui rend la lecture aussi facile aux Chinois qu'à la majorité des étrangers. Il n'a pas fallu moins de 800 pointés du soleil ou d'étoiles en hauteur pour établir la situation exacte des 48 stations qui ont servi à l'établissement de cette carte, véritable monument hydrographique qui fait le plus grand honneur à la mission du Kiang-nan. Il est accompagné d'une brochure in-4° illustrée de nombreuses photogravures donnant la description du pays.

La partie moyenne et inférieure du Yang-tze-kiang a été relevée et publiée depuis 1860 par le bureau hydrographique de la marine anglaise. Le P. H. Havret, S. J., en a publié une réduction en couleurs pour la partie comprise dans la province du Ngan-hoëï et du Kiang-nan en 1893. Pour ce qui concerne la partie située au delà de Soui-fou et Ping-chan-hien, elle a paru récemment (juillet 1900) dans le bulletin de la Société de Géographie de Paris, *La Géographie*, d'après les levés du comte de Vaulserre. Cette carte donne le cours supérieur du Yang-tze jusqu'à la boucle au nord de Ta-li-fou.

Le Si-kiang, ou rivière de l'Ouest, de Canton à Long-tcheou, a été relevé et dessiné soigneusement en un immense tracé de 32 mètres de longueur par M. François, consul de France à Long-tcheou. La Société de Géographie de Paris en a publié une réduction dans son bulletin de décembre 1899. On trouve aussi, dans un numéro antérieur de cette publication, les levés faits à Haïnan par M. Ch. Madrolle, ainsi que l'itinéraire de la mission de Lagrée dans les provinces du Sud, dont l'original a été exposé au Champ de Mars par la Société de Géographie[1].

Le *Geographical Journal* d'avril 1900 (vol. XV, n° 4) mentionne une grande carte des environs de Swatow (Soua-téou), de Pheng-haï au sud-ouest, à Chau-an à l'est et Yung-ting au nord. Elle est due au zèle géographique du Dr Riddel, missionnaire protestant au Kouang-toung.

Elle donne le cours de la partie nord de la rivière Han jusqu'à Ting-tcheou et du Han occidental jusqu'à Moi-lin. L'échelle est d'un mille anglais au pouce ($\frac{1}{63360}$). Cette carte, sortie des presses de Mac Corquodale à Londres, date de 1899. Elle comprend 12 feuilles et est lithographiée. La côte est tracée d'après l'amirauté anglaise. Les positions principales à l'intérieur ont été relevées à la planchette ou au sextant et les détails ont été ajoutés d'après la boussole prismatique. Les noms de lieux sont en chinois mandarin avec la prononciation locale au-dessous. Là où il y aurait trop de noms ils sont indiqués en marge et remplacés sur la carte par des chiffres renvoyant au texte.

Le Ministère de la Guerre (Service géographique) vient de publier une excellente carte du *Théâtre des opérations en Chine* (Pé-tché-li), extraite de la carte de l'Asie au millionième en cours d'exécution et dont nous avons mentionné plus haut la partie extrême-orientale (Chine du Nord et Corée). Elle mesure

---

[1]. Carte du voyage fait dans la Chine centrale en 1873 par M. F. Garnier. Saïgon, 1873. L'itinéraire porte la date du 11 mai au 10 août 1873.

0ᵐ345 × 0ᵐ31 dans le cadre et montre la partie du Pé-tché-li comprise entre 111°30′ et 117°30′ de Long. E. de Paris, 37°40′ et 42° Lat. N. Comme sur la carte de l'Asie, la lettre est en noir pour les noms de lieu, le tracé des eaux et leurs noms en bleu, les montagnes en bistre à l'estompe et au crayon lithographique.

Les routes sont en rouge ainsi que les lignes télégraphiques. Les distances de Takou par mer aux ports de Niéou-tchouang, Port-Arthur, Tchemulpo, Fousan, Nagasaki, Tchéfou, Weï-haï-weï, Kiao-tcheou, Chang-haï, Hong-kong et Haï-phong, sont indiquées en kilomètres. La traduction des noms chinois en caractères latins est très soignée et une des meilleures que nous ayons encore vues. Dans le coin gauche un petit vocabulaire donne la signification de 70 termes géographiques employés dans la carte, ce qui en facilite beaucoup la compréhension.

Les principales hauteurs terrestres, comme les principales sondes marines, sont indiquées en mètres. Cette excellente carte héliogravée sur zinc est mise en vente au prix modique de 1 fr. 50. On y retrouve les traces des levés topographiques si parfaits dressés en 1860 par les officiers du corps expéditionnaire français. Le chemin de fer y est marqué comme construit de Pékin à 38 kilomètres à l'est de Chan-haï-kouan et en construction de Pékin à Pao-ting-fou. Toutes les stations du premier itinéraire sont soigneusement indiquées d'après l'indicateur officiel (Time table) de la Compagnie des chemins de fer impériaux chinois, qui paraît régulièrement dans le *Peking and Tientsin Times*.

Le Service géographique du Ministère de la Guerre a terminé en même temps une carte au 300 000ᵉ de la région entre Takou et la Grande Muraille, comprenant un plan de Pékin au 50 000ᵉ.

Le même service a terminé à la même époque un excellent *Plan de Pékin* au 15 000ᵉ (0ᵐ30 de large × 0ᵐ72 de hauteur), avec une légende de près de 400 noms.

Le meilleur plan de la capitale de la Chine que nous ayons vu jusqu'ici nous a été communiqué en 1873 par le Dʳ Bretschneider, de la légation de Russie à Pékin. Il avait été dressé par les topographes russes et ne mesurait pas moins de 0ᵐ58 × 0ᵐ40. Nous en possédons une photographie de cette dimension. Rappelons aussi que l'expédition française pour le passage de Vénus, dirigée par l'amiral Fleuriais, leva, en novembre 1874, le plan exact des murs de Pékin et des principales rues et détermina la position astronomique la plus exacte qu'on possède de cette capitale. L'observatoire volant de la mission se trouvait dans le jardin de la légation de France.

C'est à la même époque que la position astronomique de Tche-fou fut établie exactement par la mission allemande, qui s'était fixée sur la colline de Yen-taï dans ce port.

Pour accompagner le travail cartographique du théâtre des opérations, le Ministère de la Guerre a fait imprimer une *Notice descriptive et statistique de la Province du Tche-li*, ainsi qu'un *Vocabulaire de noms géographiques* chinois, mongols, mandchoux coréens et japonais le plus fréquemment employés dans sa carte d'Asie au millionième. Ces travaux compléteront ceux des Services hydrographiques anglais et américain connus sous le nom de *China Sea pilot* qui ont pour analogues en France les *Instructions nautiques* du Dépôt des cartes et plans. Celles qui concernent la Chine et le Japon sont malheureusement déjà dépassées par celles des amirautés anglaise et américaine qui ont été refondues en 1898 et 1899. La nouvelle édition française qui est en préparation depuis plusieurs années doit paraître sous peu.

Les événements de Chine ont amené en Angleterre et en Allemagne l'impression d'une quinzaine de cartes de la région du Tche-li. Mais, ainsi que nous l'apprend un géographe des plus compétents, « aucune n'est intéressante et la meilleure est encore une reproduction de celle de Richthofen (feuille de Pékin) sur laquelle on a tracé les chemins fer ».

Au cours de nos remarques sur la cartographie de la province du Chan-toung nous avons oublié de signaler la carte de cette province éditée en 1898 par Halsenstein en Allemagne. Elle paraît calquée sur la nôtre, dont elle a les dimensions exactes, mais on y a supprimé les productions ainsi que les caractères chinois et l'on a essayé de rendre plus exactement que nous la prononciation mandarine, en affectant à chaque syllabe une série de 4 chiffres et d'accents, ce qui surcharge considérablement la lettre et demande une étude toute spéciale à laquelle ne se livreront certainement que fort peu de personnes. On a marqué sur cette carte les zones d'influence allemande autour de Kiao-tcheou et anglaise autour de Weï-haï-weï, puis les chemins de fer projetés. La lettre est en caractères latins.

Pour être complet il faudrait citer ici les cartes hydrographiques des Amirautés russe, anglaise, française, allemande, américaine et italienne. Les principales ont été déjà indiquées par notre savant ami et collègue M. H. Cordier, dans sa *Bibliographica Sinica*, avec leurs échelles et dimensions. Depuis la publication de cet ouvrage on a imprimé un grand nombre de cartes hydrographiques des côtes de Chine, Corée et Japon. On en trouvera la liste dans le catalogue des cartes de l'*Hydrographic Office* et dans celui du Dépôt des cartes et plans de la Marine française, soigneusement mis à jour chaque année. L'Amirauté anglaise a fait cette année, à la Bibliothèque de la Société de Géographie, un envoi considérable de ses cartes. Parmi celles qui concernent la Chine nous n'en trouvons pas moins de dix, dont sept se rapportent au Yang-tze-kiang. L'une d'elles, n° 3032, sheet VII, est une reproduction du cours du fleuve Bleu de Kouei-tcheou-fou à Tchoung-king-fou d'après un atlas publié à Chang-haï en 1893 par R.-A. de Villard. Comme elle porte la date du 3 mars 1899 et la remarque qu'elle n'est pas exacte, on se demande comment l'Amirauté anglaise a pu la reproduire. Il semble qu'elle n'ait eu aucune connaissance des levés si parfaits, exécutés en 1897-1898 par le R. P. Stan. Chevalier. Le n° 1519 donne les plans de Samshui, Tak-hing et Wu-chan-fu sur le Si-kiang ou rivière de l'ouest de Canton. Le n° 115 donne les plans du lac Toung-ting ainsi que ceux des ports d'Ichang et Shaze sur le haut Yang-tze.

Avec l'énumération de ces derniers documents hydrographiques qui portent la date de 1899 nous terminerons cette étude sur la cartographie chinoise, trop incomplète encore à notre avis, mais qui pourra servir de base à un travail plus approfondi si les lecteurs qui y auront trouvé quelque intérêt veulent bien nous aider à le perfectionner en nous signalant les documents qui nous ont échappé ou qui nous sont inconnus.

Les missions françaises vers le Tchad,

Par le baron HULOT.

Après la lecture de quelques extraits de la communication de M. Fauvel, M. le baron Hulot, en l'absence de M. Levat, expose brièvement le but poursuivi par les trois missions qui ont dirigé leurs efforts convergents vers le Tchad; il rappelle les dispositions prises par la Société de Géographie en faveur de la mission Foureau-Lamy et décrit dans ses grandes lignes le triple itinéraire qui vient de relier la Méditerranée au Niger et au Congo par le Tchad.

— Le courrier du 7 août a apporté à la Société de Géographie des nouvelles directes de M. Gentil et de M. Foureau.

La lettre de M. Gentil, datée de Maïufa sur le Chari, 13 avril 1900, résume l'œuvre accomplie.

D'abord, la jonction des trois missions, fait sans précédent dans l'histoire des explorations : MM. Foureau et Lamy sont parvenus au but au prix de souffrances inouïes; MM. Joalland et Meynier après l'épouvantable drame, ont néanmoins poursuivi jusqu'au bout l'œuvre de la mission Afrique Centrale avec 160 fusils, soit environ le quart de l'effectif primitif.

« Quant à nous, écrit M. Gentil, dès le début nous nous trouvions aux prises avec Rabah, qui venait de massacrer Bretonnet et qui nous attendait à Kouno. Nous l'attaquons et lui faisons abandonner la place, mais nous avons 145 hommes hors de combat sur 318 combattants. Je reviens au Gribingui chercher du renfort; je suis même obligé d'aller jusqu'à Bangui; j'apprends l'affaire Voulet. Je retourne au Chari : j'apprends que le lieutenant Meynier, qu'on croyait mort avec Klobb, était à Fort-Archambault et que Lamy est à Agadès.

« Enfin, tout s'est bien terminé. Lamy a pris Koussouri et je crois bien que nous allons nous donner une ràclée finale avec Rabah... »

M. Foureau, du poste de Gribingui, le 1ᵉʳ juin 1900, annonce à la Société qu'il a remonté en pirogue le Chari et le Gribingui et qu'il compte rentrer en France par le Congo.

Il ajoute : « Depuis le moment où j'ai atteint le Chari, domaine d'exploration de M. Gentil, j'ai considéré mon rôle comme ter-

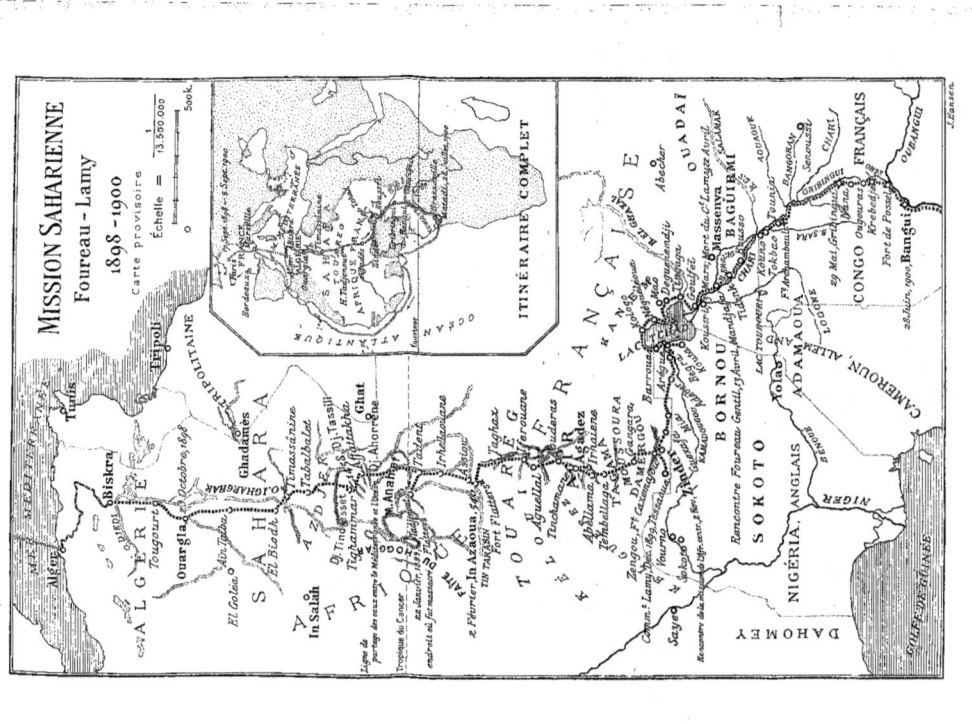

miné, et ce n'est plus là qu'une route de retour déjà parcourue avant moi par de nombreux et vaillants explorateurs. Le point principal, c'était la jonction avec le Soudan d'abord, puis avec le gouvernement du Chari. J'ai rencontré M. Gentil descendant le Chari à Mandjafa et je l'ai quitté le 14 avril pour continuer ma route vers le Congo. Le commandant Lamy et l'escorte militaire sont restés dans le Bas-Chari, à la disposition du commissaire du gouvernement; mais je pense qu'ils vont prendre très prochainement la même route que moi. »

M. Foureau était loin de se douter alors que son compagnon et son ami, auquel M. Dorian a rendu un si touchant hommage, serait emporté, ainsi que le capitaine de Cointet, en infligeant à l'armée de Rabah une dernière défaite.

L'itinéraire qu'a effectué la mission saharienne de Zinder à Kouka, puis au nord et à l'est du Tchad jusqu'au Chari, complète le tracé qu'elle a décrit à travers l'Aïr et nous révèle, avec les contours du grand lac, tout le pays qui l'environne. C'est un événement géographique qui fait grand honneur à l'exploration française.

D'autre part, il résulterait des correspondances parvenues à la Société que M. de Béhagle, victime de son audace, aurait été pendu à Dikoa par Fadalallah, fils de Rabah, avant le massacre de la mission Bretonnet.

A la suite de cette communication, que nous nous contentons de résumer à cette place en y joignant un itinéraire de la mission Foureau-Lamy, M. le colonel Blanchot demande qu'un télégramme de sympathie soit adressé aux familles du commandant Lamy, du capitaine Cointet.

Un membre propose que la même marque de sympathie douloureuse soit envoyée à la famille du capitaine Pallier.

Ces propositions sont adoptées.

Le Chemin de fer de Cayenne aux placers,

Par M. DAVID LEVAT, ingénieur civil des mines.

J'ai déjà entretenu le précédent Congrès de Géographie de la question du réseau du Chemin de fer guyanais, et le Congrès tenu à Marseille a émis un vœu en faveur de la réalisation de cette voie de pénétration. Il a reçu sa consécration par la concession de la ligne accordée le 19 janvier 1900 par le Conseil général de la colonie.

Depuis cette époque, j'ai entrepris l'étude du tracé de la ligne qui a révélé, tant sur la composition géologique de la colonie que sur l'orographie du régime des eaux et des pluies, des indications que je crois utile de vous exposer brièvement.

Formation géologique. — La ligne, à son départ de Cayenne jusqu'à sa traversée des monts Serpents, collines séparant le bassin de la Comté des marigots qui entourent Cayenne, se développe dans des alluvions récentes entrecoupées de savanes, que percent de temps à autre des pitons isolés formés principalement de schistes anciens et de roches éruptives généralement amphiboliques. C'est sur l'un d'eux qu'est bâtie la ville de Cayenne.

Le point de passage pour redescendre dans la vallée de la Comté se trouve à la cote 98, au kilomètre 31,100 à partir de Cayenne. La Comté elle-même se franchit par un pont de 120 mètres de longueur en 3 travées de 40 mètres, dont les piles pourront être construites à l'époque des basses eaux directement sur les roches granitiques d'un rapide, ce qui facilitera beaucoup les travaux de fondation.

Le passage de la vallée de la Comté dans celle de l'Approuague a présenté des difficultés beaucoup plus grandes. On rencontre, en effet, une formation montagneuse s'élevant par une pente trop raide pour être franchie directement qui dessine une sorte de vaste plateau, connu sous le nom de plateau K, occupant tout l'angle aigu formé par les rivières Comté et Orapu.

Le tracé direct ayant la direction générale de la ligne, c'est-à-dire approximativement nord-sud, a été reconnu impraticable dès le huitième kilomètre, à moins de s'astreindre à des travaux d'art incessants et à des tunnels, solution inacceptable pour un chemin de fer colonial qui doit être construit à bon marché.

Une autre variante, par la vallée du Yaoni, obligeait à faire un détour allongeant le parcours prévu de plusieurs kilomètres, mais cette étude a eu pour résultat de faire découvrir un col à la cote 150 seulement au-dessus du niveau de la mer, au kilomètre 62 à partir de Cayenne.

La troisième variante consiste à aboutir à ce point de partage des eaux en se développant dans la vallée de l'Orapu, notablement plus directe que le détour par le Yaoni.

Une fois arrivé sur le versant de l'Approuague, la ligne n'a plus qu'à descendre en pente douce pour atteindre l'Arataye à cent kilomètres environ de Cayenne, point terminus provisoire de la ligne concédée.

Nature des terrains. — Sur tout le parcours du tracé, le sol est recouvert d'une épaisse couche de latérite ferrugineuse, nommée « roche à ravets » dans le pays, qui forme une excellente plateforme, et qui, venant bien au pic, résiste aux éboulements sous des talus très raides; d'ailleurs, dans un pays ayant une végétation aussi luxuriante qu'en Guyane, le sol se couvre rapidement d'une végétation touffue qui le fixe.

Régime des pluies. — Il tombe en moyenne en Guyane une tranche d'eau annuelle de 3 m. 50. La saison sèche commence en août pour finir en décembre. La formation des terrains, ne comprenant ni grès, ni calcaire, ni autre roche poreuse, ne se prête pas à l'emmagasinement des eaux dans le sous-sol, de sorte que malgré le manteau continu de végétation forestière qui couvre tout le sol, les crues occasionnées par les pluies sont rapides et suivent immédiatement la chute de l'eau sur le sol. J'ai mesuré moi-même, dans l'intérieur des habitations construites sur les bords de la Comté, la trace de crues atteignant 8 mètres au-dessus de l'étiage; aussi ai-je dirigé de préférence l'étude du tracé en évitant les thalwegs fréquemment inondés, nécessitant de très larges ouvertures pour laisser écouler les eaux, et me suis attaché à rester constamment à flanc de coteau où les débits à prévoir sont infiniment moindres.

Matériaux de construction. — Pour le ballastage on emploiera, soit du sable, soit des graviers ferrugineux provenant de la décomposition de la roche à ravets. Ces matériaux se trouvent en abondance sur tout le parcours de la ligne. Les résidus de lavage des exploitations aurifères traversées par la ligne constituent aussi un excellent ballast qui se trouve tout prêt à pied d'œuvre. C'est surtout comme pierre de taille que le pays offre peu de ressources; car les carrières de diorite, de gneiss ou de granit ne donneront guère que du moellon peu susceptible de recevoir une taille quelconque. Heureusement que l'argile à briques abonde sur le talus de la plupart des thalwegs, et c'est sur des briques faites sur place qu'il y a lieu de compter pour la construction des parements des ouvrages d'art.

Par contre les bois existent en abondance et même en surabondance tout le long de la ligne, car une des grosses dépenses de premier établissement pour la construction de la voie consiste dans le percement d'une large tranchée au milieu de laquelle sera placée la ligne. Il faut éviter en effet la chute sur les rails et éventuellement sur les trains de gros arbres qui tombent de vétusté, écrasant tout sur leur passage et entraînant avec eux, grâce aux lianes qui enchevêtrent toutes les cimes, les arbres voisins, à la façon des capucins de cartes. Ces chutes inopinées d'arbres constituent un des dangers les plus sérieux auxquels est exposé le prospecteur en Guyane. Aussi doit-on soigneusement vérifier l'état des arbres, dans un rayon assez étendu, autour de l'emplacement choisi pour camper.

Le soir, les membres du Congrès se sont retrouvés dans les magnifiques salons du prince Roland Bonaparte, qui avait organisé une réception en leur honneur.

Par l'éclat de ses réceptions, comme par son active participation aux travaux des congrès et des commissions, le prince Roland Bonaparte a contribué dans la plus large mesure au succès de la science à l'Exposition universelle de 1900.

Mardi 21 Août

SÉANCE DU MATIN

Présidence de M. Guénot, président de la Société de Géographie de Toulouse.
Assesseur, M. Bottin (S. G. Douai).

Définition et limites de la Géographie. — Classification des sciences géographiques,

Par M. Marcel Dubois, professeur à la Faculté des Lettres de Paris. (S. G. P.)

Mes chers confrères, les sentiments d'amitié et les égards dus à l'assemblée qui m'écoute m'empêcheront de débuter par une étude étymologique qui ne peut aboutir qu'à une querelle de mots. Quand je vous aurais dit, même ou surtout avec commentaire à l'appui, que « géographie » signifie « étude de la terre », je ne vous suggérerais aucune idée ni nouvelle, ni intéressante. Je ne m'arrêterai même pas à signaler le petit sophisme verbal qui consiste à faire valoir la ressemblance de signification des mots « géographie » et « géologie » ; cette rencontre de sons prouverait tout au plus que deux ordres de savants ont péché par ambition, ont, à un moment quelconque d'expansion de leurs sciences respectives, goûté au fruit défendu et vénéneux de l'Encyclopédie : mais on aurait tort d'en induire qu'ils ne font point de besognes précises, particulières. Nous pourrions nous amuser quelques heures en constatant que « géographie » est un terme inexact en ce qu'il ne vise ni l'atmosphère, ni les plantes, ni les animaux, au moins implicitement, et que le géologue s'attache beaucoup plus à la terre considérée dans sa matière solide et dans ses formes qu'à la vie terrestre, ou bien que l'océanographe est aussi un géographe, et le physicien des climats au même titre, etc., car vraiment les mers et l'atmosphère sont aussi portions de la terre en raison des échanges perpétuels entre la masse solide du globe et les éléments liquides ou gazeux. Tout cela me paraît d'un médiocre intérêt.

Je songe beaucoup moins encore à établir une opposition quelconque ou même un parallèle entre la « géographie scientifique » et la « géographie littéraire », comparant, sous ces termes d'une singulière impropriété, l'œuvre des Facultés des lettres, depuis longtemps vouées à l'enseignement géographique, et celle des Facultés des sciences, où l'intérêt pour une part de nos chères études s'est manifesté par de récentes tentatives. La rigueur d'esprit, la bonne adaptation des méthodes de recherche et de raisonnement, bref ce que l'on appelle, au sens le plus élevé, l'esprit scientifique, trouvent leur application en matière de philosophie, d'histoire et géographie unies, de linguistique, de belles-lettres, tout comme dans le domaine des sciences physiques et naturelles. Voilà longtemps que nous savons, grâce à nos premiers maîtres de philosophie, combien sont factices les cloisons qui séparent les Facultés d'une même Université. J'aurais honte d'engager une lutte en règle contre le petit développement de mauvaise rhétorique qui prétend opposer la rigueur des sciences naturelles à la vanité des sciences morales et politiques, qui s'efforce de mettre à la mode les termes singuliers de « géographie scientifique » (sans doute la bonne et vraie), et de « géographie littéraire » (apparemment la vaine et futile géographie); ce sont cliquetis de mots qui ne valent pas qu'on s'y arrête. Il en faut seulement plaindre les auteurs qui, à l'âge d'hommes, s'amusent encore de discussions dont beaucoup, parmi nous, avaient déjà honte dès le temps du collège.

I

Les sciences géographiques ont pris, de nos jours, un tel développement; elles ont tant emprunté de matériaux aux sciences voisines et si fort réagi sur ces mêmes sciences par une rénovation de leurs méthodes, qu'il semble difficile de leur assigner rigoureusement un domaine et des limites. Elles ne peuvent avoir la prétention de prendre rang parmi les « sciences » qu'en visant à l'encyclopédie, c'est-à-dire en déterminant un recul de toutes les disciplines qui ont progressé par le fait même de la division du travail. Au moment où les sciences naturelles se scindent et se coupent en domaines spéciaux pour mieux assurer l'efficacité de la recherche de vérités nouvelles, qui donc voudrait en essayer le groupement intégral? Les sciences pures, avec lesquelles la géographie prend aussi contact, obéissent à la même loi; et, pour ne prendre qu'un exemple, la géodésie, jadis accessoire, s'est élevée à la dignité de discipline indépendante et tout à fait capable d'occuper la vie d'un vrai savant. Les sciences morales, auxquelles nous ne saurions être indifférents, sont tenues aussi, tant l'érudition et la pensée originale les enrichissent, de répartir leurs représentants en domaines divers. Mais notre siècle d'extrême division de la recherche scientifique est aussi le siècle du rapprochement le plus significatif, le plus philosophique, des études qu'on avait pu croire justement les plus étrangères les unes aux autres.

La géographie ne serait-elle pas, plutôt qu'une science aux exactes limites, au domaine rigoureusement fixé, un « carrefour de sciences », et ne doit-elle pas justement à ce caractère de transition harmonique sa popularité et ses succès d'enseignement? J'ai souvent entendu dire, depuis que je suis professeur, combien la multiplication des maîtres spécialistes nuisait à l'éducation des jeunes esprits, combien est précieux, sans être un grand savant, le professeur qui sait inspirer à ceux qui l'écoutent de multiples curiosités, qui forme des intelligences à nombreuses facettes; et pourtant il n'a rien découvert, mais son esprit vigoureux et discipliné a su faire le lien de connaissances très diverses au point de les transmettre au disciple tout ordonnées, faciles à comprendre, faciles à retenir. N'est-ce pas ce que Strabon entendait dire quand il appelait la géographie une sorte de philosophie, non une encyclopédie, quand il en vantait l'efficacité en matière d'éducation? Et aujourd'hui même n'avons-nous pas à choisir entre philosopher sur les confins de plusieurs sciences et tenter une encyclopédie impossible? C'est ainsi, semble-t-il, que se pose la question; et il paraît douteux que l'on puisse hésiter entre l'effort difficile mais fructueux de discernement recommandé par Karl Ritter, et l'agréable mais périlleux laisser-aller vers une chimère de science universelle.

On s'étonnera peut-être que je rapproche ainsi, sans souci de la différence des temps, Strabon et Karl Ritter. C'est à dessein, je tiens à le déclarer, et avec pleine conscience. Je sais que le domaine des sciences, physiques et naturelles, morales et politiques, s'est singulièrement enrichi depuis l'antiquité. Mais deux esprits peuvent, à vingt siècles d'intervalle, concevoir le même groupement de sciences, sans que ces sciences aient eu, aux temps divers où ils vivaient, le même contenu. Les anciens Grecs ont compris l'intérêt de toutes les branches du savoir humain qui tiennent aujourd'hui au tronc géographique, sans que chaque branche fût développée comme de nos jours. Aristote s'enquit des phénomènes météorologiques avec génie, Théophraste eut souci de la vie des plantes, Posidonius fut curieux d'océanographie, et nombre de remarques des savants grecs sur la correspondance des mêmes couches de terrains des deux côtés d'un détroit, sur les dépôts de coquillages, sont de la géologie, inexpérimentée, je le veux bien, mais de la géologie. L'existence d'un génie médical, comme celui d'Hippocrate, prouve jusqu'à l'évidence qu'il y eut déjà, chez l'élite scientifique du peuple grec, un effort fait pour rapprocher et rendre utiles, en même temps que cohérentes, diverses notions empruntées à toutes les disciplines des sciences naturelles. Croire que la géographie grecque fut seulement mathématique, confondre la conception étroitement mathématique d'Hipparque et de Ptolémée avec celle d'Eratosthène dont Strabon nous a légué la tentative d'encyclopédie sélectionnée, serait simplifier à outrance l'histoire des sciences, pour le seul plaisir de démontrer que la géographie contemporaine, par la nouveauté de son contenu, doit rechercher une méthode nouvelle... ou abandonner toute méthode et se laisser aller à l'ivresse du savoir universel. Les mêmes curiosités scientifiques ont sollicité les vrais savants de tous les pays et de tous les peuples de haute culture intellectuelle; et Strabon, bien que connaissant beaucoup moins de phénomènes naturels, beaucoup moins de lois, beaucoup moins de sciences constituées à part que Ritter, a pu concevoir et a conçu un dessein analogue de discipline scientifique et d'éducation. On trouverait les éléments de cette humble remarque d'histoire des sciences, chez les scolastiques comme chez les Grecs; Vincent de Beauvais fait, à beaucoup d'égards, penser à l'ingénieux Varenius; et si Varenius a pu, avec l'humble bagage scientifique de son époque, former le dessein systématique d'une « géographie générale » liée en ses parties, raisonnée, comparée, on ne voit pas que ce même dessein puisse être interdit aux Grecs anciens sous prétexte d'insuffisance de culture des sciences naturelles. Varenius avait reçu le trésor des observations des marins hollandais sur les vents, les courants; les Grecs, et avant eux les Phéniciens, avaient été témoins des mêmes phénomènes marins; l'Inde leur avait révélé des faits de climat et de végétation absolument analogues à ceux qu'observera plus tard Colomb en Amérique. En vérité je ne crois pas pouvoir admettre que les anciens, les Grecs au moins, aient manqué de l'ouverture d'esprit et de la multiplicité d'observations, climatologiques, botaniques ou autres, qui sont nécessaires à l'imagination du dessein d'une science géographique : et l'exemple de Strabon, écho d'Eratosthène, prouve nettement qu'ils eurent ce dessein. Les titres de noblesse de la géographie sont donc beaucoup plus anciens qu'on n'est porté à le penser; il put y avoir et il y eut une « géographie » dès que les savants d'un peuple cultivé disposèrent d'éléments physiques et naturels, moraux et politiques, d'une étendue et d'une valeur suffisantes pour être rapprochés. Il y eut des géographes dès qu'il y eut des observateurs de la nature et de l'homme ayant suffisamment vu, voyagé, philosophé pour saisir des rapports de cause à effet; qu'on ose dire que les Grecs ne répondent pas à ce signalement, alors je consentirai à avouer que notre géographie du xixe siècle est quelque chose d'absolument nouveau; et dire d'une science que jamais les humains n'en ont conçu le dessein, c'est donner l'idée qu'elle est d'une vitalité précaire, à moins qu'on décerne le nom de science à toute spécialité de recherches au lieu de le réserver à tout groupement philosophique de même inspiration, de même méthode.

La définition de « Ritter » n'est donc que le rajeunissement et la mise en forme précise d'une pensée déjà ancienne que la prodigieuse expansion des sciences en notre siècle a rendue d'une application plus pressante qu'autrefois. L'étude des rapports de la Terre avec l'Homme avait été déjà faite par nombre de penseurs, tels qu'Hérodote, Polybe et Strabon; mais Ritter l'a expliquée et remise en honneur de manière à en faire la base d'une méthode excellente, grâce à laquelle il devient aisé d'opérer la sélection des éléments qui constituent vraiment la géographie, à l'exclusion des autres. Le géographe allemand eut une intuition comparable à celle de notre Descartes écrivant le « Discours de la méthode » ; par le précepte et par l'exemple il nous a montré les limites de la géographie, et dans le temps et dans l'espace.

En effet, si nous nous appliquons à rechercher, dans l'examen des conditions physiques de la vie du globe, la détermination scrupuleuse des éléments qui influent sur les groupes d'hommes, il est clair que nous ne devons pas remonter au delà du temps où existaient des groupes d'hommes ayant laissé des traces quelconques permettant de reconstituer leur genre de vie. Il faut donc admettre que notre géographie physique, distincte de la géophysique de nos confrères les naturalistes, absolument illimitée, doit s'en tenir aux phénomènes actuels, ou, si l'on veut, aux phénomènes contemporains des sociétés humaines historiquement connues : car la considération des faits physiques antérieurs, si instructive qu'elle puisse être en soi, n'éclaire pas l'étude de relation qui est le domaine propre du géographe.

La définition de Karl Ritter ne nous fournit pas seulement une limite dans le temps, et n'a pas le seul avantage de donner aux géographes une méthodique restriction de l'étude des phénomènes actuels. Elle implique aussi que les emprunts faits aux sciences physiques et naturelles auront à subir une adaptation avant de prendre place dans les descriptions ou dans les démonstrations d'ordre purement géographique. Nous avons le devoir impérieux de transformer ce que nous empruntons ; car les sciences physiques et naturelles, étudiant les phénomènes et les êtres en eux-mêmes et pour eux-mêmes, emploient des classifications et des procédés qui ne conviennent pas nécessairement à notre étude philosophique de rapports qui vise l'homme. Qu'on en juge par quelques exemples.

Un géologue a le droit de comparer entre elles les zones de fractures auxquelles il applique le nom de Méditerranées, et de rapprocher les formes de relief qu'il observe non seulement sur l'emplacement de la mer qui porte ce nom depuis longtemps, mais dans les parages de l'Australasie et de l'archipel des Antilles. Un géographe ne peut s'en tenir à ces analogies ; il n'en doit faire part que pour montrer combien, à tous autres égards, nos pays de la Méditerranée diffèrent des régions prodigieusement arrosées et riches en végétaux de l'archipel de la Sonde. Pour lui, l'opposition d'une contrée sèche, à maigres pluies hivernales, à pauvres pâturages, et d'un pays pourvu de pluies à peu près constantes, couvert de belles forêts et d'admirables cultures, est le fait essentiel. S'il adoptait sans réserve la classification géologique, il risquerait fort de donner à ses auditeurs ou à ses lecteurs l'idée radicalement fausse d'une ressemblance de la Sicile ou de la Crète avec Bornéo.

De même, s'il classe les montagnes actuelles, non d'après les formes de relief qui influent sur la répartition et la circulation des peuples, je veux dire l'ouverture des cols et des vallées, la rigidité des crêtes, la rapidité des pentes, la richesse des bois, des pâturages et des cultures, mais d'après des indices qui lui révèlent la préexistence, bien avant qu'il y eût des hommes sur terre, d'une autre ordonnance montagneuse, il est infidèle au dessein essentiel de son métier. S'il insiste plus longtemps sur l'extension qu'avaient les glaciers, pendant les âges antérieurs de la planète, que sur le rôle hydrographique des glaciers actuels, il perd de vue la démonstration à laquelle il est tenu, et sacrifie le livre à la préface. Tel parle avec une telle abondance de la topographie des anciens glaciers qu'il oublie, à force de rattacher les phénomènes actuels aux phénomènes antérieurs de même ordre, de mettre en lumière le simple fait de l'alimentation des glaciers par les chutes de neige du temps où nous vivons. Pourquoi ce parti pris de vous en tenir à la condition actuelle dans vos descriptions de la vie animale? Il faut ou se borner en toutes matières ou renoncer à toute sélection et tomber dans la déroute d'une encyclopédie. Je ne comprendrai jamais en vertu de quelle faveur spéciale l'orogénie, beaucoup plus hypothétique, serait préférée à la paléontologie : il est inadmissible que l'histoire de l'évolution des formes montagneuses, dont je ne conteste nullement les admirables progrès, ait, en géographie, le pas sur l'histoire de l'évolution des êtres. J'admettrais plus volontiers l'excès contraire, car les plantes et les animaux qui influent si directement par leur nature et leur répartition sur le groupement des sociétés humaines, sont des objets d'intérêt beaucoup plus immédiat pour les géographes. C'est ce qui explique la place donnée, dans notre éducation secondaire, à l'histoire naturelle, tandis qu'il sera toujours difficile de marier les études de géologie pure aux autres recherches que comprend notre enseignement actuel.

Encore une fois, ces considérations sont pleines d'intérêt dans la bouche du géologue dont elles exigent la spéciale compétence; elles sont déplacées dans une œuvre géographique, parce qu'elles ne peuvent concourir à la démonstration, à l'enquête limitée qui est la fonction propre du géographe.

S'agit-il d'études de climat? La méthode géographique prescrit d'exclure certains procédés qui sont excellents entre les mains du météorologiste préoccupé d'étudier la composition et les mouvements de l'atmosphère sans souci de leur influence sur les cultures nourricières des animaux et des hommes, sans souci de leur action directe sur l'organisme humain. Une ligne isotherme commune traverse le sud des Iles Britanniques et la Russie méridionale. Est-ce là l'indication à laquelle le géographe devra s'arrêter pour obtenir une étude vraie et rationnelle de deux pays si différents? Non. La notion qu'il est tenu de mettre en lumière est celle de l'opposition profonde de nature des climats maritimes et des climats continentaux; donc il citera, aux lieu et place des isothermes, les lignes d'anomalie thermique qui expriment le contraste des températures hivernale et estivale en Russie, leur constance relative en Angleterre. C'est ce qui intéresse la vie des plantes, des animaux, des hommes; c'est donc ce qu'il convient de bien exposer.

Il est aisé de montrer, à propos de tous les ordres de faits qui intéressent le géographe conscient de son rôle, et résolu à ne point décrire pour le seul plaisir de décrire, combien sa vigilance méthodique doit être attentive. Le botaniste s'attache à la détermination des flores, fait valoir la multitude ou la pauvreté des espèces dans le pays qu'il explore, étudie le mécanisme des plantes. Quel géographe aurait, sans fatuité, la prétention de faire une besogne si étendue et de la bien faire? Il y faut renoncer et tourner notre curiosité vers une autre direction. La Normandie et l'Ile-de-France sont, aux yeux du botaniste, des pays de grande monotonie, où l'homme a appauvri la flore, éliminé nombre d'espèces originales au bénéfice de quelques espèces utiles qui foisonnent aujourd'hui. Or ce foisonnement, obtenu par une détérioration de l'état naturel et dans un intérêt de bien-être et de richesse, c'est ce que le géographe étudie avec passion. La flore, sa variété, lui importent moins que la végétation : par là, son étude est en divergence avec l'étude botanique. Est-il besoin d'observer que l'œuvre de l'homme civilisé qui met en culture des pays vierges consiste en cet appauvrissement du nombre des espèces, en cet accroissement de la quantité des mêmes végétaux utiles demandés à la terre. Le scrub et les herbes indigènes ont reculé en Australie, la forêt vierge s'éclaircit en Amazonie pour céder la place à des cultures; et, d'étape en étape, la botanique, inclinant vers la méthode géographique, se rapproche de notre science en devenant « science appliquée ». Je n'aurais garde de m'en plaindre, pas plus que de l'évolution d'une part des connaissances géologiques qui, groupées sous le nom de « géologie agricole », nous deviennent plus directement utiles et accessibles.

L'étude de la vie animale exige la même modification de méthode : aux zoologistes l'examen des faunes, de la structure et de la répartition des animaux divisés en espèces. Aux géographes le soin d'étudier la richesse de la vie animale qu'une sélection rapide rend plus monotone, moins variée, mais de jour en jour plus utile à l'homme. Je m'intéresse, assurément, aux conditions d'existence des marsupiaux et des monotrèmes de l'Australie; mais je crois que le développement des troupeaux de vulgaires moutons y est un fait d'une bien autre importance, d'une influence vraiment plus directe sur le sort de l'humanité.

L'humanité elle-même n'est pas pour nous un objet d'étude que nous devions considérer au même titre que les anthropologistes et que les ethnographes. Ils ont leurs méthodes et nous les nôtres. Ce qui nous préoccupe (et ici notre recherche se rapproche de celle dont les historiens ont le soin), c'est le problème de l'influence du milieu sur l'homme, influence qu'il importe d'étudier discrètement, avec délicatesse, avec la pleine conscience de l'énergie réagissante, de l'intelligence qui discipline et emploie les forces naturelles. Ici vivent des nomades: gardons-nous de croire que leur humeur errante, sauvage, souvent guerrière, soit un pur legs de race, une prédisposition ayant son siège dans

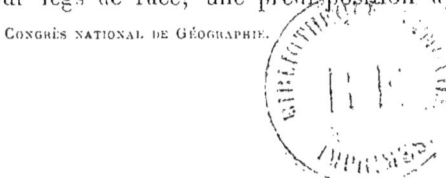

l'homme même. Comprenons que la misère du pays habité, désert ou steppe, ou, pour mieux dire, du pays de parcours, dicte à des tribus leur genre de vie et parfois les place dans la nécessité de choisir entre la faim et le pillage d'autrui. Mais admirons aussi la belle énergie des humains qui, en faisant jaillir l'eau des puits artésiens, en la répandant avec une étonnante habileté, installent des groupes de vie sédentaire, des relais au cœur de la solitude. Décrivons ailleurs les caractères naturels des steppes et des savanes, mais pour montrer aussitôt les mérites de l'industrie qui les a corrigés et changés en pays de belle culture. Expliquons, je le veux bien, ce qu'est la terre jaune de Chine, ce que vaut à ce pays le régime des moussons ; mais, au lieu de nous perdre dans l'exposé des hypothèses diverses qui rendent compte, bien ou mal, de l'accumulation de la terre jaune, laquelle porte, d'ailleurs, une population moins dense que les alluvions deltaïques du Hoang-ho et du Yang-tsé-kiang, venons vite au fait social, au fait humain des procédés ingénieux de l'agriculture chinoise. Ailleurs nous prendrons, des mains de l'ingénieur des mines, des renseignements précis sur la valeur et la facilité d'exploitation d'un bassin houiller ; mais nous ne rivaliserons pas avec le géologue, ce qui serait hors d'œuvre prétentieux, pour raconter l'histoire de la formation des lits de houille.

Est-il besoin de prouver l'obligation d'être très discrets dans nos emprunts à une science nouvelle, l'Océanographie, qui a fait de si admirables progrès en Angleterre, en Suède et Norvège, en Allemagne, et qu'un de mes confrères, M. Thoulet, a introduite en France ? Quel géographe voudra rivaliser avec les naturalistes dont la vie est consacrée à cet ordre si curieux et nouveau de recherches ? Nous serons mieux avisés en prenant avec confiance, des mains de spécialistes autorisés, des notions précises sur les marées, les vents et les courants des régions les plus fréquentées par les navigateurs, en empruntant des renseignements exacts sur les parages où se pratique la pêche, bref ce qui sert à notre dessein de tracer un tableau de l'activité humaine dans son rapport plus ou moins étroit avec quelques conditions essentielles de la vie physique du globe.

Plus restreintes seront encore nos demandes aux savants que passionne l'étude des régions polaires, si mal peuplées, si misérables, déserts de glace comparables de tous points, pour qui a le goût d'une géographie vraiment coordonnée, parce qu'elle est humaine, aux brûlants déserts des pays tropicaux de climat continental. Ce sont parages où le rôle des physiciens prime et efface à peu près celui des géographes : ce qui ne veut pas dire que l'histoire des explorations polaires soit dépourvue d'intérêt, ni qu'il soit interdit au géographe d'en savoir trop en cette matière, comme en d'autres, pour en savoir assez. J'entends signifier seulement que, si l'on accepte la définition désormais classique de la géographie, il convient d'établir une gradation méthodique de l'importance des emprunts à faire aux sciences physiques et naturelles; et la première condition d'une étude des rapports entre la terre et l'homme, est apparemment l'existence d'êtres humains. L'intérêt diminue ou s'accroît suivant qu'on envisage des pays plus ou moins peuplés, d'une civilisation plus ou moins complexe. Au désert, c'est une étude poignante de misère, d'oppression, d'épreuve de l'être humain, mais une étude relativement simple, puisque c'est, à peu de chose près, celle de l'action d'un état climatologique rigoureux sur des groupes d'hommes très clairsemés. Combien complexe et délicat au contraire l'art d'analyser, dans un pays comme le nôtre, la part de chacune des conditions, physiques ou humaines, naturelles ou historiques dont le jeu nous éblouit!

Là est le danger. Il est dans l'impatience, dans le désespoir des géographes qui, renonçant à l'œuvre délicate de faire une enquête portant sur tous les ordres de phénomènes, prennent le parti de s'en tenir à un seul, sans nier la valeur des autres, mais en excusant, par une commode proclamation de principes, leur refus de recourir à une consultation vraiment complète. L'explication d'un pays n'est ni dans sa composition géologique, ni dans son relief, ni dans son climat, ni dans le régime de ses cours d'eau, ni dans sa richesse végétale et animale, ni dans le caractère des hommes qui l'habitent; elle est partiellement dans chacune de ces considérations, c'est l'évidence même.

La difficulté se complique encore de la valeur inégale de chacun des ordres de faits énumérés ici. Parfois, c'est la composition du sol qui est le phénomène d'importance première, bien que jamais elle ne détermine seule, et abstraction faite du climat, le caractère d'une région; de deux plaines d'alluvions identiques, l'une peut être surpeuplée, l'autre déserte. Ailleurs, la vigueur et la régularité des influences climatologiques semblent tout commander; là encore, on aurait tort de ne point envisager les éléments de variation que représentent la composition et la disposition du sol. Les conditions de la vie animale et de la vie végétale sont ainsi déterminées par le jeu complexe des forces qui modifient le monde inorganique; et la vie humaine en subit, à son tour, le contre-coup dans une mesure que seul le savant rompu aux disciplines de l'histoire peut essayer de fixer avec une discrétion suffisante et sans tomber dans un absurde fatalisme.

Le domaine du géographe est donc limité, dans le temps, à l'ensemble de siècles sur lesquels porte avec fruit l'enquête historique; il doit s'en tenir aux phénomènes actuels ou à l'évolution de ces phénomènes au cours des temps connus par l'histoire. Même parmi ces phénomènes actuels il est tenu d'opérer une sélection, une adaptation, aux termes de la définition qu'on est forcé d'adopter, sous peine d'aspirer à l'encyclopédie. Enfin la nécessité n'est pas moins pressante de manier les faits mis à sa disposition suivant une méthode qui n'est pas celle des sciences voisines. A ces conditions rigoureuses, auxquelles se soumettent les hommes qui ont l'honneur de représenter la géographie en France, nous pouvons nourrir l'espoir de constituer, sinon une science originale par son contenu, au moins un ordre d'études neuf par ses applications.

Du reste il suffit d'analyser les causes de la faveur dont les sciences géographiques sont aujourd'hui l'objet, d'observer ce que l'opinion publique, en France et ailleurs, attend des Sociétés de Géographie, pour se convaincre que la géographie est une étude d'applications plutôt qu'une science indépendante, autonome, limitée. On aime les recherches géographiques parce qu'elles permettent à tel savant spécialiste d'étendre sa curiosité à des ordres d'études voisins de son métier, parce qu'elles donnent à des milliers d'hommes intelligents, qui ne sont ni spécialistes ni professeurs, l'occasion d'entrer en contact avec nombre de sciences dont la géographie est le lien. On aime aussi le savoir que nos Sociétés encouragent, parce qu'on le sent pratique, applicable à la satisfaction de nombre de besoins du monde moderne, parce qu'il est un ferment de progrès. Problèmes de recherche des voies nouvelles ouvertes au commerce, de champs nouveaux ouverts à la culture et à l'industrie, questions d'émigration et d'immigration, faits d'expansion coloniale, voilà les sujets les plus fréquents des conférences et communications de géographie, qu'elles soient faites dans une Université, dans une société savante ou ailleurs; il est impossible de nier que l'éducation géographique a l'allure et le caractère d'une préparation de l'homme moderne à la vie active par la culture des sciences appliquées.

Je tiens à dire clairement que s'il est permis de souhaiter à la géographie, en tant que matière d'enseignement, une limitation assez nette qui rende efficace son influence sur l'éducation moderne, il faut admettre sur ses confins de fructueuses spécialisations dont notre science recueillera partiellement les bénéfices. Il n'est point ordonné à tout philosophe, sous peine de devenir indigne de ce titre, d'être docteur en médecine, lauréat des Beaux-Arts en sculpture, peinture, architecture, docteur ès sciences physiques et naturelles, mathématiques, docteur en droit, sous prétexte qu'il parle des rapports du physique et du moral, d'esthétique, de morale et de droit, etc., etc. : tout au plus est-on fondé à exiger qu'il ne soit rigoureusement étranger à aucune de ces études. Mais ce que souhaite tout esprit ami du progrès scientifique c'est qu'un philosophe approfondisse ses connaissances de médecine, qu'un autre se voue plus spécialement aux beaux-arts, un troisième au droit; et c'est ce qui, fort heureusement, s'observe à l'état de tradition dans le domaine philosophique. Encore ne voit-on aucun de ces excellents spécialistes mépriser quiconque a un autre sujet de recherches personnelles ou s'en tient au scrupule d'une culture générale aussi belle que le lui permettent ses facultés. Je crois bien que les géographes marchent dans le même sillon que les philosophes : peut-être en ont-ils un peu moins la magistrale coutume, tant leur métier est neuf et encore mal pourvu d'esprit classique, ou leur communauté d'esprit de corps. Nous verrons assurément ces jours de concorde où l'orogéniste de profession pardonnera au commun des géographes d'aimer ce savoir nouveau-né sans anéantir et fondre tout le reste en lui, où l'historien venu à la géographie n'exigera point de son confrère d'origine géologique la connaissance impitoyable des frontières d'États ou des tracés d'exploration, où l'océanographe et le météorologiste adapteront leurs belles et minutieuses études aux besoins spéciaux de la géographie. Chacun, dans son enclos de prédilection, fera ses découvertes de faits et d'idées profitables à tous, comme il arrive chez nos confrères les philosophes; il enrichira sans encombrer, et nous ne sentirons les frontières de notre domaine que par les heureuses annexions qui les reporteront plus loin, sans que rien nous contraigne à renoncer à la sagesse de notre devise limitative empruntée à Ritter.

La variété des matériaux qu'emploie la science géographique, et l'unité de son inspiration doctrinale, recommandent également une grande largeur d'esprit dans la manière de se juger et de s'estimer à tous les hommes de science ou d'enseignement qui se consacrent aux progrès de cette étude. Un historien devenu géographe n'a aucune licence de s'étonner qu'un naturaliste, associé à nos recherches, se soucie médiocrement de tel détail des institutions de l'antiquité ou du moyen âge; mais un naturaliste n'est point davantage autorisé à demander aux géographes d'origine historique le savoir approfondi de la paléontologie ou de l'orogénie dans lequel lui-même excelle. Tout géographe qui veut grossir inutilement la science géographique de tout ce qu'il sait à titre de spécialiste rend un mauvais service à cette science et la dénature en lui donnant la vilaine allure de prétention à l'encyclopédie; car la géographie est composée d'une part de la science de chacun mais surtout de la plénitude du tact et du discernement de tous. Chez elle chacun est chez soi, à condition d'avoir déposé sur le seuil, son appareil de spécialiste, et pris, sur le même seuil, la résolution de s'adapter au dessein commun. C'est pourquoi nos efforts se peuvent si bien combiner, puisque à toute supériorité de spécialiste répond, hélas! dans le même esprit une lacune majeure; c'est pourquoi l'on travaille de si bon cœur, dans notre métier de géographe, dans nos Sociétés de Géographie où chacun est également dispensé de s'enorgueillir de son savoir spécial et de rougir de ses inévitables lacunes qui font compensation, où chacun peut apprendre de tous et tous de chacun. Il y a donc tout lieu de souhaiter, et dans nos corps enseignants et dans nos sociétés savantes, une grande variété de recrutement qui rendra impossible l'exclusivisme doctrinaire, qu'il vienne des sciences physiques et naturelles ou des sciences morales et politiques. Mais, si l'on veut que la géographie vive, qu'elle ne s'absorbe ni dans l'histoire où elle a pris son dessein et son orientation première, ni dans les sciences physiques et naturelles dont les apports lui sont indispensables, force nous est de la considérer comme une science humaine, actuelle, appliquée : de là son droit de limiter ses emprunts aux éléments de la nature telle qu'elle est aujourd'hui, et aux éléments qui exercent sur les sociétés humaines une action quelconque. Les géographes ne décrivent, n'analysent la nature que pour saisir les secrets de son action sur l'homme; la géographie est une philosophie comparative des forces de la nature et des forces réagissantes de l'homme, et, à ce titre, c'est aussi une philosophie de charité humaine et d'émancipation, un ferment de progrès. Ce sont vertus d'éducation que ne saurait avoir aucune encyclopédie, que ce soient des historiens ou des naturalistes qui en osent assumer le fardeau, sûrs d'avance de plier et de donner le spectacle de leur insuffisance.

Car si vous n'adoptez un principe de sélection vous êtes condamné à une tentative d'encyclopédie qui mène droit à la banqueroute. Qui donc osera se proclamer détenteur de toutes les sciences qui servent à décrire la terre, sans souci de l'influence des conditions physiques sur l'homme? Qui donc aura la prétention d'être à la fois parfait géologue, expert physicien des climats, excellent botaniste, zoologiste éminent, anthropologiste et ethnographe infaillible? Qu'elle soit le fait d'un historien ou d'un naturaliste, cette prétention est également insoutenable. Il faut donc recourir aux principes de sélection des emprunts que nous indique clairement la célèbre définition.

II

Si l'on accepte le principe de sélection proposé par Ritter, et implicitement accepté par la plupart des géographes contemporains, il devient aisé de procéder à une classification hiérarchique des éléments dont se compose notre science. Les éléments sont empruntés surtout à deux ordres d'études, aux sciences morales et politiques, aux sciences physiques et naturelles; pour chacun de ces deux ordres, les faits sont précieux à la géographie dans la mesure même où ils sont probants.

Croyez bien, mes chers confrères, que je n'ai pas oublié la part de la géographie mathématique, que je fais le plus grand cas des œuvres de la géodésie, œuvres qui doivent tant à la science française et à cette science française que font tout particulièrement nos officiers, souvent au risque de leur vie dans les colonies lointaines. Mais la géodésie et la cartographie savante existent en elles-mêmes, à l'état indépendant; elles nous fournissent les données représentatives de notre métier, et il n'est jamais venu à l'esprit de personne d'exiger d'un géographe ce savoir doublé d'habileté opératoire qui est le privilège de la géodésie. A coup sûr un géographe doit savoir lire les cartes; mais de là à savoir les dresser il y a tout un monde de connaissances spéciales. C'est un domaine à part; on comprend difficilement qu'un géographe n'ait jamais observé les animaux, les plantes, la nature et l'allure des terrains; on admet à merveille qu'il fait bien son métier sans avoir jamais dressé et dessiné des cartes. Mais la géographie, en tant que science, est intéressée à tous les progrès des opérations mathématiques et des mécanismes auxquels nous devons le bienfait de centupler la puissance de l'expérience acquise en voyage, sur le terrain.

Le groupe des sciences physiques et naturelles est beaucoup plus intimement soudé à la géographie. Il fournit lui-même deux catégories d'éléments de nature et d'importance très diverse. Je rangerai, sous une première rubrique, les emprunts que fait la géographie aux études géologiques et à la physique des climats, sans revenir sur la nécessité du choix et de l'adaptation de ces éléments.

La terre, considérée dans sa nature chimique et dans ses formes, c'est la table rase sur laquelle viennent jouer les influences climatologiques, créatrices de la vie. Me sera-t-il permis d'insister, aussi brièvement que me l'ordonne le caractère de cette réunion, sur la valeur prépondérante des faits climatologiques et d'exprimer le vœu que l'on renonce, dans nos études de géographie, à prêter aux terrains telle ou telle qualité d'abondance des sources, de richesse de végétaux, en raison de leur seule composition chimique? Il est grand temps de rapprocher intimement les données climatologiques que fournit la nature intime d'un sol, de celles de la nature du ciel qui l'échauffe, l'arrose, l'évente. Trop souvent on nous déclare que tel terrain est riche en sources, parce que l'on a observé ce fait sous nos latitudes, sous notre ciel, sans songer que le même terrain peut exister et existe tout différent ailleurs, ici dans un désert, là dans une contrée à régime pluvieux très inconstant. Trop souvent on explique la constance de débit d'un fleuve, l'inconstance d'un autre par la seule nature des terroirs traversés, alors que, sous un autre climat, le même terroir peut nourrir des torrents qui alimente chez nous une rivière paisible.

Les botanistes n'en sont-ils pas déjà venus à reconnaître qu'une même plante peut vivre ici calcicole, là calcifuge, renonçant à des classifications trop hâtives et tranchées d'autrefois. Je crois qu'il y a un intérêt de premier ordre à ce que les études climatologiques viennent pénétrer et nuancer les études de géologie, statique ou dynamique, déjà si intéressantes en elles-mêmes.

Dans les deux sciences qui traitent de la vie des plantes et des animaux, botanique et zoologie, le géographe fait des emprunts plus directs, plus nombreux, et dont l'adaptation à sa propre méthode est beaucoup plus facile que dans les sciences traitant du monde inorganique, terre et atmosphère. La besogne y est plus prête et plus proche de la nôtre; il est un nombre infiniment petit de faits botaniques ou zoologiques qui n'aient une répercussion directe sur la vie humaine, sur la condition des sociétés primitives ou civilisées, nomades ou sédentaires; et les géographes n'ont fini par rechercher l'accès des sciences traitant de la matière inorganique que pressés par la nécessité d'expliquer plus complètement, après s'être longtemps tenus pour satisfaits de les constater, les faits de répartition des richesses végétales et animales qui nous font vivre. Un livre de botanique ou de zoologie surprend beaucoup moins, change moins brusquement un lecteur accoutumé aux spéculations géographiques, qu'un traité de géologie ou de climatologie; ce qu'il y trouve exige un moindre effort de sélection, se soude plus directement et s'adapte mieux à une histoire expliquée de l'homme.

Reste le groupe des études géographiques traitant de l'homme, le groupe des sciences morales et politiques, ou, si l'on veut, des sciences sociales. Là on n'observe plus, et l'on ne peut plus observer avec la même rigueur la loi de sélection. Qui se chargera de trier, dans le trésor des faits de l'histoire, ce qui est une simple conséquence d'une volonté de grand homme ou de groupe puissant d'humains, de ce qui est sollicitation pressante d'un ensemble de conditions physiques, bref d'un milieu? Tel chef d'État se croit affranchi de ces influences extérieures et matérielles, n'obéir qu'a son dessein bien pur et volontaire, qui personnifie seulement l'action plusieurs fois séculaire des mêmes sollicitations du sol natal; tel autre vante sa fidélité aux inspirations de la terre de ses pères, dont il apprécie et sait les besoins vrais, qui suit la voie du caprice individuel. La géographie n'est ni l'histoire ni l'économie politique : et pourtant telle page de discussion philosophique de Taine vous mènerait presque à identifier la géographie et l'histoire. Me dira-t-on si Michelet fut plus historien que géographe, plus géographe qu'historien? Nous concevons tous qu'il existe entre les deux ordres d'études une distinction dans la méthode d'enquête, l'historien dégageant surtout le rôle de l'enchaînement des desseins humains, le géographe mettant en lumière l'harmonie du groupe d'hommes avec son habitat. Mais action de la nature et réaction de l'homme sont si enchevêtrées que la distinction des deux parts risque souvent d'être subtile. Que dire de nos confrères les économistes qui ont de si bonne grâce ouvert la porte de communication entre leur science et la nôtre, dont certaines classifications, comme celle des colonies en colonies de peuplement, et d'exploitation, etc., etc., révèlent l'inspiration géographique? Physiocrates et ploutocrates ne se sont combattus avec acharnement que dans le temps où l'on pouvait ignorer le contraste des conditions du travail sous divers climats; le rapprochement des doctrines jadis regardées comme inconciliables, l'effondrement des théories absolues, l'adoucissement du dogme au contact de l'infinie variété des faits, voilà qui signifie la pénétration mutuelle de l'économie politique et de la géographie.

On insinuera peut-être que nous allons nous fondre dans la sociologie. Par notre dessein principal, par notre inspiration, je le veux bien, à moins que l'on n'envisage la question du point de vue opposé, et que l'on n'affirme, comme j'en suis tenté, que la sociologie n'est qu'un nom nouveau, plus ambitieux d'allure, plus philosophique d'aspect, donné à des études dont la géographie est le centre, le terrain d'explication, j'allais dire le carrefour. Car le géographe ne peut, est-il besoin de le dire? envisager l'action de la nature sur l'individu humain; il doit se borner à percevoir celle qui s'exerce sur les groupes, sur les sociétés, et par là il est sociologue. Mais c'est un sociologue muni des connaissances qui empêchent de commettre l'erreur grave et habituelle de fermer les yeux aux différences essentielles, caractéristiques, des pays et des sociétés : il ne risquera jamais, tant il a coutume de considérer l'infinie variété des aspects de la nature, de spéculer sur l'état social de je ne sais quel homme abstrait, partout et toujours le même. Son perpétuel recours aux faits, au concret, son contact incessant avec la réalité vivante des régions et des sociétés, le mettent en garde contre certains abus du nivellement philosophique : de telle sorte que notre science est à la sociologie, comme à l'histoire, comme à l'économie politique, ses proches parentes, une conseillère de discernement, de discrétion, de prudence dans l'observation des faits et la recherche de leurs lois. Et elle a cette vertu critique précisément parce qu'elle est composite par la nature des faits qu'elle assemble, mais unitaire par sa méthode et son inspiration ; voilà sans doute pourquoi, tour à tour plus historienne ou plus naturaliste, ferme dans le dessein, accessible sur ses frontières, elle reparaît toujours à l'état de discipline indépendante, d'éducatrice délicate et nécessaire. Son influence est admirée ou enviée ; à l'occasion ses voisines et parentes se plaignent de ses empiétements... et les imitent ; c'est l'indice de sa vitalité. On ne secoue que les arbres qui portent des fruits.

Vous me demanderez quel peut être l'intérêt de cette discussion dogmatique. Je le crois très grand. Il y a intérêt à ce que la géographie reste un domaine largement ouvert à beaucoup de bonnes volontés, mais indépendant. « La géographie aux géographes. » Il serait humiliant pour l'esprit scientifique de ce pays qu'il y eût deux géographies : l'une étroite, dogmatique, arrogante, dans laquelle se complairaient quelques professeurs de notre enseignement supérieur, une sorte de géographie rétrécie et aristocratique, au nom de laquelle on excommunierait quiconque n'est pas orthodoxe ; l'autre, large, ouverte, accueillante aux gens et aux doctrines, capable de rapprocher les savants de divers métiers, donnant vue sur le monde moderne, préparant des hommes d'action et d'idées directrices, et qu'on abandonnerait... à nos Sociétés de Géographie, aux professeurs de nos lycées et collèges, à nos instituteurs. Mon choix est tout fait : je suis pour la seconde sorte de géographie, si française d'esprit et d'inspiration, si bien encadrée dans notre génie national : et je crois bien qu'elle prévaudra sans faire le moindre tort aux autres sciences qui se tiennent sur ses confins, mais qu'il ne faut ni brutalement annexer, ni appeler à l'aide pour remettre l'ordre chez les géographes qui n'en ont pas besoin. Les sciences sont comme les gens : de correctes relations de voisinage entre maisons distinctes sont germes d'amitié; la promiscuité des brouillons qui mettent tout dans tout n'a jamais été qu'un ferment de discorde, donc de décadence.

L'évolution de la Géographie,

Par M. L. GALLOIS, maître de conférences à l'École normale supérieure.
(S. G. P.)

Messieurs, il y a bien longtemps qu'on discute sur la géographie et l'on pourrait dire que chacun de ses progrès a été marqué par de nouvelles discussions. Beaucoup de sciences ne sont-elles pas dans le même cas ? Il faut reconnaître cependant qu'entre toutes, c'est peut-être la géographie qui soulève aujourd'hui le plus de débats, et précisément dans les pays où elle est le plus en faveur, ce qui doit tout d'abord nous rassurer.

L'une des raisons de ces difficultés, c'est qu'elle touche à toutes sortes de questions, au monde physique comme au monde moral, et que les géographes abordent ces questions avec des préoccupations et des habitudes d'esprit très différentes. Les uns sont des hommes d'action, visant surtout des résultats pratiques, les autres des hommes d'étude, des savants de profession, des historiens, des économistes. Comment s'étonner qu'il y ait un peu de confusion dans la manière d'entendre la géographie ?

Il est un autre motif d'hésitation, peut-être plus puissant encore : la géographie n'a jamais fait plus de progrès que pendant la dernière partie du XIX° siècle; c'est depuis une trentaine d'années surtout qu'elle a pris nettement conscience d'elle-même. Mais comme tous n'ont pas suivi avec la même attention cette transformation, comme tous n'ont pas marché du même pas, il en résulte aujourd'hui quelque désordre.

Je voudrais essayer de montrer en quoi a consisté cette évolution et comment la géographie actuelle est régulièrement sortie de celle d'autrefois. Je remonterai pour cela assez haut dans le passé : il faut, si l'on veut bien le comprendre, envisager d'ensemble tout ce développement de la géographie. Je me bornerai, bien entendu, aux faits essentiels, tâchant d'être aussi bref que possible.

*
* *

Nous sommes aujourd'hui tous d'accord sur ce point que la géographie ne peut pas être une simple collection de renseignements ou d'informations, mais qu'elle doit tendre à donner l'explication des faits, à les rattacher les uns aux autres. Par là elle prend le caractère d'une science, elle est une description raisonnée et intelligente du globe.

Cette préoccupation de faire de la géographie quelque chose d'intelligible remonte jusqu'aux Grecs, les véritables initiateurs de toute recherche scientifique. Ils n'ont pas eu seulement le souci d'étendre les limites du monde connu; ils ont réfléchi, ils ont voulu comprendre, ils ont été amenés par les spectacles qu'ils avaient sous les yeux à se poser un certain nombre de problèmes. Ils se sont demandé quelle était la forme de la terre, et comment on pourrait arriver à figurer sur un plan l'image exacte de ses différentes contrées. Ils ont cherché à savoir comment elle était constituée, quels étaient ces réservoirs souterrains d'où provenaient les sources. Ils ont discuté sur la cause des vents. Dans un autre ordre d'idées, ils ont porté leur attention sur la situation des différents pays, sur les avantages ou les désavantages qui pouvaient en résulter pour leurs habitants, sur les facilités qu'ils pouvaient offrir au commerce. Je n'insiste pas : il ne s'agit pas de dresser ici un inventaire des problèmes de la géographie ancienne, mais simplement de donner des exemples. Le programme était vaste; il s'appliquait à des questions très diverses. Nous pouvons cependant les faire rentrer dans nos trois grandes divisions actuelles : géographie mathématique, géographie physique et géographie humaine, en groupant sous ce nom tous les faits géographiques où intervient l'activité de l'homme.

Faut-il s'étonner qu'en s'attaquant à tant de problèmes les anciens ne les aient pas tous heureusement résolus? Lorsqu'on examine d'ensemble leur œuvre, on constate que si dans le domaine de la géographie physique et humaine ils ont fait des efforts méritoires, s'ils ont eu quelquefois des intuitions de génie, ils n'ont cependant rien fondé de bien ordonné ni de durable. Il en est tout autrement pour la géographie mathématique. Ils ont reconnu que la terre était ronde, et c'était le principe de toute science géographique. Partant de là, ils ont trouvé le moyen de dresser des cartes exactes en fixant sur la sphère, représentée en projection, la position de chaque point déterminé par sa longitude et sa latitude. Nous avons pu depuis perfectionner les moyens d'observation, trouver des systèmes de projections plus appropriés, la véritable cartographie scientifique était créée, et c'était là une découverte de la plus haute importance, car, sans cartes, il n'y a pas de géographie possible.

Lorsqu'on se demande pourquoi les anciens ont pu résoudre certaines questions, tandis que d'autres leur demeuraient à peu près fermées, on en aperçoit immédiatement la raison. En géographie physique, ils étaient condamnés à l'impuissance, par l'ignorance des premiers principes des sciences physiques et naturelles. Comment discuter sur les vents quand on ignore la nature de l'air atmosphérique? Dans le domaine de la géographie humaine, leurs observations ne pouvaient guère porter que sur un petit nombre de régions, et le monde si intéressant de la Méditerranée devait à la Méditerranée même un caractère tout spécial. La géographie mathématique, au contraire, s'appuyait sur des sciences déjà constituées. Si, dans la démonstration de la rotondité de la terre par l'expérience classique du mât du navire, il entre une part d'observation, la part du raisonnement géométrique y est bien plus considérable. Le problème des projections est un problème de géométrie, et c'est encore d'un théorème de géométrie que dépend la détermination pratique des latitudes. Ainsi la géographie ancienne, dans ce qu'elle a édifié de solide, est une géographie mathématique. Ses progrès ont été la conséquence des progrès de l'astronomie et de la géométrie. Son véritable représentant est un mathématicien et un astronome : Ptolémée d'Alexandrie.

Après lui commence la décadence, que précipite la chute de l'Empire romain. La tradition grecque se perd en Occident, comme l'œuvre même de Ptolémée. Le christianisme confond la vérité religieuse qu'il cherche dans les livres saints, avec la vérité scientifique. C'est à la Bible, c'est aux Pères de l'Église qu'on demande alors la solution des problèmes géographiques, et à l'aide de quels artifices de raisonnement! Certes, le moyen âge a compté de grands esprits, comme le moine Roger Bacon, capables de secouer le lourd fardeau de la scolastique : ils restent isolés et incompris. Peu à peu cependant la lumière réapparaît; mais il faut attendre la Renaissance pour que l'esprit scientifique se réveille et reprenne son essor. Alors commence précisément la période des grandes découvertes géographiques, qui n'ont pas été sans être influencées par ce retour à la science antique. Il fallait à Colomb une foi robuste en la rotondité de la terre pour qu'il osât s'aventurer sur l'océan inconnu, certain qu'en naviguant toujours vers l'ouest il atteindrait l'extrême Orient de l'Asie.

Mais, à leur tour, les découvertes du xve et du xvie siècle ont grandement influé sur l'esprit scientifique. Brusquement le voile qui cachait la moitié du monde à l'autre moitié se déchire, et du même coup nombre de questions qui avaient préoccupé tout le moyen âge : celle de la zone torride, celle des antipodes, se trouvent résolues. Il fallut bien reconnaître alors que toute la science n'était pas dans les livres et qu'il y avait d'autres procédés de recherche que le syllogisme. Ce fut une époque de crise. On ne trouble pas impunément de si vieilles habitudes d'esprit, et il ne faudrait guère connaître les hommes pour les croire capables d'accepter sans résistance une vérité qui s'impose.

Tout un monde de faits nouveaux entre alors dans la science. Colomb a reconnu l'existence dans l'Atlantique d'un grand courant équatorial; c'est lui aussi qui constate le premier la déclinaison de l'aiguille aimantée. Les sciences d'observation, les sciences inductives commencent à prendre place à côté des sciences déductives et leur heureuse influence ne tarde pas à se faire sentir sur la géographie.

Les sciences physiques se développent les premières, parce qu'elles reposent sur l'expérience plus encore que sur l'observation; au contraire des sciences naturelles, plus lentes, par conséquent, à se constituer. Le xviie siècle est le siècle de la physique, et c'est en 1630 que paraît à Amsterdam le premier traité de géographie physique qui mérite vraiment ce nom : la *Geographia generalis*, de Varenius. Traduit dans les principales langues de l'Europe, commenté par Newton, ce remarquable ouvrage a exercé une influence considérable sur les écrits postérieurs qui sont loin de procéder tous du même esprit scientifique. Mais ce n'est pas seulement par son contenu qu'il mérite l'attention, c'est par son titre : « Géographie générale où sont expliqués les phénomènes généraux du globe ». Et, dans sa préface, l'auteur expose très nettement ce qu'il a voulu dire : « Il y a deux sortes de géographies, la géographie générale, qui étudie la terre comme un ensemble, qui cherche à en expliquer les différentes parties et les phénomènes généraux, et la géographie spéciale qui, en appliquant les règles générales, étudie les différentes contrées... Cette géographie spéciale, ajoute-t-il, n'a guère eu jusqu'à présent la préoccupation de donner des explications, elle mérite à peine le nom de science. » Ainsi Varenius oppose pour la première fois la description des différentes parties du globe aux faits généraux qui permettent d'en expliquer les particularités. Retenons cette distinction fondamentale et, pour en revenir au contenu de l'ouvrage, constatons qu'il doit toute sa nouveauté à ce qu'il repose sur un fonds solide de connaissances scientifiques.

Le XVIIIe siècle voit l'éclosion des sciences naturelles, qui ne se constituent qu'au XIXe, et toujours dans l'ordre qui correspond à la difficulté des recherches : botanique, zoologie, géologie. Ai-je besoin d'insister sur les avantages que la géographie a tirés de leurs progrès? On peut dire qu'en se développant, elles se sont de plus en plus confondues avec elle. A mesure que les explorations leur ouvraient de nouveaux horizons, la nécessité de tenir compte du milieu s'imposait de plus en plus aux naturalistes. Certains d'entre eux se sont précisément imposé comme tâche d'étudier la répartition des espèces animales et végétales suivant les conditions du milieu. Il s'est constitué ainsi une géographie zoologique et une géographie botanique qui ont déjà produit des œuvres de haute valeur. La géographie botanique surtout a fait, dans la seconde moitié de ce siècle, de merveilleux progrès et le bel ouvrage de Schimper, paru en 1898, nous la montre en pleine possession de son objet et de ses méthodes[1].

1. Schimper, A. F. W., *Pflanzen-Geographie auf physiologischer Grundlage*, Iena, G. Fischer, 1898, in-8.

La géologie avait avec la géographie des liens plus intimes encore, puisque l'état présent du relief terrestre ne peut s'expliquer que par ses états antérieurs, quelquefois les plus lointains. C'est la dernière venue des sciences naturelles, elle ne date que du commencement de ce siècle, du jour où l'on a trouvé dans les fossiles un moyen de fixer l'âge relatif des terrains, problème fondamental dont la solution a fourni aux géologues la méthode qui, longtemps, s'était dérobée à eux. Le premier, Élie de Beaumont essaya dans une vaste synthèse de résumer l'histoire des mouvements successifs de notre sol. C'est à lui que nous devons de savoir déterminer l'âge d'un système de montagnes. Mais il abandonna trop tôt les faits pour la théorie, et d'ailleurs, à l'époque où il écrivait, la reconnaissance géographique et géologique du globe était encore trop peu avancée pour qu'une vue d'ensemble fût possible. Les géologues se remirent patiemment aux études de détail jusqu'à ce qu'un nouvel effort de synthèse ait pu se produire, qui se résume dans l'œuvre admirable d'Édouard Suess. La publication de la première partie de l'*Antlitz der Erde*, en 1883, fut pour les géographes une véritable révélation [1]. Des masses montagneuses éparses à la surface du globe leur apparurent alors comme des fragments de systèmes réguliers : l'ordre se mit dans le désordre. Il n'est plus possible aujourd'hui, même dans l'enseignement le plus élémentaire, de ne pas tenir compte de découvertes si fécondes. En même temps se poursuivait l'étude des agents qui incessamment travaillent à modifier le relief terrestre, et toutes ces formes du terrain, tous ces accidents des cours d'eau sur lesquels, depuis des siècles, l'œil humain s'était reposé sans y soupçonner autre chose que des caprices de la nature, toute cette variété infinie est devenue intelligible, si bien que le topographe le plus habile s'exposerait aujourd'hui à manquer de précision, qui se hasarderait à figurer sur ses minutes un relief sans le comprendre.

Mais les sciences mathématiques et physiques ont continué en même temps à se développer, à s'entourer de branches nouvelles : géodésie, cartographie, météorologie, dont la climatologie n'est

---

[1] Ed. Suess, *La Face de la Terre (Das Antlitz der Erde)*, traduit et annoté sous la direction de Emm. de Margerie. Paris, A. Colin, 2 vol. in-8, 1897-1900.

qu'une application plus directe à la géographie, océanographie, et toutes ont contribué, grâce à des procédés de recherche plus parfaits, à nous faire mieux connaître notre globe.

Restons pour le moment dans le domaine de la géographie mathématique et physique. De cet exposé, si rapide et si incomplet qu'il soit, une conclusion ne s'impose-t-elle pas? C'est que la géographie en tant que science, la géographie qui veut comprendre, n'a progressé que par le progrès des sciences et le plus souvent grâce aux efforts de savants qui n'étaient pas des géographes de profession. Je n'aurais garde d'oublier l'immense labeur fourni par les explorateurs, surtout en notre siècle. Sans eux, rien n'eût été possible : ils ont achevé la reconnaissance du monde; ils ont réuni cette masse de matériaux sur lesquels les savants ont travaillé, et le développement des sciences naturelles leur est pour une grande part redevable. De plus en plus, d'ailleurs, les explorations deviennent de véritables missions scientifiques et c'est là une preuve des nécessités actuelles de la géographie.

**

Messieurs, avant d'aller plus loin, arrêtons-nous un instant sur le rôle que jouent les sciences dans la géographie. Nous mettrons à part les sciences mathématiques, qui ont un objet très défini : l'étude de la forme du globe et la construction de la carte, œuvre dont on ne saurait exagérer l'importance, car du progrès de la carte dépendent les progrès de la géographie. Les sciences physiques et naturelles choisissent un certain ordre de faits qu'elles isolent par une sorte d'abstraction de tout ce qui pourrait empêcher de les étudier en eux-mêmes ou dans leurs relations avec d'autres faits qui les commandent ou qui en dépendent. Le botaniste n'étudie que la plante, mais il est forcément amené à se rendre compte de l'influence qu'exercent sur elle le sol et le climat. C'est ainsi que les savants déterminent des rapports qui ne sont pas tous assez simples pour mériter le nom de lois, mais qui sont toujours au moins l'expression de faits généraux, permettant l'explication des cas particuliers.

Les sciences dégagent de la complexité des phénomènes ce qu'ils contiennent de régulier et de permanent; elles montrent la répercussion de ces phénomènes les uns sur les autres, et par là elles contribuent à créer cette géographie générale, si bien nommée par Varenius, dont la conception est devenue d'autant plus nette qu'on a mieux aperçu, dans le monde de la nature, l'enchaînement des effets et des causes [1].

Dans cette recherche des lois générales, toutes les sciences de la nature interviennent, parce que le monde les intéresse toutes, suivant l'objet spécial qu'elles se proposent. Et c'est ainsi que la géographie n'est pas le fait de l'une ou de l'autre, mais, pour une part, de chacune d'elles. Évidemment cette conception ne répond pas à l'idée d'une science ayant un domaine bien défini et des méthodes appropriées. La géographie s'applique à un monde très complexe et ne saurait avoir la simplicité des sciences ordinaires. Et c'est pourquoi il ne faut pas trop restreindre le titre de géographe : peu importe, en somme, à qui on attachera l'étiquette; l'essentiel est de savoir ce qu'elle représente.

* * *

Le progrès de la géographie par les sciences est-il arrivé à son terme? Assurément non. Les sciences n'ont jamais été plus puissantes, ni plus légitimement ambitieuses. Celles qui sont en pleine possession de leurs méthodes avancent régulièrement, sûres d'elles-mêmes. D'autres se constituent et s'organisent et déjà nous en pouvons distinguer tout un groupe, qui nous intéresse particulièrement et qui se propose l'étude de l'homme physique, et aussi de l'homme vivant en sociétés. Et ceci nous amène tout naturellement à la géographie humaine, dont je n'ai pas encore parlé pour ne pas compliquer cet exposé.

Mais d'abord y a-t-il vraiment une géographie humaine? Il faut bien s'arrêter à cette question préalable, puisque de bons esprits en ont pu douter. Entendons-nous, personne ne proposerait d'exclure d'une description du globe l'homme et les manifestations de son activité. Mais s'il y a là, dit-on quelquefois, matière à observations intéressantes ou utiles, y a-t-il vraiment matière à explication, à recherche scientifique? Dans le monde physique, dont nous nous sommes occupés jusqu'à présent, tout est soumis au

---

1. Je ne saurais mieux faire que de renvoyer le lecteur à l'étude de M. P. Vidal de la Blache : Le principe de la Géographie générale, *Annales de géographie*, V, p. 129-142 (15 janvier 1896).

déterminisme des lois naturelles, et l'on peut rattacher les effets à des causes ; mais dès que l'homme intervient, ne s'introduit-il pas avec lui un facteur qui échappe précisément au déterminisme : la liberté humaine ? Messieurs, l'objection n'atteint pas seulement la géographie ; elle a une portée plus haute et s'attaque à toutes les sciences morales. Mais à y regarder de près tout dépend de la manière dont on définit la science. Je ne veux pas m'attarder à des considérations qui nous entraîneraient bien loin et je me contenterai de demander : Si l'homme est libre, l'est-il pleinement et toujours ? Agit-il toujours par caprice, comme s'il prenait plaisir à déconcerter nos prévisions ? N'est-il pas, par quelque côté, lui aussi esclave de la nature ? Comme être physique, et malgré les moyens qu'il a de réagir, n'est-il pas sous la dépendance du climat ? C'est un fait d'expérience que l'Européen transplanté dans les pays tropicaux peut se livrer au travail cérébral, mais que le travail des muscles lui est défendu. Il y a une géographie médicale qui étudie précisément l'action du milieu sur les organes du corps humain. On dira qu'il s'agit encore ici de l'homme considéré comme animal ; mais, qui ne voit que la transition à l'être moral est insensible ? L'inégalité des races ne peut guère s'expliquer, au moins pour une part, que par des influences physiques actuelles ou antérieures. De l'animal, on passe par degrés à ces populations primitives que recèlent encore certaines parties reculées du globe et pour lesquelles la préoccupation de ne pas mourir de faim domine à peu près toutes les autres. Sur ces malheureux, le poids des nécessités naturelles pèse de toute sa force, et le milieu commande aux occupations : ils sont pêcheurs, chasseurs, sédentaires ou nomades, non par goût, mais par besoin. Certes, à mesure qu'il s'élève en civilisation, l'homme échappe au joug de la nature, mais on a trop répété qu'il peut s'en affranchir tout à fait. Notre caprice peut fonder des villes, nous ne pouvons pas, à notre volonté, les rendre prospères ; tracer des routes, nous ne sommes pas assurés que le commerce les suivra. Nos chemins de fer paraissent indépendants de tous les obstacles ; en réalité, la nécessité du moindre effort les oblige encore aujourd'hui à suivre les vallées et les routes les plus commodes, et si nous perçons des montagnes, nos tunnels ne sont qu'un moyen d'éviter aux voies de fer l'ascension des cols qu'elles ne pourraient pratiquement atteindre ; ils ne les dispensent pas de profiter des vallées d'accès. Il est toute une série de liens qui nous attachent au sol, bien que nous ne les apercevions pas toujours, de conditions qui s'imposent à nous, d'avantages ou d'inconvénients provenant du milieu qui font que nos groupements humains sont plus favorisés les uns que les autres, jusqu'à ce qu'une invention nouvelle, un effort de l'intelligence fasse du désavantage un avantage et renverse l'équilibre établi. Car nous ne sommes point ici dans un monde immuable; tout en restant dans la dépendance du milieu, l'homme peut s'adapter autrement à ce milieu, de sorte que la géographie humaine doit tenir compte du temps, et c'est pourquoi l'histoire ne saurait lui rester indifférente.

La géographie humaine ne peut pas prétendre étudier tous les phénomènes de notre activité, pas plus que la géographie physique tous ceux dont notre monde est le théâtre, mais, parmi ces phénomènes, elle retient ceux où s'exerce l'influence du milieu et des conditions naturelles, ceux qui dépendent au moins pour une part du monde physique, et c'est cette part qu'il s'agit de déterminer.

Aussi la formule de Karl Ritter : La géographie est l'étude des relations entre la terre et l'homme », insuffisante, parcequ'elle a l'air d'exclure la géographie physique, peut-elle être acceptée pour la géographie humaine. Mais, comme toutes les formules, elle a besoin d'être commentée. Trop ambitieuse si l'on prétend tout expliquer, découvrir je ne sais quelles lois qui gouverneraient l'activité humaine, elle ne l'est plus, si l'on se résigne à étudier patiemment les faits, souvent menus, par où cette dépendance se manifeste. On ne peut nier que dans cet ordre de recherches les résultats ne soient déjà très appréciables.

Ce progrès, à n'en pas douter, est encore dû au développement des sciences, qui nous ont appris à mieux connaître le monde physique dont nous cherchons les relations avec les phénomènes d'activité humaine. L'exécution, très avancée aujourd'hui, de la grande carte géologique de France à 1 : 80 000, pour ne prendre qu'un exemple, a mis en évidence nombre de faits presque insoupçonnés, montrant suivant quelles règles se répartissent les populations, comment ces petites unités si vivaces qu'on appelle des pays correspondent le plus souvent à des divisions géologiques, si bien que cette carte est aujourd'hui le meilleur instrument de travail, pour qui veut connaître et comprendre notre pays.

Il n'y a donc pas entre la géographie physique et la géographie humaine ce fossé que quelques-uns hésitent à franchir. L'une achève l'autre, et au-dessus des méthodes de recherches qui varient avec l'objet à atteindre, il y a une unité d'inspiration qui guide les géographes : l'esprit scientifique s'appliquant à déterminer ce qu'il y a de général au milieu de la diversité des faits. Le géographe idéal serait celui qui serait maître de tous les procédés de recherche scientifique, qui, étudiant une région du globe, pourrait retracer l'histoire de sa formation, de façon à en expliquer le relief actuel, qui déterminerait les causes souvent lointaines de son climat, qui distinguerait les particularités de sa flore et de sa faune et en saurait l'origine, qui verrait comment l'homme a tiré parti de cette région, comment il s'y est établi et suivant quels modes de groupement, comment s'y font les échanges et quels échanges, quelles cultures, quelles industries y sont le mieux à leur place; qui, enfin, instruit par la comparaison, indiquerait les améliorations à y apporter, sans prétendre résoudre ces problèmes *à priori*, mais simplement à titre de tentative. Cet idéal de science, un même homme ne peut plus tenter de le réaliser aujourd'hui : le travail scientifique est trop complexe; mais, ce qu'un seul ne peut faire, plusieurs peuvent l'exécuter en commun. La géographie est une vaste entreprise où chacun, suivant ses aptitudes et ses goûts, peut trouver sa part de travail, et c'est pourquoi il n'y faut refuser aucune collaboration, c'est pourquoi les savants y ont leur place au premier rang, parce que sans eux, sans leurs méthodes, on ne fût jamais sorti du vague et de l'incertitude. La seule condition c'est que tous ces travailleurs ne s'ignorent pas, ne s'isolent pas, c'est qu'ils sachent tous profiter des travaux les uns des autres, c'est qu'ils soient pénétrés de cette idée qui domine toute la géographie, que tout se tient dans la nature, que les phénomènes s'y enchaînent et qu'il faut les étudier dans leurs relations réciproques.

*
* *

Messieurs, nous voilà bien loin, en apparence, des préoccupations habituelles de nos Sociétés de Géographie, où les hommes d'action, les hommes d'affaires sont plus nombreux que les hommes d'étude. Et pourtant, lorsqu'on y réfléchit, on s'aperçoit que c'est par les notions générales surtout que la géographie peut être utile, et qu'il ne faut point lui demander de descendre jusqu'à ces minutieux détails qui, dans chaque cas particulier, assurent le succès d'une entreprise. Dans ce domaine de la pratique, il entre d'ailleurs des considérations de tout ordre où la géographie n'est pour rien. Répandre des idées aussi exactes que possible sur les pays étrangers, détruire surtout les idées fausses, voilà déjà une assez belle tâche pour nos Sociétés. Les études théoriques ne sont pas indifférentes à cette œuvre de bonne éducation. La géographie n'a jamais été plus en faveur qu'aujourd'hui : ne nous en plaignons pas, même quand on lui demande plus qu'elle ne peut donner. Il y a dans le public une bonne volonté, un désir de s'instruire qu'il faut encourager et entretenir mais qu'il faut aussi diriger. Gardons pour cela une place dans nos préoccupations à la géographie désintéressée. Il ne semble pas d'ailleurs qu'elle soit actuellement en péril. La transformation récente du Bulletin de la Société de Géographie de Paris en un recueil plus scientifique, les tendances analogues de plusieurs autres bulletins de sociétés sont d'heureux indices que la vieille tradition géographique n'est pas près de s'éteindre dans notre pays.

Les communications de MM. Marcel Dubois et L. Gallois ont amené une intéressante discussion à laquelle ont pris part MM. l'amiral Servan, le colonel Blanchot, Nicolle et Petiton.

Avant la clôture de cette séance, le colonel Blanchot attire l'attention du Congrès sur deux écueils rencontrés par la Société de Géographie de Poitiers, dont il est le président. Ses observations concernent les rapports qu'entretient cette association d'une part avec l'Académie de la ville, d'autre part avec l'autorité militaire locale, sur le concours desquelles le colonel Blanchot voudrait pouvoir compter.

SÉANCE DE L'APRÈS-MIDI

Présidence de M. Léotard, secrétaire général de la Société de Géographie de Marseille.

Assesseurs : MM. Camena d'Almeïda (S. G. Bordeaux) et Collesson (S. G. Nancy).

Le Service géographique de l'Armée en Indo-Chine et à Madagascar,

Par le général Bassot, de l'Institut, directeur du Service géographique de l'Armée.

Le Service géographique a pris une part importante à l'expansion coloniale française en fournissant aux missions et aux gouvernements des colonies ou pays de protectorat le personnel technique et les instruments qui leur étaient nécessaires, soit pour l'exploration des régions inconnnes, soit pour la délimitation de certaines frontières, soit enfin pour l'établissement des cartes topographiques.

En dehors d'un certain nombre de missions isolées, l'effort s'est porté surtout à Madagascar et en Indo-Chine.

Indo-Chine. — Les travaux topographiques d'Indo-Chine et en particulier du Tonkin ont commencé d'une façon sérieuse en 1885, époque à laquelle fut régulièrement institué le Bureau topographique de la colonie, dont la direction a toujours été confiée à un officier du Service géographique.

Ce bureau, à ses débuts, de 1885 à 1891, ne put, faute d'une base fournie par une triangulation sérieuse, que poursuivre les levés d'itinéraire exécutés jusque là et les raccorder en les appuyant sur des triangulations graphiques, ainsi que sur quelques latitudes faites au théodolite.

A partir de 1891, sous l'impulsion du commandant Bauchet, on commença à travailler d'après un plan d'ensemble. Cet officier supérieur, bien secondé, parvint à établir une triangulation provisoire faite au théodolite, triangulation qui, bien qu'imparfaite encore, put servir de base à une carte générale au 500 000° éditée à Hanoï même.

Les opérations furent continuées dans le même esprit par les successeurs du commandant Bauchet, mais ce n'est que dans ces dernières années que les travaux de la carte de l'Indo-Chine ont pris une grande extension et que le service chargé de son exécution a reçu son organisation définitive.

Cette évolution a été la conséquence forcée du développement du programme arrêté par le service des Travaux publics. La colonie est aujourd'hui complètement pacifiée ; il s'agit de la mettre en œuvre et d'en retirer des bénéfices ; pour cela il faut des routes, des chemins de fer, des canaux d'irrigation, travaux qui ne peuvent s'exécuter sans une carte topographique régulière, à grande échelle, laquelle ne peut être entreprise sans base précise fournie par une triangulation exacte, et sans nivellement général soit géodésique soit géométrique.

La création d'un Service géographique important s'imposait donc en Indo-Chine, et tout récemment un arrêté du Gouverneur général de la colonie vient de donner satisfaction à ce besoin.

Le Service géographique de l'Armée, suivant la demande de M. Doumer, a servi comme de maison mère pour doter le Service géographique de l'Indo-Chine de tout le matériel nécessaire aux opérations régulières : théodolites à microscopes pour les opérations de triangulation de premier ordre, théodolites de Brunner à verniers pour les second et troisième ordres, cercles méridiens portatifs de Brunner et de Gautier pour les observations astronomiques, appareil de mesure des bases du système Jäderin, instruments topographiques du dernier modèle, etc. En outre, et en plus du chef du Service, il a envoyé au Tonkin deux de ses géodésiens et deux de ses chefs de brigades topographiques, pris parmi les meilleurs, de telle sorte qu'au bout de très peu de temps il a été possible de commencer les travaux topographiques, à grande échelle, appuyés sur une triangulation analogue à celle qui sert de base aux travaux de la carte d'Algérie.

Mais, et nous nous permettons d'insister sur ce point, ce résultat n'a pu être obtenu que grâce à l'envoi en Indo-Chine, d'une part, de deux officiers rompus à tous les travaux réguliers de géodésie et d'astronomie de position, qui ont pu établir rapidement et sûrement le réseau primordial, et, d'autre part, de chefs de brigade topographique très exercés, qui ont pu faire école et dresser aux travaux de la topographie régulière des officiers, et même des sous-officiers pris dans le corps d'occupation.

C'est ainsi, d'ailleurs, que l'on a opéré tant aux Indes Anglaises qu'aux Indes Hollandaises, et les résultats d'expérience sont là pour indiquer que, pour le moment, il ne saurait y avoir d'autre manière de procéder.

Madagascar. — Les travaux géodésiques et topographiques exécutés à Madagascar vont montrer d'une façon plus frappante encore quels sont les résultats rapides que l'on peut obtenir avec un personnel préalablement exercé.

L'état-major du Corps expéditionnaire comprenait un bureau topographique, composé de deux officiers fournis par le Service géographique de l'Armée, et pris dans la section de géodésie, parmi les officiers ayant préalablement passé par la section de topographie, étant, par conséquent, des officiers géographes complets.

Malgré les difficultés de l'expédition, malgré les occupations multiples du Service d'état-major auxquelles ils devaient satisfaire, ces officiers purent exécuter, le long de la route suivie par la colonne expéditionnaire jusqu'à Andriba, une triangulation de fortune appuyée sur des latitudes astronomiques. Cette triangulation servit de base aux levés d'itinéraire faits par les officiers des corps de troupes, levés qui furent ensuite raccordés par les deux officiers géographes, puis étendus pendant les séjours forcés que fit la colonne en cours de route. L'un de ces officiers fut envoyé, après l'entrée à Tananarive, dans le sud de la région de Diégo-Suarez, afin de délimiter le territoire qui, d'après le premier traité de paix, et avant la déclaration de prise de possession, devait former une administration spéciale et être laissé au Ministère des Colonies. Les travaux qu'il a rapportés ont permis par la suite de faire une carte provisoire de la région de Diégo, depuis le cap d'Ambre jusqu'au 12ᵉ degré 45 minutes de latitude sud, carte qui vient d'être utilisée tout récemment lors de la création des points d'appui de la flotte.

Dès que l'annexion de Madagascar fut prononcée, le Gouverneur général de l'île demanda au Service géographique de lui envoyer des officiers géodésiens et topographes, de façon à commencer de suite les travaux relatifs à l'établissement d'une carte régulière à grande échelle. On se décidait, en effet, à marcher rapidement dans la mise en valeur de notre nouvelle colonie, et, comme pour le Tonkin, cette mise en valeur ne pouvait se faire sans chemins de fer et sans routes, et par conséquent sans carte.

En 1896, une brigade topographique était envoyée à Tananarive, mais, en l'absence de géodésie, elle ne pouvait établir que des cartes provisoires appuyées sur des triangulations graphiques. M. le général Gallieni, reconnaissant la nécessité de faire appel à des officiers compétents, demanda, en 1897, au Service géographique, deux brigades se composant à la fois d'officiers géodèses et d'officiers topographes. Ces brigades triangulèrent en quelques mois un réseau allant d'Andevorante à Ambatondrazaka par Tamatave (250 kil.) et exécutèrent en même temps le levé topographique de la région avoisinante. L'un des opérateurs, M. le lieutenant Harty de Pierrebourg, devait peu après trouver à Madagascar une mort glorieuse.

Les travaux se continuèrent en 1898 ; une nouvelle brigade, de même composition que les premières, put établir une chaîne continue de triangles allant de Fort-Dauphin à Tananarive par Ihosy et Fianarantsoa, avec embranchement de Ihosy vers Tuléar, et fermer par une chaîne transversale allant de Tananarive (mai 1899) à Andevorante le quadrilatère précédemment amorcé.

Durant cette même année 1898, quatre officiers mesurèrent, à l'aide de l'appareil Jäderin, une base sur le plateau de l'Orombé et déterminèrent astronomiquement les latitudes de Tamatave, Tananarive, Fort-Dauphin et la différence de longitude entre Tamatave et Tananarive. Au cours de ces opérations, l'un des officiers géodésiens, M. le capitaine Lallemand, était grièvement blessé par les insurgés.

Enfin, en 1899, deux officiers de la section de géodésie du Service géographique firent la reconnaissance de la région comprise entre Diégo-Suarez et Tananarive, construisirent les signaux nécessaires à l'établissement d'une chaîne de triangles entre ces deux points extrêmes, et jalonnèrent une base de 7 500 mètres aux environs de Bealanana. Ils allaient commencer la mesure de cette base quand un télégramme, basé sur l'insuffisance des crédits, venait rappeler ces deux officiers à Tananarive. Leur mission était interrompue au moment où ils pouvaient être assurés d'achever en quelques mois leurs opérations.

Les observations faites au cours de cette reconnaissance permirent toutefois de calculer les éléments de la chaîne entre Diégo-Suarez et Bealanana, sur une longueur d'environ 300 kilomètres, et d'autre part les renseignements recueillis purent être immédiatement utilisés pour l'établissement de la carte au 500 000e de l'île, en cours de publication.

Durant ces trois années, les officiers détachés à Madagascar ont eu à lutter contre des obstacles de toute nature, aussi bien d'ordre matériel que d'ordre technique. Il faut placer en première ligne la difficulté de traverser les épaisses forêts qui entourent le plateau central et d'y assurer les visibilités, la nécessité d'attendre souvent plusieurs jours ou même plusieurs semaines la résolution des épais brouillards qui couvrent les massifs forestiers, la rigueur du climat dans les hautes régions dont l'altitude atteint près de 2 700 mètres, les difficultés de marche, de ravitaillement, de recrutement des porteurs indigènes, enfin l'insécurité qui, en dépit des escortes, ne permettait guère aux opérateurs de s'écarter de la ligne de marche qui leur avait été assignée, et les forçait à se garder avec le plus grand soin contre les bandes armées ou les rôdeurs qui parcouraient le pays.

Missions diverses. — Le Service géographique a prêté également son concours à de nombreuses missions géographiques, soit en leur fournissant des opérateurs exercés, soit en donnant avant le départ une instruction sommaire aux explorateurs.

C'est ainsi que des officiers géodésiens ou topographes ont été envoyés dans le haut Sénégal en 1880 (mission Derrien), au Soudan en 1891 (commandant Toussaint), dans la région du haut Mékong en 1894 (mission Rivière), et au Congo en 1898 (mission Gendron).

Des instructions sommaires, en particulier sur les procédés

employés pour faire le point, ont été données à de nombreux explorateurs, et l'on ne peut que regretter que beaucoup d'entre eux n'aient pu consacrer que trop peu de temps à ces exercices.

Conclusion. — Ce court exposé permet de se rendre compte des services considérables que le Service géographique a pu rendre à la cause coloniale, et de ceux qu'il est appelé à lui rendre dans l'avenir. Il en eût rendu de bien plus grands encore dans le passé s'il avait pu disposer dès le début d'un nombre suffisant d'officiers ayant passé à la fois par les sections de topographie et de géodésie. On voit, en effet, par l'examen des conditions dans lesquelles se trouvent placés les officiers appelés à remplir des missions de cette nature dans des pays neufs, qu'ils ne peuvent rendre tous les services qu'on est en droit d'attendre d'eux qu'à la condition d'être rompus aux méthodes et aux procédés topographiques et géodésiques, de manière à pouvoir faire rapidement un choix judicieux des méthodes à employer suivant les circonstances locales et les moyens dont ils disposent. Des officiers très exercés peuvent seuls opérer avec rapidité, dans les limites de précision que comporte la méthode adoptée et qu'une longue habitude leur permet d'apprécier. Cette science et cette habileté professionnelles, en les débarrassant des difficultés techniques, leur permettront d'autre part de consacrer plus de temps et de soins aux difficultés d'ordre matériel qu'il faut vaincre à tout prix et qui constituent souvent la partie la plus lourde de leur tâche.

Ces officiers géographes pourront à leur tour organiser dans chacune de nos grandes possessions un service autonome, mais puisant ses inspirations et recrutant une partie de son personnel dans la métropole, tel le service qui fonctionne actuellement en Indo-Chine.

Avec une pareille organisation, nous arriverons à posséder en quelques années des cartes très complètes de toutes nos possessions, établies dans des conditions de précision et d'économie inconnues jusqu'ici, et nous pourrons rapporter des documents précieux des expéditions ou des missions que la France envoie dans toutes les parties du globe.

De la confection des cartes lithologiques sous-marines,

Par M. J. THOULET, professeur à l'Université de Nancy.

Cette confection est basée sur les principes suivants :

1° Recueillir des échantillons complets parce que, seule, la relation exacte, qualitative et quantitative des éléments qui les composent autorise à tirer de l'étude de ces documents les importantes conclusions qui en dérivent relativement à l'histoire présente et passée du globe terrestre.

2° Établir une classification des divers fonds telle qu'un échantillon sous-marin quelconque étant donné, il devienne possible de le désigner par un nom définissant complètement sa nature et autorisant à le figurer sur une carte par des teintes ou des signes conventionnels.

3° Fixer dans le plus bref délai un document d'ensemble dont il ne s'agira plus, dans la suite, que de perfectionner les diverses portions par des études indépendantes les unes des autres, dans l'espace comme dans le temps, et cependant toujours concordantes entre elles.

Récolte des échantillons : drague, plomb à cuillers, sondeurs ; — conservation.

L'analyse *mécanique* des échantillons doit permettre d'établir le nom de l'échantillon et par conséquent sa constitution ; elle doit être très précise et néanmoins très simple, afin de pouvoir être exécutée même par des personnes non spécialistes.

L'analyse *minéralogique* doit permettre de reconnaître et de doser tous les éléments minéraux des fonds.

Il est impossible de donner une méthode générale pour l'analyse *chimique*, le but que l'on se propose d'atteindre étant la solution, par la chimie, de tous les problèmes que la science est susceptible de se poser afin d'éclairer l'histoire passée, présente et future des fonds marins.

L'analyse *biologique* est destinée à reconnaître et à énumérer soit par eux-mêmes, soit par leurs débris, les êtres ayant vécu au voisinage de ce fond, et contribuer ainsi à résoudre le problème capital des rapports existant entre l'être vivant et son milieu ambiant.

L'analyse mécanique s'exécute à l'aide de divers instruments peu compliqués et notamment de tamis gradués qu'il est facile de se procurer partout et qui permettent d'isoler rapidement selon leurs dimensions et de doser les diverses catégories de minéraux.

C'est sur ce triage que s'appuie la classification des fonds, gravier, sable, vase, argile, etc.

L'analyse minéralogique s'effectue surtout sous le microscope. Le problème, assez délicat, consiste à distinguer entre eux des grains minéraux très petits en modifiant, s'il y a lieu, leurs propriétés, mais sans cependant qu'il soit nécessaire de les isoler — opération presque impossible à cause de leur extrême petitesse — et sans les détruire, parce que, dans ce cas et par suite de leur multitude, il ne resterait aucune trace certaine de leur existence.

Je termine en ce moment et publierai très prochainement un mémoire détaillé sur ce sujet. En définitive, il ne faut pas d'opinions personnelles s'appuyant sur de simples impressions, ni de conclusions plus ou moins vagues : rien que des chiffres, des analyses, une précision complète, une entière rigueur scientifique.

J'ai appliqué ces principes et ces méthodes à la confection des 22 feuilles d'une carte lithologique sous-marine des côtes de France, à l'étude d'échantillons provenant du golfe de Gascogne, de l'Iroise et de grands fonds de l'Atlantique dont le Prince de Monaco a bien voulu me confier l'examen. J'ai dû outiller mon laboratoire pour ce but spécial. Cette œuvre est maintenant achevée. La réunion à Nancy, vers Pâques 1901, des sociétés savantes, me fournira une précieuse occasion de montrer les divers appareils dont je me sers et leur fonctionnement.

Mon travail est une entrée en matière, un canevas d'ensemble sur lequel chacun pourra désormais travailler à son tour en pleine indépendance, certain qu'il sera qu'en quelque endroit que ce soit, à quelque moment que ce soit, ses efforts viendront remplir une lacune et s'accorderont avec ceux qu'aura accomplis ou qu'accomplira plus tard un autre observateur en quelque autre endroit que ce soit.

Sans m'arrêter ici à l'utilité pratique d'une pareille œuvre (navigation, télégraphie, pêches), il est impossible de méconnaître son immense intérêt scientifique. La géologie stratigraphique n'est que de l'océanographie rétrospective, à laquelle on ne se livrera avec fruit qu'autant qu'on connaîtra d'une façon précise l'océanographie actuelle. En Angleterre, en Allemagne, on a déjà soutenu et publié des thèses doctorales d'océanographie. Les expéditions océanographiques se multiplient en Angleterre, en Allemagne, en Suède, en Norvège, en Autriche, en Russie, en Hollande, en Belgique, en Portugal, aux États-Unis. Faut-il citer les expéditions du Prince de Monaco? Le créateur de l'océanographie, Marsigli, il y a plus de deux siècles, exécuta ses recherches sur les côtes de Provence. Aimé, mort à trente-cinq ans en 1846, fit à Alger de magnifiques découvertes en océanographie. Quand donc, reprenant les glorieuses traditions scientifiques de la marine française sous la Restauration et la monarchie de Juillet, aura lieu la prochaine expédition océanographique sous le pavillon tricolore?

La *Côte d'Ivoire* en 1900,

Par M. CLOZEL, secrétaire général de la Côte d'Ivoire.

La Côte d'Ivoire s'étend sur le golfe de Guinée, entre le 5e et le 10e degré de longitude ouest du méridien de Paris, avec un développement d'environ 600 kilomètres de côtes. La convention du 8 décembre 1892 avec la République de Libéria a tracé sa frontière occidentale. A l'est, les conventions du 12 juillet 1893 et du 14 juin 1898 conclues avec le gouvernement britannique ont fixé les limites qui séparent notre colonie de la Côte d'Or anglaise. Enfin, le décret du 17 octobre 1899, en rattachant à la Côte d'Ivoire les cercles de Bouna, de Kong et de Touba, qui faisaient partie du Soudan français, a constitué à la colonie un hinterland normal et a reporté sa limite septentrionale entre le 9e et le 10e degré de latitude nord.

La superficie de la colonie ainsi délimitée peut être évaluée à 300 000 kilomètres carrés et sa population à au moins deux millions d'habitants.

La Côte d'Ivoire existe comme colonie indépendante depuis le 10 mars 1893. C'est donc à partir de cette époque qu'il nous sera possible, au moyen de quelques chiffres, de suivre le développement économique de ce pays. En 1893 les recettes étaient de 840 264 fr. 84. En 1899 elles ont atteint 1 620 604 fr. 21. Elles ont, on le voit, presque doublé en sept ans ; et les droits de douanes étant presque l'unique ressource de la colonie, où il n'existe encore aucun autre impôt, leur accroissement est la conséquence de l'augmentation de commerce de la Côte d'Ivoire.

Il convient d'ajouter que les dépenses ont suivi les recettes dans leur progression ascendante. Les dépenses ordinaires pour 1899 atteignaient 1 403 000 francs d'après les prévisions budgétaires, et ce chiffre a dû être quelque peu dépassé. A ce sujet, permettez-moi une courte digression : dans un article de l'*Economiste français*, M. Pierre Leroy-Beaulieu, analysant un travail de M. Austin Lee, de l'ambassade britannique à Paris, nous attribue généreusement 348 fonctionnaires pour 51 colons.

Je ne chicanerai pas M. Pierre Leroy-Beaulieu sur ces chiffres, bien que l'étude approfondie de notre budget de 1899 ne m'ait révélé que 262 fonctionnaires payés par la colonie (et la Côte d'Ivoire ne touche et n'a jamais touché aucune subvention de la métropole), par conséquent, elle paie tous les fonctionnaires qu'elle emploie. Cependant, je n'ai rien négligé pour arriver aux 348 fonctionnaires découverts par M. Austin Lee, j'ai compté comme tels jusqu'au dernier préposé auxiliaire des douanes et au dernier agent de police nègre, jusqu'au dernier garçon de bureau. Je n'en trouve que 262 au lieu de 348. Quant au chiffre des colons, il convient de remarquer que la Côte d'Ivoire, située sur le golfe de Guinée, dans le voisinage de l'équateur, n'a pas la prétention d'être une colonie de peuplement, puisque les Européens n'y peuvent vivre qu'à la condition de venir fréquemment se retremper en Europe. Pour ces sortes de colonies, il ne faut pas considérer le chiffre des colons, mais bien celui des affaires qu'ils font ; et la mise en valeur industrielle et commerciale du pays doit être assurée par le moins d'Européens possible. Quant aux fonctionnaires, leur rôle est d'assurer la sécurité nécessaire à cette mise en valeur. Il s'agit de savoir si nous n'en avons pas trop pour cela. Eh bien ! puisqu'il est de mode de critiquer « la pléthore fantastique des fonctionnaires » et de nous donner en exemple les colonies anglaises, j'ai eu la curiosité de consulter la *Colonial office list* pour 1900. C'est, vous ne l'ignorez pas, une publication absolument officielle éditée sous les auspices du Ministre des Colonies britannique et qui ne saurait contenir plus d'erreurs que l'*Annuaire de l'Armée française* par exemple. J'ai lu dans cet ouvrage l'article de la Côte d'Or anglaise. C'est une colonie limitrophe de la Côte d'Ivoire, à peu près de la même superficie, dans des conditions physiques et climatologiques identiques, ayant des populations fort semblables; toutefois, alors que nous avons plus de 2 millions de sujets noirs à administrer, les Anglais n'évaluent qu'à 1 473 000 le chiffre de leurs sujets. Eh bien! alors que la France administre la Côte d'Ivoire avec 262 agents de tous rangs, l'Angleterre en emploie 721, c'est-à-dire presque le triple dans la Côte d'Or. Encore n'ai-je compté que les agents portés sur la liste du Colonial Office et peut-être que l'étude du budget de la colonie anglaise, si je l'avais entre les mains, me ferait découvrir un certain nombre d'agents subalternes qui ne figurent pas sur cette liste. Il convient d'ajouter que les fonctionnaires anglais sont presque toujours payés le double des nôtres.

Enfin, je ne crains pas d'affirmer, quelles que soient les critiques qu'on ait pu adresser à notre personnel colonial, que je ne changerais pas en bloc le personnel administratif de la Côte d'Ivoire contre celui de la colonie anglaise voisine, nous perdrions trop au change. Il se peut que, dans d'autres parties du monde, l'administration anglaise soit plus économique et plus brillante. Je ne parle que de ce que j'ai vu.

Nous allons maintenant revenir chez nous. Je vous disais tout à l'heure que les recettes de la Côte d'Ivoire avaient à peu près doublé en sept ans et que cette augmentation correspondait à l'accroissement du commerce local; les chiffres suivants vont me servir à le démontrer. La première année pour laquelle il m'ait été donné d'avoir des statistiques complètes est 1896. Le mouvement commercial est alors de 9 339 333 francs contre 12 253 141 en 1899.

Ce dernier chiffre se décompose en 6 389 886 francs aux importations et 5 863 255 aux exportations. Les principaux produits de la colonie sont l'acajou, les huiles et amandes de palme, le caoutchouc, la poudre d'or, le café. L'ivoire, qui a donné son nom à cette partie de la côte du golfe de Guinée, ne figure plus que pour la forme dans l'ensemble du mouvement commercial : 27 000 francs en 1896, 1 700 francs seulement en 1899.

Il y a cependant encore quelques éléphants dans la forêt qui borde le littoral et s'étend presque partout jusqu'à près de 200 kilomètres dans l'intérieur des terres; mais il n'y a plus de ces stocks accumulés par des indigènes comme en réservaient, lors de leur ouverture au commerce européen, les vastes rivières tributaires du Congo. Le cercle de Touba, dans le nord-ouest de la colonie, nourrissait encore un assez grand nombre de ces pachydermes, mais des superstitions particulières empêchent les indigènes de les chasser. Il y a dans la colonie quelques plantations de café; la plus importante appartient à la Compagnie française de Kong (ancienne maison Verdier). Le caféier et le cacaoyer viennent très bien, mais la question de la main-d'œuvre est la pierre d'achoppement des entreprises agricoles. Dans cette partie de l'Afrique, beaucoup plus qu'ailleurs, l'agriculture manque de bras. Aussi l'exportation du café qui varie entre 20 et 45 tonnes reste à peu près stationnaire. L'examen de la question de la main-d'œuvre m'entraînerait trop loin et c'est de la solution donnée à cette question que dépend le progrès pour le café, le cacao et les cultures similaires que le sol et le climat de la colonie permettraient d'entreprendre.

L'or existe incontestablement dans la moitié au moins de la colonie. S'y trouve-t-il en quantité suffisante pour payer les frais énormes qui résultent de l'insuffisance de la main-d'œuvre, de l'insalubrité du climat, de la pénurie des moyens de transports économiques? je dois avouer que je l'ignore. Toute entreprise européenne ayant pour but l'exploitation des gisements aurifères de la Côte d'Ivoire devrait en tout cas être précédée d'études sérieuses exécutées sur place par un spécialiste consciencieux. L'exploitation par les indigènes beaucoup plus économique et absolument rudimentaire donne toujours les mêmes résultats, mais la quantité exportée a beaucoup diminué : de 863 000 francs en 1896 elle est tombée à 103 000 francs en 1899. Cette diminution porte seulement sur l'exportation; les indigènes recueillent toujours à peu près les mêmes quantités et les gisements ont conservé leur richesse quelle qu'elle soit, mais les indigènes qui se livrent à peu près seuls à l'industrie de l'or le gardent pour eux quand ils ont d'autres produits à livrer au commerce européen. On peut donc dire que la diminution dans les exportations d'or est le résultat de l'extension prise par la production de l'acajou et surtout du caoutchouc.

J'arrive aux trois principales exportations de la colonie, qui sont les huiles et amandes de palme, l'acajou et le caoutchouc.

Pour l'huile de palme, la production en 1896 était de 5 012 079 kilogrammes, valant 2 millions de francs ; en 1899, 4 571 018 kilogrammes, valant 1 828 407 francs, donc une diminution légère ; pour les amandes de palme, il y a au contraire une légère augmentation : 1 247 895 kilogrammes, valant 212 142 francs en 1896 contre 1 972 634 kilogrammes, d'une valeur de 335 347 francs en 1899. On peut donc dire que c'est une branche de commerce importante, mais à peu près stationnaire ; il ne saurait en être autrement.

Les emplois industriels qu'on en fait, la concurrence des autres graines oléagineuses, arachides, sésame, etc., ne permettent pas aux huiles et amandes de palme de dépasser un certain prix sur les marchés européens. D'autre part, le peu de valeur de ce produit ne permet pas de le récolter en dehors des régions desservies par des moyens de transports économiques. C'est donc, jusqu'à ce qu'un chemin de fer desserve l'intérieur, seulement dans le voisinage de la mer et des lagunes qu'il sera possible d'exploiter les palmiers à huile de la Côte d'Ivoire.

La production de l'acajou, après être montée de 400 000 francs en 1896 à 1 670 000 francs en 1897, est redescendue à 1 142 660 francs en 1898 et à 603 000 francs en 1899. Il y a là encore une question de transport. On ne peut exploiter que les troncs qui sont à proximité des lagunes et des cours d'eau flottables. Mais en attendant que les voies ferrées permettent l'exploitation des richesses forestières de l'intérieur du pays, la côte ouest de la colonie, de Fresco au Cavally, réserve encore des ressources au commerce européen, qui n'a guère exploité jusqu'à ce jour que les lagunes d'Assinie, de Bassam et de Lahou.

Bien que nous ne devions pas revoir les chiffres atteints en 1898 (18 millions de kilogrammes, d'une valeur de 1 600 000 francs), il est permis d'espérer que l'exportation de l'acajou ne diminuera pas énormément et que l'exploitation de la côte ouest permettra au commerce d'attendre la reconstitution de la richesse forestière de la partie orientale de la colonie. L'acajou n'est pas, du reste, la seule essence exploitable que nous offrent les forêts de la Côte d'Ivoire, mais c'est la seule dont je parlerai, parce que c'est la seule qui ait fait l'objet d'un commerce important avec l'Europe.

Pour le caoutchouc, au contraire, la progression est constante et a pris dans ces dernières années des proportions considérables : 141 000 kilogrammes en 1896; 189 000 en 1897; 289 000 en 1898; enfin, 633 435 kilogrammes valant 2 850 457 francs en 1899.

Dès à présent, on peut affirmer que la production de 1900 dépassera encore celle de 1899. Et, pour le caoutchouc comme pour l'acajou, la colonie offre dans sa partie ouest ainsi que dans son hinterland de vastes territoires presque entièrement inexploités, et comme le caoutchouc est un produit cher, il n'est pas besoin d'attendre la construction d'un chemin de fer pour mettre ces réserves en valeur. Enfin, les plantes, malgré les procédés barbares des indigènes, sont loin d'être toujours détruites par l'extraction du latex, et les lianes qui sont coupées mettent beaucoup moins de temps à repousser qu'il n'en faut à un pied d'acajou pour fournir une bille d'un cube convenable.

Les principales marchandises européennes importées dans la colonie sont les tissus, cotonnades surtout, pour une valeur de 1 640 797 francs en 1899, armes, poudres et munitions, 535 041 francs, les alcools et boissons, 916 878 francs; tous ces produits sont en augmentation sur les chiffres des années précédentes; je n'entrerai pas dans le détail des autres articles d'importation, l'énumération en serait fastidieuse et aucun n'approche de l'importance de ces trois-là.

Il nous reste à examiner, puisque je parle devant le Congrès national des Sociétés de Géographie, quelle est la part de la France dans le commerce de la Côte d'Ivoire. Elle figure, en 1899, pour 1 453 575 francs aux importations dans la colonie, soit environ le quart du chiffre total qui atteint, nous l'avons vu, 6 379 886 francs, et pour 2 605 440 francs aux exportations, soit plus des 2/5 du chiffre total, qui est de 5 863 255 francs.

Je reconnais que ce n'est pas là une situation absolument satisfaisante, elle comporte cependant deux atténuations : la première est que depuis deux ans le commerce avec la France a une tendance à augmenter et semble devoir suivre une progression plus rapide que celle du commerce général de la colonie. La seconde est que la plupart des maisons de commerce, et surtout les plus importantes, sont des maisons françaises. De sorte que si l'industrie nationale ne bénéficie pas autant qu'elle le devrait de notre colonie, le bénéfice résultant des transactions sur les produits de la Côte d'Ivoire et sur les marchandises étrangères importées, va, lui du moins, en presque totalité en des mains françaises.

Le total des marchandises de provenance étrangère importées dans la colonie s'élève à 4 757 860 francs. Sur ce chiffre, l'Angleterre entre pour les 3/4, l'Allemagne pour 1/8, la Hollande pour 1/16, les États-Unis et les colonies anglaises chacune à peu près pour 1/32.

Pour les exportations de la colonie, l'Angleterre tient encore la tête, sauf pour l'huile et les amandes de palme, que la France absorbe en presque totalité pour les industries marseillaises de savon et de bougie. Le remède à cette situation n'est pas à la Côte d'Ivoire. Qu'il se crée dans un port français un marché pour le caoutchouc et pour l'acajou qui puisse faire concurrence à celui de Liverpool, et les trois quarts de ces deux produits ne continueront pas à aller en Angleterre. Que nos industriels livrent à aussi bon marché que les Anglais des cotonnades adaptées aux goûts et aux besoins des indigènes, et la part de la France, au lieu d'être le quinzième de celle de l'Angleterre, s'élèvera sans doute rapidement. Fort heureusement, la convention de juin 1898 nous interdit de protéger les produits français par des tarifs différentiels; je dis que c'est fort heureux : si nous étions entrés dans cette voie, le seul résultat que nous aurions obtenu aurait été de détourner le commerce de nos ports pour le plus grand bénéfice des colonies étrangères voisines. Il ne faut pas oublier, en effet, que nous ne sommes pas seuls établis dans le golfe de Guinée et que le commerce ira là où il trouvera les conditions les meilleures.

Au cours de cette rapide revue, j'ai parlé, je crois, du chemin de fer de pénétration, qui doit nous permettre la mise en valeur de notre hinterland. Une mission dirigée par le capitaine du génie Houdaille a étudié l'année dernière un projet de port et de chemin de fer destiné à constituer l'outillage économique de la colonie. Reste à exécuter ces grands travaux, dont le coût représente un chiffre assez respectable de millions que nous n'avons pas. La France ne veut pas nous en faire cadeau et elle a raison; tout ce que nous pouvons exiger d'elle c'est qu'elle nous prête l'argent dont nous avons besoin contre bonnes garanties. Nous devrons donc trouver chez nous les ressources nécessaires pour l'intérêt et l'amortissement d'un emprunt et nous les trouverons, tout comme la Guinée et le Dahomey, qui n'ont entrepris leur chemin de fer qu'après avoir établi l'impôt indigène qui leur rapporte plusieurs centaines de mille francs par an.

Il ne faudrait pas croire cependant, malgré ce que j'ai dit tout à l'heure, que la totalité de nos ressources passe à payer les fonctionnaires indispensables. Depuis sept ans qu'elle existe, la Côte d'Ivoire a construit 1 500 kilomètres de lignes télégraphiques ou téléphoniques, ouvert 700 kilomètres de piste pour faciliter le passage des caravanes commerciales à travers les forêts, bâti 71 immeubles pour le logement de ses services, subventionné la construction d'un wharf à Grand-Bassam, et je ne cite que les travaux les plus importants. Elle doit encore pourvoir au transfert de son chef-lieu dans un endroit plus sain que Grand-Bassam, qui a été désolé l'année dernière par une grande épidémie de fièvre jaune dont il faut prévenir le retour.

En résumé, la Côte d'Ivoire est une colonie qui n'a jamais coûté un sou à la France, dans laquelle un certain nombre de commerçants français font des affaires considérables, qui paye et fait vivre sur ses ressources locales un certain nombre d'autres Français comme fonctionnaires, ce qui, malgré tout, est encore un bénéfice pour la métropole, une colonie dans l'avenir de laquelle nous pouvons avoir entière confiance, car l'exploitation de ses richesses naturelles commence seulement et les grands travaux qui doivent la favoriser sont à peine amorcés.

Note sur les Sanatoria de l'Indo-Chine française,

Par M. G. Capus, directeur de l'Agriculture et du Commerce de l'Indo-Chine.

L'utilité d'un établissement de ce genre dans l'Indo-Chine française n'est plus à démontrer, et nous n'avons même pas à invoquer l'exemple des colonies voisines de la nôtre. Un sanatorium d'altitude doit réunir un certain nombre de conditions climatologiques et d'accessibilité qui permettent le séjour réconfortant aux

Européens et leur donnent de nouvelles forces pour résister aux effets débilitants des climats de la plaine indo-chinoise. Parmi les régions de l'Indo-Chine où le climat joint à la topographie du lieu permettraient l'établissement d'un sanatorium (plateau des Bolovens et le Tra-Ninh au Laos, plateau des Ba-Phins et la montagne de Mauson au Tonkin, le Lang Bian et le plateau des Moïs en Annam) aucune ne se prête aux nécessités du mot comme le Lang Bian, où plus de 800 kilomètres carrés, à l'altitude de 1 400 à 1 500 mètres, jouissent d'un climat que des observations météorologiques, poursuivies depuis plus de deux ans, autorisent à comparer au climat printanier des régions tempérées.

L'auteur de la communication insiste sur les services directs que le sanatorium du Lang Bian est appelé à rendre à la colonie; il envisage également le problème de la petite colonisation qui ne pourra être résolu que sur les hauts plateaux de la chaîne annamitique. Déjà le Lang Bian est en relation facile avec la côte de l'Annam par une route carrossable qui part de Phen-Song et devient route muletière très aisée à partir du pied de la montagne. Bientôt, le chemin de fer de Saigon à Tay-Ninh sera poussé jusque sur le plateau où, dès à présent, les travaux d'installation première sont effectués. Langsa (Lang Bian) possède, en effet, déjà, une station agronomique, une station météorologique principale, une station télégraphique et les bâtiments nécessaires au personnel administratif.

Le Lang Bian fut signalé en 1895 par le docteur Yersin. L'œuvre de l'établissement du sanatorium qui est en train de se réaliser est celle du gouverneur général de l'Indo-Chine, M. Doumer, dont les conceptions, hautement clairvoyantes, ne demeurent pas à l'état de simple projet.

Note sur l'exploitation de l'alfa, et ses applications dans l'industrie,

Par M. CHANTELOUBE (S. G. d'Alger).

L'alfa est une graminée qui a toujours joué un grand rôle dans la préparation des pâtes à papier, depuis les temps les plus anciens. Les Grecs, les Romains, et surtout les Carthaginois en faisaient un très grand usage, pour les cordages servant à la navigation. De cette plante on doit rapprocher une autre graminée vivace, le *diss*, dont les tiges atteignent 1 m. 50 de hauteur, et qu'emploient aussi les indigènes de l'Algérie, surtout en Kabylie, alors que l'alfa, qui se prête à un grand nombre d'usages, pousse surtout sur les hauts plateaux du Maroc à la Tripolitaine.

Sagement récolté il peut durer soixante ans. Un hectare en bon état de végétation donne une moyenne de deux mille kilogrammes d'alfa vert.

Aujourd'hui, l'industrie de la corderie est florissante en Tunisie, aux îles de Kerkenna, Mellita et Koncha, situées à vingt milles de la côte. La population de ce petit archipel s'élève à près de dix mille habitants, dont la moitié vit de la pêche des poulpes, du corail, des éponges; l'autre moitié s'occupe de la fabrication des cordes pour la pêche et des amarres pour bateaux. La filasse de l'alfa et du diss est obtenue par le rouissage et la macération, opérations qui lui font perdre beaucoup de sa solidité.

En Algérie, depuis quelque temps, nous avons trouvé le moyen d'obtenir mécaniquement et économiquement la filasse de l'alfa et du diss en supprimant le rouissage et la macération. De la sorte le déchet est moindre et la matière textile plus légère et plus résistante.

Le département d'Oran, très favorisé par ses lignes de chemin de fer de pénétration, peut attaquer sur trois points différents ces champs immenses d'alfa :

A. Les plaines d'El-Gor, en avant de Sebdou, du Hammam, en avant de Daya, dont les produits sont dirigés sur la voie ferrée de Tlemcen-Sidi-Bel-Abbès, puis au port d'embarquement d'Oran;

B. Les terrains des hauts plateaux ainsi que ceux du nord du Kreider, Sfid, Guetifa, dont les produits sont transportés par la voie ferrée d'Aïn-Sefra à Perrégaux, puis au port d'embarquement d'Arzew;

C. La région Sud de Tiaret avec Aïn-Oualassy comme centre d'exploitation, dirige ses produits par la voie ferrée de Tiaret au port d'embarquement de Mostaganem. L'exploitation de l'alfa du Tell septentrional du département d'Oran, jadis plus importante, se chiffre encore à près de cent millions de kilogrammes par an.

Dans le département d'Alger les champs d'alfa, très abondants, sont à peine exploités faute de voies ferrées de pénétration. On en exporte à peine 1 million de kilogrammes.

La continuation de la voie ferrée d'Alger-Laghouat et la construction de la ligne, si longtemps projetée, d'Affreville-Berrouaghia-Aumale et Bouira, avec port d'embarquement à Alger, provoqueraient un développement singulier de cette industrie, ainsi que l'augmentation des richesses minières, forestières, agricoles de ces contrées.

Dans le département de Constantine, qui possède les voies ferrées de Philippeville à Biskra, de Bone à Tébessa, on peut exploiter l'alfa des sables, d'El-Kantara jusqu'en Tunisie, ce qui élève le chiffre de l'exportation à quinze millions de kilogrammes.

En Algérie, désormais, nous devons présenter l'alfa sous toutes ses formes : brut, en filasse, en étoupe et en pâte, lorsque l'eau le permet.

On a pu objecter que les eaux d'Algérie étant généralement alcalines ou phosphatées, créeraient une difficulté pour l'obtention des papiers blancs, ainsi que pour le bon fonctionnement des machines.

Tout en reconnaissant qu'il faut que les eaux de la contrée choisie pour cette exploitation soient utilisables, nous sommes en mesure, après analyse, d'affirmer qu'une fabrique de papier pourrait être installée dans d'excellentes conditions. L'utilisation de l'alfa par l'industrie française créerait un courant d'affaires entre l'Algérie et la métropole pour le plus grand profit des indigènes, des colons et de la mère patrie.

Les câbles sous-marins français,

Par M. LEMIRE, résident honoraire.

Les communications télégraphiques sont l'instrument indispensable des relations politiques, commerciales, maritimes entre les nations. Quand une nation possède un domaine colonial, comme c'est le cas pour la France, elle se trouve dans l'obligation de communiquer en tout temps avec ses possessions d'outre-mer et avec les escadres chargées de les protéger. Un Congrès national de géographie ne saurait donc se désintéresser d'une si grave question. Il y a lieu de l'examiner au point de vue national et au point de vue international.

1° Au point de vue national, des événements que tout le monde connaît ont démontré que nous étions dépourvus de ces communications nécessaires.

Un programme a été dressé pour combler cette lacune et un projet de loi a été déposé le 30 janvier 1900; ce rapport sera discuté par le parlement dans sa prochaine session.

Après les vœux émis à ce sujet par les Chambres de commerce de la région lyonnaise, par le groupe des Conseillers du commerce extérieur, etc., la Chambre de commerce de Paris a pris une délibération et formulé un vœu ainsi conçu :

« Que le projet présenté aux Chambres soit adopté, qu'il soit exécuté dans le plus court délai possible, qu'il soit complété ultérieurement et rapidement. »

Le télégraphe étant un des grands moyens d'action et de sécurité pour la colonisation, pour les grandes explorations, pour les recherches géographiques, nous avons donc l'honneur de proposer au Congrès de formuler un vœu dans le même sens que celui précité.

2° Au point de vue international, les Sociétés géographiques considèrent les télégraphes comme des engins de paix et de concorde entre les peuples. Le premier message du président des États-Unis à la reine Victoria en 1858 disait : « Il est à désirer que toutes les nations civilisées déclarent spontanément et d'un commun accord que le télégraphe sera neutre à jamais, que les messages seront tenus pour sacrés, même au milieu des hostilités. »

Le second message était ainsi conçu en 1866 : « Paix sur la terre, bienveillance entre les hommes. » Jusqu'ici c'est le contraire qui s'est produit; et l'on craint, en construisant un réseau national à grands frais, de jeter en pure perte des millions au fond des mers. — En effet, le projet de création d'un réseau français devant aboutir au vote du projet de loi en ce sens a rencontré quelques objections. La plus importante concerne l'insécurité des câbles; on invoque ce principe que la sauvegarde et l'usage des câbles ne sont pas assurés par la convention de Paris (1884).

Les neutres ne sont pas plus garantis que les belligérants; les compagnies ou les commerçants pas plus que les États. La liberté du câble ne dérive pas de la liberté des mers dont elle devait être le corollaire.

La communication de M. Lemire a été l'objet d'un vœu que nous reproduirons plus loin.

A l'issue de la séance, M. le général Venukoff présente la carte de l'Asie russe et des pays limitrophes, établie par le général russe Koverski.

Mercredi 22 Août

SÉANCE DU MATIN

Présidence de M. Chambeyron (S. G. Lyon).
Assesseurs : MM. Boulanger (S. G. Roubaix), Favier (S. G. du Havre).

*Les travaux et les méthodes actuelles de la Géodésie
au Service géographique de l'Armée,*

Par M. le commandant Bourgeois, chef de la section de géodésie
au Service géographique.

Les méthodes et les instruments employés aux travaux géodésiques, qui forment en quelque sorte la base de la géographie régulière, ont subi une transformation profonde en France depuis 1860. A cette époque, l'Angleterre demanda à opérer sa jonction trigonométrique avec la France. Un des officiers français employés à ce travail, frappé de notre infériorité vis-à-vis de nos voisins, se proposa de consacrer sa carrière à la géodésie, vers laquelle d'ailleurs le portaient ses goûts, et de redonner à la science géodésique française la place qu'elle avait eue autrefois. C'était le capitaine, depuis général Perrier.

Des circonstances heureuses vinrent le servir. Le Bureau des Longitudes se préoccupait à cette époque de l'infériorité de notre triangulation vis-à-vis des nouvelles triangulations étrangères et réclamait la revision de la méridienne de Delambre et Méchain. Le capitaine Perrier entrevoyait la possibilité de la prolonger à travers l'Espagne et par-dessus la Méditerranée, pour la pousser ensuite au sud dans nos possessions algériennes. Sous l'influence du Bureau, la revision de la méridienne de France et son prolongement éventuel jusqu'en Afrique furent décidés en 1869, et cette œuvre confiée à la direction du commandant Perrier.

Les instruments et les méthodes furent à cette occasion complètement modifiés, et mis à la hauteur de la science moderne. A l'ancienne méthode de la répétition des angles, méthode excellente en théorie, mais sujette à des causes d'erreurs avec des instruments usés, on substitua celle de la réitération, peut-être plus fatigante et plus longue, mais qui permet d'éliminer par la méthode d'observation elle-même toutes les erreurs systématiques dont peuvent être affectés les cercles.

Les instruments ont été, en conséquence, complètement modifiés, des types nouveaux créés, et réalisés par les habiles constructeurs les frères Brunner. Une des innovations principales a été la substitution des microscopes aux verniers et l'adjonction à la lunette alidade d'un micromètre à fil mobile, permettant de renouveler facilement et autant de fois qu'on le juge à propos les visées sur les signaux.

Les pointés eux-mêmes ont été rendus plus précis par la substitution d'héliostats aux anciennes pyramides en bois sujettes à l'erreur de phase, et par l'emploi de signaux lumineux de nuit (appareils de télégraphie optique), qui ont donné, pour la détermination des azimuts, des résultats remarquables.

Une autre amélioration capitale a porté sur les appareils servant aux mesures de bases. — Toute triangulation a besoin, comme on le sait, d'un côté mesuré directement sur le sol, comme point de départ de ses calculs.

Aux anciennes règles de bois que l'on plaçait bout à bout, méthode très imparfaite, on a substitué des règles bimétalliques, donnant elles-mêmes par la différence de dilatation des deux métaux la température rigoureuse de la règle avec laquelle on opère, règles que l'on place successivement sous les axes optiques de paires de microscopes installés d'avance sur l'alignement de la base, et dont on mesure ainsi les écartements successifs.

Les règles actuelles sont en laiton et en platine iridié; elles sont divisées à leurs deux extrémités et soigneusement étalonnées au Bureau international des poids et mesures de Breteuil.

C'est avec les instruments et les méthodes dont on vient d'essayer de donner une idée succincte que l'on fait depuis trente ans les mesures géodésiques de premier ordre.

Celles-ci comprennent :

1° La nouvelle méridienne de France dont il a déjà été question, méridienne dont la base de départ a été mesurée près de Juvisy, non loin de l'ancienne base de Picard (7 300 mètres, mesurée deux fois, 9 millimètres d'écart), et qui s'appuie en outre sur deux bases de vérification.

2° Les nouvelles chaînes méridiennes d'Algérie-Tunisie, celle de Laghouat au centre, celle de Méchéria à l'ouest, celle de Biskra et celle de Médenine à l'est. Les deux chaînes de Laghouat et de Biskra sont actuellement poussées jusqu'à Ouargla et les deux parallèles, celui du Tell et celui des Hauts-Plateaux.

3° Le rattachement de la méridienne de France à l'Algérie en se servant de la triangulation espagnole. Ce rattachement s'est effectué suivant le quadrilatère Mulhacen-Tetica-M'Sabiha-Filhaoussen. Les côtés atteignent jusqu'à 270 kilomètres de longueur. Les mesures ont été des plus difficiles et n'ont été rendues possibles que par l'emploi de projecteurs électriques très puissants.

4° Enfin, la méridienne de France a été vérifiée au moyen d'observations astronomiques de longitude, de latitude et d'azimuts, tant à ses extrémités que de degré en degré. De plus, on a fait une nouvelle détermination des coordonnées astronomiques du Panthéon, dont la nécessité était depuis longtemps reconnue.

Cette détermination a été faite d'après les indications de Villarceau, en s'établissant hors de Paris, en rase campagne, loin des trépidations et loin des impuretés de l'atmosphère de la ville. On a déterminé ainsi les coordonnées astronomiques de quatre stations convenablement choisies aux environs de Paris, et ces coordonnées ont été rapportées au Panthéon et à l'Observatoire par une triangulation spéciale.

Opérations de deuxième ordre. — Ces travaux primordiaux servent actuellement de base aux opérations de second ordre entreprises tant en France qu'en Algérie.

En Algérie, on sait, d'après ce qui vient d'être dit, que le réseau fondamental a été constitué suivant le mode adopté pour la triangulation française, c'est-à-dire suivant le système à gril, en formant des chaînes parallèles et méridiennes qui interceptent entre elles de grands quadrilatères.

Ceux-ci ont été remplis ensuite par un premier ordre complémentaire exécuté suivant les mêmes méthodes que le premier ordre, et l'ensemble de toute cette triangulation sert d'appui au second et au troisième ordre, bases des travaux topographiques actuellement en cours.

Les travaux de triangulation d'Algérie sont aujourd'hui à peu près terminés. La limite des travaux exécutés atteint presque partout l'extrémité sud des Hauts-Plateaux. Au delà de ces régions, il semble qu'il y aura lieu de changer de méthode générale : d'une part, on se heurte à des difficultés très grandes d'exécution provenant des conditions précaires dans lesquelles on se trouve dans l'extrême-sud, tant au point de vue des transports que des ravitaillements en vivres et en eau ; d'autre part, les travaux topographiques eux-mêmes que l'on exécutera par la suite dans ces régions, ne paraissent pas exiger des triangulations aussi serrées et aussi précises que la carte régulière exécutée jusqu'ici. Les modifications à apporter aux méthodes sont aujourd'hui à l'étude, et conduiront vraisemblablement à la création de quelques grandes lignes de triangles réguliers, auxquelles viendront se rattacher toutes les triangulations expédiées qui servent de base aux itinéraires des colonnes expéditionnaires.

En France, la triangulation a repris également un nouvel essor. On pouvait croire qu'après les travaux exécutés de 1818 à 1860, en vue de la carte dite de l'état-major, le dernier mot était dit dans notre pays, en fait de triangulation de premier ordre complémentaire et de second ordre.

Il n'en est rien cependant. Une question se posait depuis longtemps, qui devait fatalement entraîner la réfection de notre triangulation : c'était le cadastre à refaire en entier, pour les besoins de la propriété nouvelle, sur des bases précises que seule la géodésie peut fournir.

L'ancienne triangulation exécutée seulement pour les besoins de l'établissement de la carte au 80 000e, suffisante certainement pour les travaux d'une carte au 50 000e, ne l'est pas quand il s'agit d'opérations aussi précises que l'exécution d'un cadastre. D'autre part, une grande partie des anciens signaux ont disparu, de telle sorte que le nombre des points trigonométriques encore existants n'est plus suffisant. Une réfection de la triangulation de 2ᵉ et 3ᵉ ordre devait donc être la première opération de l'établissement d'un nouveau cadastre, aussi, dès le vote de la loi du 17 mars 1898, le département des finances a-t-il demandé au Service géographique de procéder sans retard à la revision de la triangulation de 2ᵉ et de 3ᵉ ordre.

Mais, pour cela, il fallait nécessairement aussi reviser le premier ordre qui leur sert de base.

Afin de donner satisfaction immédiate aux besoins du Ministère des Finances, le Service géographique s'est arrêté à la solution suivante : la méridienne de France forme une première chaîne N.-S. d'une haute précision; on remesurera dans les mêmes conditions et successivement le parallèle de Paris et le parallèle moyen, de telle sorte qu'une fois ces travaux primordiaux terminés, il sera possible et facile de conduire à travers n'importe quel département une chaîne secondaire partant d'un de ces axes pour se vérifier sur l'un des deux autres et de concentrer ensuite l'effort géodésique, dans la région particulière à cadastrer.

Ces importants travaux sont actuellement en cours d'exécution; commencé en 1899, le parallèle de Paris est presque déjà terminé dans sa portion Est entre Paris et la frontière. A la suite d'un accord entre les deux gouvernements intéressés, il a été raccordé au réseau géodésique de l'Empire d'Allemagne. Le département de la Somme, qui a été l'un des premiers à demander la réfection de son cadastre, est presque entièrement triangulé comme 2ᵉ et 3ᵉ ordre; les travaux se poursuivent et s'étendront ensuite aux départements de Haute-Marne et de Seine-et-Marne.

Enfin, une opération plus importante encore s'offre à notre activité, je veux parler de la nouvelle mesure de l'arc de méridien de Quito, dit arc du Pérou. On sait que l'Académie envoya au Pérou sous l'Équateur, au XVIIIᵉ siècle, une mission prise dans son sein, à l'effet de mesurer un arc de méridien qui, combiné avec la méridienne de France et un arc polaire, donnerait les éléments nécessaires à la détermination de la forme de la terre.

L'arc mesuré en dix ans, de 1735 à 1745, par Bouguer, La Condamine et Godin, fut pour l'époque un véritable monument scientifique. Il ne peut néanmoins plus aujourd'hui entrer en ligne de compte avec les arcs nouvellement mesurés dans tous les pays, et sa réfection s'impose depuis longtemps, car il est jusqu'à présent le seul arc que l'on possède sous l'Équateur, et on peut dire, le seul arc facilement mesurable sous l'Équateur, j'entends en tant qu'opération scientifique. La France a revendiqué l'honneur de reprendre l'opération autrefois exécutée par trois de ses savants. Elle ne pouvait faire moins, et laisser à une autre nation l'honneur d'une opération qui avait jeté, il y a deux cents ans, un si grand lustre sur la science française. Deux officiers du Service géographique ont donc été envoyés à l'Équateur pour faire la reconnaissance préalable nécessaire à une opération de cette importance, et la mission définitive ne tardera pas à la suivre.

J'ai terminé, Messieurs, l'examen des opérations que la géodésie moderne a réalisées depuis trente ans, en France, ou va réaliser incessamment. On reconnaîtra, j'espère, que son effort s'est affirmé et que, grâce à l'importance et à la valeur de ses travaux, elle a su reconquérir une place honorable dans une science qui intéresse à un si haut point la géographie et l'étude de notre globe.

Les Fouilles du Rusguniæ,

Par le lieutenant CHARDON (note présentée par l'amiral SERVAN).

Les fouilles entreprises à Rusguniæ, du mois de novembre 1899 au mois de février 1900, ont porté sur différentes constructions :
 1° Une basilique ;
 2° Des thermes ;
 3° Des tombeaux.

On a fait ensuite une série de sondages en vue de dresser la carte d'ensemble des ruines.

Il est hors de doute qu'il serait très onéreux de procéder à des travaux complets ; cependant, sans engager de grosses dépenses, certains endroits permettraient de compter sur des résultats intéressants.

La basilique mesure 35 mètres de long sur 20 de large ; elle était primitivement partagée en trois nefs. Il reste peu de vestiges des murs et des colonnades, la plupart de ces matériaux ayant été jadis emportés par les Turcs pour servir aux constructions d'Alger.

Le sol est entièrement pavé en mosaïque. Les motifs sont ornementaux dans les bas côtés. Dans la nef centrale il y a trois vastes panneaux. L'un offre des suites de poissons. Dans le second, un tableau symbolique, encore bien conservé, montre des moutons et des chèvres paissant au milieu de plantes et de fleurs : deux pasteurs les gardent. Enfin, en avant de l'abside, il y avait une longue dédicace métrique, malheureusement fort endommagée.

Le style des mosaïques et la forme des lettres semblent indiquer le IV° siècle.

L'abside, surélevée de près d'un mètre, paraît avoir été d'abord de forme semi-circulaire, selon l'usage. Elle était flanquée de deux sacristies. Différentes constructions, adossées à l'église, représentent le baptistère et ses dépendances.

A une époque ultérieure, et sous la domination byzantine, comme l'attestent les épitaphes, la basilique, ruinée depuis longtemps, fut restaurée par les soins d'un certain Mauricius (Magister militum), gouverneur militaire de la ville.

Lors de la réédification, l'église fut divisée en cinq vaisseaux. La nef centrale primitive était large de 8 m. 60 ; c'était sans doute une trop grande portée pour les poutres dont pouvaient disposer les restaurateurs ; ils la réduisirent à 4 m. 30.

L'aménagement de l'abside fut modifié : on construisit cinq absidioles pavées de mosaïques.

Mauricius fut enterré dans le collatéral droit. Son épitaphe est tracée sur le couvercle en mosaïque de sa tombe. Dans le collatéral gauche, reposaient les deux filles de cet officier.

Près de ces deux tombeaux, on a trouvé une mosaïque funéraire couvrant la sépulture de Lucius, évêque de Rusguniæ.

Dans les thermes, la partie la plus intéressante, la salle centrale, a disparu avec la falaise qui la soutenait. Les constructions du fond existent seules : hypocauste, déambulatorium, etc.

Les murs de ces thermes présentent les caractères de la construction romaine au IV° siècle.

M. le comte de la Villegontier, à qui appartiennent les terrains, a bien voulu prendre à sa charge les frais des fouilles.

Les ruines renferment certainement des richesses archéologiques intéressantes : il serait à désirer que les pouvoirs publics, en accordant quelques subsides, facilitassent la continuation des travaux.

*
* *

L'amiral Servan propose au Congrès d'adresser ses remerciements à M. le comte de la Villegontier pour sa générosité désintéressée et émet le vœu que les pouvoirs publics encouragent par une subvention la continuation de ces fouilles.

Reprenant la proposition du Congrès de 1899, il demande que des opérations de dénivellement soient entreprises le plus tôt possible, de Tombouctou dans la direction d'In-Salah, en vue de déterminer jusqu'à quel point des dérivations prises sur le Niger pourraient être utilisées pour l'irrigation de la région.

En exposant brièvement l'objet de ce second vœu, l'amiral Servan a eu l'occasion de dire quelques mots sur le projet d'un transsaharien de l'ouest vers Tombouctou.

M. Paul Bonnard se fait l'apôtre du transsaharien de l'est, qui, d'après lui, aurait l'avantage de relier toutes nos possessions africaines avec deux têtes de lignes incomparables : Bizerte et Bougrara, mettant en rapport le Tchad et la Méditerranée par la voie la plus courte.

Théorie et application du système de l'heure décimale,

Par M. Henri de Sarrauton (S. G. Alger),
étude déposée par l'amiral Servan.

On s'accorde généralement à reconnaître que la division du jour en vingt-quatre heures est définitivement établie, et qu'il est et sera, à tout jamais, impossible d'instituer un jour purement décimal de 10, 20, 50 ou 100 parties, ou un jour à peu près décimal de 40 parties[1]. Mais quelques personnes, même fort instruites,

---

[1]. Voir, à ce sujet, dans les procès-verbaux des séances de la Commission de décimalisation, les arguments par lesquels MM. Lœwy, Poincaré, Lallemand, Noblemaire, ont établi l'impossibilité de changer la division du jour. Voici, par exemple, un extrait de la séance du 17 mars 1897 :

« M. le général de la Noë demande s'il est vraiment nécessaire d'employer le même mode de division pour le temps civil et le temps astronomique : laissons le

considèrent cette impossibilité comme regrettable ; croient que le jour décimal serait un progrès ; estiment que la décimalisation de l'heure est une mesure incomplète, un compromis illogique. D'après elles, si le système de l'heure décimale a l'avantage d'être facilement et immédiatement réalisable, les systèmes proposés par Laplace et par ses imitateurs auraient l'avantage de présenter un caractère plus scientifique. Leur théorie serait régulière et rationnelle, tandis que le système de l'heure décimale serait purement empirique.

C'est une erreur. Ce dernier système n'est pas moins scientifique que pratique. Il s'appuie sur une théorie inébranlable.

C'est ce dont la première partie de cet exposé fournira la démonstration. Ensuite je montrerai les avantages de la décimalisation de l'heure et de l'arc du cercle correspondant.

I

En algèbre, on a l'habitude de prendre pour unité angulaire l'arc dont la longueur est égale au rayon. Cette convention est fort utile dans l'analyse mathématique, mais elle est inadmissible en géométrie appliquée puisqu'elle conduirait à diviser le limbe d'un cercle géodésique en parties inégales. Dans la pratique, la circonférence doit nécessairement être exprimée par un nombre entier. Ce nombre entier peut être quelconque. Toutefois, pour diviser la circonférence, tous les nombres ne sont pas également bons. Au premier examen, tout le monde reconnaîtra, par exemple, que, pour cet objet, le nombre 23 serait très mal choisi. Quelle est la loi qui donne la série des nombres qu'il convient de choisir pour diviser la circonférence ? On la découvre par les considérations suivantes :

Deux points donnés sont nécessaires et suffisants pour déterminer une droite; donnés, c'est-à-dire deux points dont la distance ne soit ni nulle ni infinie.

public à ses vieilles habitudes, éliminant ainsi le principal obstacle à la réforme, et choisissons le système le plus commode pour les usages scientifiques.

« M. Lœwy répond que ce dualisme est impossible. Les résultats des calculs astronomiques doivent être traduits dans une langue accessible au public. C'est seulement sous cette forme que l'on peut les publier dans l'Annuaire.

« Il ajoute qu'il y a un point sur lequel les membres de la Commission sont d'accord, c'est la nécessité de conserver le jour de 24 heures. »

Car, si elle était nulle, les deux points n'en feraient qu'un seul, et si elle était infinie les deux points, rejetés au delà de tout espace concevable, n'auraient aucune réalité.

Quatre points donnés, quelconques, déterminent donc deux droites, et lorsque deux de ces points coïncident, les deux droites se coupent et forment un angle.

Trois points donnés sont donc nécessaires à déterminer un angle. Mais trois points déterminent aussi un triangle, et, par conséquent, un angle fait toujours partie d'un triangle explicitement ou implicitement défini.

Il est vrai que l'on peut considérer des quantités angulaires plus grandes qu'une demi-circonférence et qui, à proprement parler, ne sont pas des angles, mais des sommations d'angles. On peut aussi considérer un angle véritable indépendamment des autres éléments du triangle dont il fait nécessairement partie. Mais alors on fait intervenir des fictions mathématiques, des abstractions analogues à celles qui permettent de considérer, comme unité, un régiment, réunion d'unités; de considérer la couleur indépendamment de tout objet coloré, la pesanteur indépendamment de tout objet pesant, le mouvement indépendamment de tout corps mû.

Dans le concret, un angle fait toujours partie d'un triangle, et dans tout problème posé où entre un angle, fixe ou variable, il est toujours aisé de découvrir le triangle auquel il appartient.

L'angle est une quantité, par suite, susceptible de mesure, et toute mesure suppose une unité.

Puisque l'angle fait partie intégrante du triangle, c'est donc dans le triangle que l'on doit chercher l'unité angulaire naturelle et rationnelle, et elle sera évidemment donnée par le triangle qui sera tel que ses trois angles puissent être représentés par les nombres 1, 2, 3, si ce triangle existe.

Chacun sait qu'il existe en effet, et qu'on le forme en menant une droite de l'un des sommets du triangle équilatéral au milieu du côté opposé.

Il y a, entre ce triangle et le cercle, des relations remarquables :

L'angle-unité, porté au centre, intercepte la douzième partie de la circonférence. Son sinus est $\frac{1}{2}$.

L'angle de deux unités correspond au côté de l'hexagone inscrit égal au rayon. Son sinus est $\sqrt{\frac{3}{4}}$.

L'angle de trois unités est l'angle droit, dans lequel sont comprises les valeurs absolues des fonctions circulaires.

On voit combien est instructive l'étude de ce triangle. En nous fournissant l'unité angulaire rationnelle, il nous apprend que la naturelle division du cercle est duodécimale. 12 est le plus petit des nombres aptes à mesurer le cercle. Puis viennent les multiples de 12 : 24, 36, 48, 60, 72, 84, 96, etc.

Il va encore nous apprendre une chose confirmée par d'autres considérations mathématiques : c'est que si nous avions le choix d'un système de numération, de fortes raisons nous inclineraient à choisir la numération duodécimale, car alors la mesure du cercle pourrait être la base même de la numération, convention fort utile et fort logique.

Malheureusement, nous n'employons pas la numération duodécimale. Tous les peuples semblent s'être entendus pour adopter la numération décimale, bien moins avantageuse. Mais ce n'est pas une raison, parce que l'on a fait une convention maladroite, pour violer la loi naturelle qui veut que le nombre mesurant le cercle soit 12 ou un multiple de 12.

L'unité angulaire absolue, tirée du triangle, est purement géométrique, indépendante de tout système de numération. Quel que soit le système de numération adopté, la division de la circonférence doit rester duodécimale.

Le jour, qui résulte de la révolution de la Terre sur son axe, n'est autre chose qu'un cercle exprimé en temps, et, par conséquent, la division du jour doit être duodécimale comme celle du cercle.

Si le jour duodécimal n'existait pas, il faudrait l'instituer. Heureusement il existe puisque tous les peuples, bien inspirés cette fois, sont tombés d'accord pour admettre l'excellente division du jour en vingt-quatre heures.

Avec la numération duodécimale peut-être y aurait-il lieu de regretter que le jour et le cercle ne fussent pas mesurés par le nombre douze (qui s'écrirait 10), base de la numération. Mais avec la numération décimale, il n'y a, au contraire, que des avantages à dédoubler l'unité angulaire absolue, et à accepter, pour l'usage scientifique, la division du jour en vingt-quatre heures, déjà admise dans l'usage vulgaire.

Toutes les considérations historiques, psychologiques, mathématiques, s'accordent à établir que cette division est la meilleure possible, et qu'elle est en harmonie avec les instincts, les besoins, les conditions d'activité de l'espèce humaine. A différentes époques et chez différents peuples on a divisé le jour soit en 10, soit en 20, soit en 8, soit en 16 parties [1]. Toutes ces divisions se sont évanouies devant le jour chaldéen de vingt-quatre heures, dont l'origine remonte à 60 siècles. La science et l'usage universel sont donc ici d'accord.

Mais, si la division du jour en vingt-quatre heures est parfaite, la division de l'heure en 60 minutes est devenue absurde. Elle a eu sa raison d'être dans les temps reculés où l'on ne savait représenter les nombres que par des lettres de l'alphabet et où l'usage du zéro n'était pas connu. Alors il y avait quelque avantage à compter tantôt par 10, tantôt par 12, et 60, plus petit multiple de ces deux nombres, servait de transition entre les deux systèmes. Mais aujourd'hui, l'unité de numération est imposée, et par notre méthode rationnelle et définitive de transcription des nombres, et par l'emploi du calcul logarithmique. La division de l'heure et du degré en 60 minutes, reste des âges préhistoriques, n'est donc plus admissible. Il faut appliquer la loi décimale à l'unité de temps et à l'unité d'angle comme à toutes les autres unités. A le faire, on trouve un bénéfice énorme.

Le cercle et le jour solaire moyen divisés en 24 unités, afin de se conformer à la théorie qui régit l'expression numérique du cercle, puis ces unités divisées et subdivisées conformément au principe de la numération régnante, voilà, en quelques mots, tout le système de l'heure décimale.

Comparé aux systèmes qui ont le jour décimal pour base et qui, tous, ne sont que des imitations plus ou moins heureuses du système de Laplace, je dis qu'il leur est supérieur à tous les points de vue.

D'abord il a sur eux cette supériorité reconnue d'être réalisable,

---

[1]. Bouquet de la Grye, Rapport à la Commission de décimalisation, en date du 3 mars 1897.

et même, facilement et immédiatement réalisable. Les autres ne le sont pas. De ces deux institutions également universelles : le jour duodécimal, la numération décimale, celle qui, dans la suite des temps, est destinée à disparaître, ce n'est pas le jour duodécimal qui est excellent, c'est la numération décimale qui est défectueuse.

Mais, en outre, je prétends que l'heure décimale est supérieure au système de Laplace et à ses dérivés, abstraction faite de toute application, et dans la théorie pure.

Que font, en effet, Laplace et ses imitateurs? Ils s'emparent de la numération en vigueur, et la font passer dans la mesure du jour et du cercle sans se préoccuper de savoir si elle convient à cette mesure. Le hasard a voulu que l'on compte par dix. Ils proposent donc un jour et un cercle de 10, 20, 40 ou 100 parties. Si l'usage s'était établi de compter par huit, ils proposeraient tout aussi bien un jour de 8, 16, 32 ou 64 parties.

C'est de l'empirisme au premier chef.

Au contraire, l'heure décimale n'a rien d'empirique dans ses premiers principes. Une loi géométrique, découverte et appliquée dès les temps les plus reculés, veut que la circonférence soit exprimée numériquement par un multiple de 12. Avant toute chose on obéit à cette loi, et l'on n'adopte l'échelle arithmétique usuelle que dans les subdivisions de l'unité fournie par la théorie pure. L'empirisme vient donc plus tard que dans les autres systèmes.

Mais, dira-t-on, n'est-ce pas par empirisme, n'est-ce pas parce que vous le trouvez établi que vous préférez le nombre 24, et au nombre 12 qui est le premier indiqué, et au nombre 36 qu'avaient choisi les premiers géomètres?

Je ne conteste nullement que c'est la division du jour en 24 heures qui a déterminé mon choix. Si je trouvais usité un jour de 36 parties il est bien vraisemblable que je proposerais avec Brigss un cercle de 360 degrés décimaux.

Cependant le choix du nombre 24 se justifie par certaines considérations théoriques. Entre autres, en voici une : dans le jour et dans le cercle de 24 heures la huitième partie du jour et la moitié de l'angle droit sont exprimées par un nombre entier, ce qui n'a pas lieu dans le jour et dans le cercle de 12 et de 36 parties.

On voit donc, en définitive, que le système de l'heure décimale repose sur des principes théoriques inattaquables. Il est, à la fois, savant et populaire.

II

Comme je l'ai dit ailleurs [1] : « Ce qu'il faut rechercher, ce n'est pas une division de la circonférence bonne pour un objet déterminé, mais une division universellement bonne, et qui, présentant réunis les avantages principaux que les multiples divisions actuellement en usage présentent séparément, se substitue à elles, dans un avenir plus ou moins rapproché. »

On ignore généralement qu'il existe un assez grand nombre de divisions usitées de la circonférence. J'en connais six :

1° Division en 360 degrés sexagésimaux (Tables de Callet, de Schrön, etc.);

2° Division en 360 degrés décimaux (Tables de Bremiker);

3° Divisions en 400 grades (Tables du Service géographique de l'Armée);

4° Division en 100 gones (Tables de M. de Mendizabal y Tamborrel);

5° Division en 24 parties sexagésimales (usitée en géologie et dans le système des fuseaux horaires);

6° Division en 240 degrés (d).

Cette dernière, bien qu'elle soit toute récente, est déjà entrée dans la pratique. La montre décimale divisant le jour en 24 heures, 240 degrés, 2 400 minutes, 24 000 primes et 240 000 secondes se construit couramment en France et à l'étranger. Des maisons de premier ordre comme les maisons Lange, de Glashütte (Saxe), Paul Ditisheim, de la Chaux-de-Fonds (Suisse), Ernest Tissot (Paris) construisent, dans ce système, des chronographes et des chronomètres. Il existe des sextants, des boussoles, des tachéomètres, des règles à calculs divisés en 240 degrés (d). On peut donc, dès à présent, ranger cette division parmi les divisions usitées du cercle.

On connaît les inconvénients du système 360 sexagésimal. Ces

---

1. *L'heure décimale et la division de la circonférence*, E. Bernard, éditeur, Paris.

inconvénients devinrent encore plus manifestes et fort gênants après l'invention des logarithmes, et c'est pour y remédier que Briggs proposait, dès le XVIe siècle, de décimaliser le degré.

Le système des 400 grades mérite, à la fois, l'extrême éloge et l'extrême blâme. Excellent à certains points de vue, il est détestable à certains autres. Il est fort commode dans les calculs trigonométriques, mais il se trouve en contradiction avec la loi mathématique qui indique un multiple de 12 comme mesure naturelle et rationnelle de la circonférence. Ce n'est pas la seule loi qu'il transgresse. Sous prétexte de décimalisation, il fournit, comme mesure du jour et de la circonférence, une expression numérique qui n'est pas décimale, puisque 4 n'est pas un diviseur de 10. Remplacer le nombre 360 par le nombre 240, c'est seulement admettre, dans la Science, une évolution dont le but est évident et l'utilité très grande. Mais remplacer le nombre 360 par le nombre 400, c'est faire une révolution. Or les révolutions ne sont absoutes que quand elles réussissent. Celle-ci a échoué puisqu'il est maintenant bien évident que l'on ne remplacera le jour de 24 heures ni par le jour de 10 parties qu'avaient rêvé les auteurs de cette révolution, ni par un jour de 40 parties qui serait la conséquence logique de l'adoption définitive du cercle de 400 grades.

Ce sont ces graves défauts du système 400 qui ont porté quelques savants à proposer de le remplacer par le système des 100 gones.

Ce système est théoriquement excellent dans certains problèmes d'astronomie et de mécanique, parce qu'il ramène à la plus extrême simplicité le calcul des vitesses angulaires et la réduction des arcs comprenant plusieurs circonférences. Mais ses utiles applications sont trop limitées pour qu'il puisse prétendre à un succès universel. Il ne peut que prouver combien une division purement décimale convient mal à la circonférence. Le gone et le demi-gone sont des unités beaucoup trop grandes. On ne peut diviser le gone en 4 parties, car il faudrait alors employer un vernier de 25 parties qui s'étendrait sur une trop grande portion du cercle. La plus grande division admissible est le cinquième du gone. Ainsi, dans ce système, la circonférence vaut 100 ou 500 et l'angle droit vaut 25 ou 125. Pour mesurer cet angle important du cercle il est difficile de trouver des nombres plus mauvais. Avec une circonférence C valant 500 et un vernier de

20 parties (le seul admissible), on obtient $\frac{1}{10\,000}$ C; tandis que dans le système 240, avec une circonférence valant 480 et un vernier de 25 parties, on obtient $\frac{1}{12\,000}$ C. Si l'on divise le gone en 10 parties, ce qui fait l'angle droit égal à 250 et la circonférence égale à 1 000, le vernier de 50 parties est inadmissible comme trop étendu. On obtient, avec un vernier de 25 parties, $\frac{1}{25\,000}$ C; tandis que, dans le système 240 avec C = 1 200 et un vernier de 40 parties, on obtient $\frac{1}{48\,000}$ C. De toutes les divisions admises ou proposées du cercle, la division en 100 gones est celle qui se prête le moins bien à l'adaptation du vernier. On peut donner comme certain que ce système est sans avenir.

Chacun des systèmes que nous venons de passer en revue « est bon pour un objet déterminé » et l'emporte sur les autres dans une application spéciale. Mais nul d'entre eux n'est « universellement bon »; nul d'entre eux n'est capable de réussir dans toutes les applications, d'envahir la science tout entière.

Ce caractère d'utilité universelle appartient à la seule division en 240 degrés (d). Elle réunit en elle, non pas tous les avantages, mais les avantages principaux qui se trouvent disséminés dans les autres. Comme la division en 360 degrés, elle est conforme à la théorie, et elle exprime par des nombres simples les angles importants du cercle. Comme la division en 400 grades, elle est décimale. Comme la division en 24 heures, elle assimile le jour au cercle, à la seule condition de diviser l'heure décimalement, ce qui, dans un autre ordre d'idées, profite à tout le monde et ne gêne personne [2].

Si donc les savants et les législateurs de la fin du siècle dernier ont bien fait de remplacer les diverses toises par le mètre, ce qui a eu pour résultat : 1° de simplifier les calculs en les rendant décimaux ; 2° d'établir l'uniformité dans les mesures; les savants et les législateurs du xxe siècle feraient également bien de remplacer les multiples divisions de la circonférence par la division

---

1. « Si, comme il y a lieu de le supposer, les physiciens préfèrent ne rien changer au système actuel des unités électriques, ils ne seraient pas gênés par ce fait que leur unité fondamentale, la seconde sexagésimale, ne coïncidera pas avec celle dont se serviront les astronomes. Il est rare, en effet, que l'on ait, dans l'application des unités électriques, à effectuer une mesure de temps. Les opérations courantes, comme la comparaison de deux résistances, par exemple, n'en exigent pas. » (Poincaré, de l'Académie des sciences.)

en 240 degrés (d), puisque le but à atteindre est exactement semblable.

L'adoption de cette division serait un progrès scientifique considérable, et il est de la dernière évidence qu'au point de vue général elle est supérieure à toutes les autres.

III

Nous allons voir que cette division en 240 degrés est encore excellente au point de vue particulier des calculs trigonométriques. Pour nous en convaincre, nous allons la comparer à la division en 400 grades qui, très mauvaise au point de vue général, puisqu'elle est contraire à la théorie qui exige que le jour et le cercle soient assimilés et duodécimaux, est, du moins, la meilleure de toutes au point de vue géodésique pour lequel elle a été spécialement conçue.

Complément, supplément.

Dans la division en 400 grades :

Pour obtenir le complément d'un angle, retranchez tous les chiffres de 9, excepté le dernier à droite qu'il faut retrancher de 10;

Pour obtenir le supplément d'un angle, retranchez les dizaines de grades de 19 et tous les autres chiffres de 9, excepté le dernier à droite qu'il faut retrancher de 10.

Dans la division en 240 degrés :

Pour obtenir le complément d'un angle, retranchez les dizaines de degrés de 5 et tous les autres chiffres de 9, excepté le dernier à droite qu'il faut retrancher de 10;

Pour obtenir le supplément d'un angle, retranchez les dizaines de degrés de 11 et tous les autres chiffres de 9, excepté le dernier à droite qu'il faut retrancher de 10.

On voit qu'il n'y a pas de différence appréciable. Ces opérations se font avec une égale rapidité dans les deux systèmes.

Angles excédant une circonférence.

Il y a deux cas très dissemblables :

Dans le premier cas, l'angle résulte d'une répétition. Il faut diviser par le nombre de répétitions. Supposons, par exemple, qu'un angle répété 16 fois ait produit : 276^d,0496.

$$276^d,0496 : 16 = 17^d,2531.$$

Dans la division en 400 grades on agirait exactement de même et les calculs ne seraient ni plus ni moins compliqués.

Dans le second cas, les angles se sont ajoutés et ont produit une somme qu'il faut conserver telle qu'elle est, mais ramener à être plus petite qu'un angle droit pour pouvoir chercher, dans les tables, ses lignes trigonométriques.

Il faut donc diviser par le nombre mesurant la demi-circonférence et, en outre, prendre le supplément du reste, s'il est nécessaire.

C'est-à-dire que dans la division 240 il faut diviser par 12 et dans la division 400 diviser par 2.

L'avantage est à cette dernière.

Mais, dans la pratique, cet avantage disparaît presque complètement, parce que cette division peut être remplacée par une simple soustraction. Établissez une petite table des premiers multiples de 12, et il vous suffira de retrancher du nombre donné le multiple qui s'en rapproche le plus. Étant donné, par exemple, l'angle 731^d,2593, la table me donne comme multiple de 12 le plus rapproché : $12 \times 60 = 720$. Je retranche 720 et j'obtiens : 11^d,2593. C'est l'angle que je dois chercher dans des tables.

Transformation des documents anciens.

Théoriquement, pour passer de la division 360 à la division 400, il faut convertir l'angle donné en fraction décimale du degré et en prendre les $\frac{10}{9}$.

Pour passer de la division 360 à la division 240, il faut convertir l'angle donné en fraction décimale du degré et en prendre les $\frac{2}{3}$.

Pratiquement, la transformation ne se fait jamais ainsi, mais toujours à l'aide de tables, ce qui met toutes les divisions possibles sur le même rang au point de vue des calculs à faire pour passer de l'une à l'autre.

Mais si les calculs sont identiques les résultats sont différents, et l'avantage appartient au système 240, attendu que les cas où la conversion se fait exactement sont trois fois plus nombreux avec celui-ci qu'avec le système 400. Avec le système 400 la conversion n'est exacte que lorsque le nombre à convertir est divisible par 9; tandis qu'avec le système 240 la conversion est exacte toutes les fois que le nombre à convertir est divisible par 3 :

$1^g = 1^g,111.1...$ $1'' = 0^d,666.6...$
$2 = 2 ,222.2...$ $2 = 1 ,333.3...$
$3 = 3 ,333.3...$ $3 = 2$
$4 = 4 ,444.4...$ $4 = 2 ,666.6...$
$5 = 5 ,555.5...$ $5 = 3 ,333.3...$
$6 = 6 ,666.6...$ $6 = 4$
$7 = 7 ,777.7...$ $7 = 4 ,666.6...$
$8 = 8 ,888.8...$ $8 = 5 ,333.3...$
$9 = 10$ $9 = 6$

Opérations sur les angles et les fonctions circulaires.

L'immense avantage des divisions décimales est la suppression des nombres complexes. Une quantité angulaire entre dans une proportion absolument comme les autres quantités. L'addition et la soustraction se font suivant les règles ordinaires. Le calcul sur les petits arcs est grandement simplifié. Si j'ai à chercher, par exemple, sin $0^d,135320$,

$\frac{\sin x}{x}$ étant. . . . . $\bar{2},4179677$

j'y ajoute log $0^d,135320$. . . $\bar{1},1312399$

et j'obtiens log sin $0^d,135320 = \bar{3},5492076$

On évite ainsi la transformation des arcs en secondes qui est une perte de temps et augmente considérablement les chances d'erreurs.

De ce chef, l'égalité est absolue entre les systèmes 400 et 240.

Instruments.

Les cercles réitérateurs, usités en géodésie pour les mesures de haute précision, emploient des microscopes à vis micrométriques qui permettent d'obtenir une précision égale avec toutes les divisions possibles. Il n'en est pas de même avec les instruments ordinaires et de beaucoup les plus répandus qui emploient le vernier. Pour ces instruments la division première adoptée pour le cercle influe beaucoup sur la précision. Ici l'avantage appartient à la division 240. Les instruments similaires, c'est-à-dire de mêmes dimensions et de même prix, lorsqu'ils sont divisés en 240 degrés, donnent toujours plus de précision que lorsqu'ils sont divisés en 400 grades. Ainsi, la maison Guyard et Canary, de Paris, construit des tachéomètres qui donnent le double centigrade, $0^g,02$ soit $\frac{1}{20\,000}$ de la circonférence. Elle divise aussi le même instrument en 240^d et alors il donne la prime, $0^d,01$, soit $\frac{1}{24\,000}$ de la circonférence.

Concordance avec les unités de longueur.

La division 400 ayant servi de base au système métrique, est évidemment supérieure à toutes les autres au point de vue de la concordance des angles et des arcs. Elle offre l'avantage de faire disparaître le mille marin qui devient égal au kilomètre.

Il ne faut pas, toutefois, s'exagérer cet avantage. S'il subsiste entier en navigation, où l'on n'a besoin que de mesures approximatives, il s'évanouit complètement dans les applications scientifiques, où l'exactitude est de rigueur. Le mètre n'étant pas exactement la quarante-millionième partie du méridien, et la Terre n'étant pas sphérique, on commettrait, en géodésie, par exemple, les erreurs les plus grossières si l'on admettait la concordance des angles et des arcs. Le développement du centigrade est, à l'équateur, de $995^m,082$. Dans quelle application scientifique pourrait-on admettre un kilomètre de 995 mètres? Une telle erreur serait beaucoup trop forte, même s'il s'agissait seulement de placer des bornes kilométriques sur une route.

L'existence d'un mille marin, qui est actuellement égal à 1852 mètres, est sans inconvénient pour les marins qui font continuellement usage de cette unité. Il n'en est pas de même pour le public. Lorsque l'on rencontre, dans un ouvrage de marine, une distance exprimée en milles, on ne peut s'en faire une idée sans la transformer en kilomètres, parce que, pour qu'un chiffre parle à l'imagination, il faut qu'il exprime des unités, non pas seulement connues, mais encore habituelles. C'est une gêne que tout le monde a ressentie.

La nouvelle division ne supprimera pas cette gêne, mais elle l'atténuera considérablement, parce que la conversion deviendra extrêmement facile. Dans le système 240, le mille marin devient égal à 1 667 mètres ; 3 milles valent 5 kilomètres, 6 milles valent 10 kilomètres. En divisant par 6 le nombre exprimant une distance donnée en milles (nouveaux), on obtient donc cette distance en myriamètres. Ainsi, Alger étant à 450 milles (nouveaux) de Marseille, le plus simple calcul m'apprend que cette distance est de 750 kilomètres.

IV

Conclusion. — On voit, en résumé, qu'au point de vue des calculs trigonométriques, la division 240 supporte parfaitement la comparaison avec la division 400 qui, à ce point de vue spécial, est, sans contredit, la plus commode de toutes. Comme, à tout autre égard, elle est incomparablement supérieure, non seulement à cette dernière, mais à toutes les autres, existantes ou proposées, il est facile de conclure que son adoption serait un très grand progrès sur l'état de choses actuel.

Ce progrès consiste en ceci :

1° Décimalisation de l'unité de temps, ce qui simplifie beaucoup les calculs où entre la notion du temps : débit d'un cours d'eau, d'une source, d'un robinet; vitesse d'un mobile; espace parcouru par un véhicule, etc., etc.

2° Décimalisation de l'unité angulaire fournie par la géométrie, ce qui simplifie les calculs trigonométriques, et diminue considérablement les chances d'erreur, tout en permettant d'exprimer par des nombres simples les angles importants du cercle.

3° Assimilation du jour et du cercle, ce qui produit les simplifications les plus heureuses dans toutes les sciences où se combinent les quantités horaires et angulaires (astronomie, géographie, mécanique), permet aux marins peu instruits d'aborder les calculs nautiques[1], et met à la portée des élèves des écoles primaires des

---

1. « A l'heure actuelle, il faut aux officiers de marine trois années consécutives à raison de deux exercices par semaine, pour se familiariser avec la pratique des calculs, abstraction faite de tout enseignement théorique, et des années de préparation à l'école navale.

« Il est évident qu'on ne peut demander une préparation analogue à des patrons

questions réservées aujourd'hui à l'enseignement secondaire, quelquefois même à l'enseignement supérieur.

4° Enfin, dans un avenir plus ou moins éloigné, les multiples et abusives divisions du cercle disparaissent; elles tombent en désuétude parce qu'elles n'ont plus de raison d'être, la division en 240 degrés (d) pouvant les remplacer toutes; l'ordre, la clarté, l'unité, règnent dans la science ; le système décimal est achevé; l'identité entre les unités vulgaires et les unités scientifiques est réalisée, ce qui est le moyen le plus efficace de vulgariser la science.

Note de M. CASPARI, ingénieur hydrographe en chef, à propos du système de M. H. de SARRAUTON.

Le système de M. de Sarrauton a pour lui d'avoir réuni une majorité au Bureau des Longitudes, en ce qui concerne la division du jour. Mais la commission n'a pas accepté la réforme en son ensemble, elle a laissé de côté la division de la circonférence.

Si la question d'ensemble n'était posée qu'au point de vue théorique, ce système complet présenterait évidemment certains avantages, et nous ne méconnaissons pas la simplification qui en résulterait pour les calculs.

Mais, en l'état actuel, pour apprécier une réforme de ce genre, il est nécessaire d'avoir égard à ce qui existe : la meilleure sera celle qui produira le minimum de trouble dans l'application.

Il faut d'abord bien distinguer entre le grand public et les savants : pour le premier, la division de la circonférence est indifférente, et le jour de vingt-quatre heures *divisées sexagésimalement* est en possession d'état. Ce n'est pas de lui que vient le désir d'une réforme, mais uniquement de quelques calculateurs.

---

qui embarquent dès leur sortie de l'école primaire. Ces patrons, devenus d'exellents marins à tous les autres points de vue, sont choisis pour commander les petits navires que nos ports du nord envoient chaque année à Terre-Neuve et en Islande, et un grand nombre d'entre eux n'ont aucune notion sur les calculs et les observations nautiques.

« Assurément on n'aura pas éliminé toutes les difficultés qui rendent le problème inabordable en simplifiant les unités, mais je n'hésite pas à dire que les complications du système actuel constituent un des principaux obstacles à la diffusion des connaissances nécessaires à la navigation. » (Guyou, capitaine de frégate, membre de l'Institut et du Bureau des longitudes).

Pour les mécaniciens et physiciens, le temps est une grandeur d'une espèce particulière, la variable indépendante; ils tiennent à garder la seconde au même titre que le gramme et le centimètre, puisque l'adoption d'une autre unité de temps changerait toutes les constantes dérivées du système C. G. S.

Pour les astronomes, l'unité de temps est tout d'abord le jour solaire moyen, lequel d'ailleurs ne peut pas se déterminer directement, mais dépend de toute une série d'observations et de calculs. Les réductions des observations astronomiques sont évidemment facilitées par l'emploi du système décimal, mais l'avantage serait clairement ici pour le jour de dix heures de Laplace, et pour la division du cercle en 400 grades. Comme on a souvent à considérer des angles de plus d'une circonférence et des périodes de plus d'un jour; comme, d'ailleurs, les angles figurent généralement dans les calculs de réduction par leurs lignes trigonométriques, c'est le système des 400 grades qui convient le mieux : c'est ainsi que Le Verrier évalue par exemple les longitudes des astres pour les calculs de perturbations.

En pratique, le Service géographique de l'Armée et d'autres services publics importants ont adopté l'angle droit de 100 grades. Il existe des instruments nombreux divisés ainsi : la réforme se trouverait donc à moitié faite. En attendant qu'on construise plus de tropomètres décimaux analogues à ceux qu'on expérimente dans la marine, et dont nos officiers se sont déclarés très satisfaits, les données des horloges sexagésimales se réduisent très rapidement au moyen de tables, il n'y a là rien qui puisse arrêter les calculateurs : et c'est d'eux seuls qu'il s'agit. J'ajouterai que nos officiers ne sont pas insensibles à la considération du rapport simple qui existe entre le kilomètre et la division du méridien, avec une approximation plus que suffisante dans la pratique de la navigation. Au point de vue des calculs, l'avantage de représenter $\frac{1}{4}$ de la circonférence par un nombre entier est illusoire : les lignes trigonométriques servent surtout par leurs logarithmes, et il importe peu que le sinus d'un angle quelconque soit exprimé par un nombre rationnel : l'observation ne donne jamais des angles exacts.

Le système de M. de Sarrauton, outre l'inconvénient de ne pas représenter par l'unité le jour et l'angle droit, a celui d'exiger la transformation simultanée de *tous* les instruments de mesure d'angles et de *toutes* les horloges. Il est fort douteux qu'en présence de cette double nécessité la réforme proposée puisse aboutir même en France, à plus forte raison à l'étranger, malgré la manière très ingénieuse dont elle est combinée. La substitution d'une numération duodécimale à la nôtre est encore plus problématique.

Note sur l'application du système décimal au temps et à l'angle,

Par M. J. de REY-PAILHADE.

Le congrès international de chronométrie qui vient de se tenir à Paris a discuté longuement l'application du système décimal à la mesure du temps.

Il a reconnu que son emploi rendrait de très grands services à la science.

D'autre part, les essais pratiques exécutés dans la marine française, avec des tables et des instruments gradués dans la division décimale du grade, ont obtenu un plein succès et ont prouvé que l'art de la navigation gagnera beaucoup à l'emploi de ce système si apprécié des géodésiens et des topographes.

Aussi, le congrès, dans sa séance du 2 août, a pris la décision suivante :

« Le congrès international de chronométrie nomme une commission chargée d'étudier les moyens pratiques de réaliser dans l'ordre scientifique la division décimale du temps. Cette commission fera un rapport qui sera communiqué au prochain congrès international de chronométrie. »

Dans ces conditions, je pense qu'il serait utile que le Congrès de Géographie invitât tous les cartographes à graduer les nouvelles cartes dans la division du grade ou du moins à mettre une graduation supplémentaire en grades. Ce moyen simple et facile aura les meilleurs résultats pour l'achèvement du système métrique décimal.

Le Congrès décide qu'il n'a pas à voter sur des propositions dont les auteurs ne sont pas présents à la séance.

La mission Gendron.

Par M. Camille Guy, chef du Service géographique et des Missions au Ministère des Colonies (S. G. P.).

La mission Gendron fut chargée, au mois de juin 1899, de relever tout le pays compris entre la mer, la Sangha, le Congo et la mer. Elle se composait du commandant Gendron, du capitaine Jobit, des lieutenants Lœfler et Demars. La base d'opérations choisie fut Libreville; le rendez-vous général à Bonga. Dès le début, la mission se partagea en trois groupes.

Le premier devait vérifier le méridien de l'île Alembé; le deuxième devait gagner le Haut-Ogooué et de là Ouesso et la Haute-Sangha; le troisième, accomplir, en relevant le pays, le trajet de Libreville à Franceville.

Les travaux de la mission furent interrompus en décembre 1899 parce que le commissaire général du Congo fit appel aux membres de la mission, dont M. Gentil sollicitait le concours à la suite de la mort de M. Bretonnet. Les officiers de la mission Gendron firent, naturellement, tout leur devoir, et, malgré cette interruption, nous ont rapporté des résultats géographiques de la plus haute importance.

Résultats géographiques. — La mission Gendron a déterminé exactement la composition géologique et l'aspect général du massif compris entre l'Océan à gauche et, d'autre part, le cours de l'Ogooué de N'Djolé-Franceville, prolongé par la ligne Franceville-Alima. Ces hauteurs, prolongement des monts de Cristal, se répartissent en deux grands massifs granitiques, séparés par un fossé schisteux. Le premier, compris entre l'Ogooué et le N'Gounié, orienté du nord-ouest au sud-est, a une altitude moyenne de 700 à 900 mètres.

Voies de communication. — Toutes les rivières sont coupées de cascades; cependant la Rogolié est accessible aux pirogues; le N'zéné est navigable jusqu'à N'Toum. La véritable voie d'accès à Foula-Bifoun est le golfe du Gabon et le Como, navigable jusqu'à la M'Bei, large de 80 mètres, au courant rapide et aux eaux froides, mais navigable jusqu'à Foula et permettant de pénétrer dans les chaînons des monts de Cristal. Là véritablement est le sentier qui part de la crique Eloby, conduit aux sources de la Bokoué (Bokoué vers le N.-O.; N'Guéné vers le S.-E.), qui se jette dans le Banga et mène à Djolé en dix-huit heures de pirogue. La mission étudia avec soin le projet d'une route de terre (crique Eloby; sources de la Bokoué; route de la Banga).

La mission a cherché aussi une route qui pût conduire des chutes Samba sur le N'Gounié à Franceville; elle a suivi le cours de la N'Gounié (40 mètres de large), traversé le grand plateau, puis une forêt déserte et reconnu les affluents de l'Ogooué.

Climat. — Il est très important à noter que la région reconnue par la mission Gendron possède un climat excellent; le thermomètre y varie entre 19 et 25°; les pluies, d'où dépend la production agricole, sont abondantes, souvent trop abondantes même, mais cette humidité même a développé d'une façon extraordinaire le régime forestier.

M. Camille Guy, après avoir examiné les résultats de la mission, annonce la publication prochaine de la carte de la région parcourue par elle. Cette carte sera une contribution nouvelle à l'entreprise que s'est assignée le Service géographique des Colonies, et qui consiste à faire connaître avec précision la superficie de notre domaine colonial [1].

Note sur la géographie de la houille dans la Grande-Bretagne,

Par M. E. LEVASSEUR, de l'Institut. (S. G. P.).

M. Levasseur, à propos de l'ouvrage de M. Lozé sur les charbons britanniques et leur épuisement, fait connaître l'état de l'exploitation de la houille en Grande-Bretagne et les prévisions d'avenir.

Les Iles-Britanniques possèdent 3249 exploitations réparties en divers bassins, dont six seulement ont une grande importance : bassins écossais, bassins de Durham et Northumberland, du Lancashire, du Middland, du Staffordshire et Shropshire, du pays de Galles. Ces six bassins produisent plus des neuf dixièmes du total.

[1]. Voir également les cartes publiées dans *La Géographie* du 15 mars 1901.

Cette production, estimée à 15 millions de tonnes en 1816, était de 58 millions en 1855 et s'est élevée à 202 en 1898 (220 même en 1899).

Les Anglais se sont inquiétés depuis 1860 de cette énorme extraction et des chances d'épuisement. Des travaux de la commission de 1866 et d'ingénieurs très compétents, comme MM. Hull et Brown, il résulte que, jusqu'à une profondeur de six cents mètres, il y aurait 15 milliards de tonnes, lesquels suffiraient à la consommation probable d'un demi-siècle, et que si l'on descend à douze cents mètres, le total des houilles existantes pourrait s'élever à 82 milliards, soit à la consommation de trois siècles. Cette arithmétique politique est très intéressante et est un avertissement pour l'Angleterre; mais M. Levasseur ne croit pas qu'on puisse déterminer, à plusieurs siècles de distance, ni la production de la houille dans le monde, ni les créations de l'industrie humaine et l'état économique qui en résultera [1].

Monographies départementales,

Par H. BARRÉ (déposé sur le bureau par M. Léotard, S. G. M.).

Nos provinces et nos communes ont retrouvé leurs titres, repris conscience de leur vie propre. Chaque unité tend à jouir du maximum d'autonomie compatible avec les besoins de la cohésion nationale, et la force des choses veut que ce mouvement, parti des divers points de la circonférence, entraîne enfin le pouvoir central lui-même puisqu'en attendant mieux, celui-ci s'est décidé à créer de véritables universités provinciales.

Ce phénomène sociologique correspond au développement de la production intellectuelle dans toutes les branches relatives aux questions régionales et locales. A un point de vue particulier, on peut déjà rêver pour notre pays une histoire et une géographie aussi adéquates que possible à la réalité.

En attendant la réalisation, peut-être encore bien lointaine, de cette œuvre immense, il est fâcheux qu'il ne se soit pas au moins

---

1. Lire dans *La Géographie, Bulletin de la Société de Géographie*, 15 novembre 1900, p. 356-363; Paris, Masson, éditeur.

produit entre les corps élus, les administrations, et les sociétés savantes des départements, une entente à l'effet de publier, à des intervalles fixes et assez rapprochés, de sérieuses monographies historiques, géographiques et statistiques. Cette lacune est d'autant plus regrettable que lorsque toute vie locale était étouffée, sous le Consulat et l'Empire, les préfets ordonnèrent l'exécution de travaux de ce genre dans la plus grande partie du pays. Leur collaboration, leur direction même parfois ne firent pas défaut aux érudits chargés de la rédaction ; et la période 1800-1812 est peut-être la plus féconde en bonnes descriptions régionales.

Dans mon département, néanmoins, ce n'est pas à l'Empire, mais à la Restauration que l'on doit le remarquable ouvrage connu sous le titre de « Statistique des Bouches-du-Rhône ». Ce travail si digne d'éloges a le défaut de remonter à plus de soixante-dix ans. Peut-être, grâce au Congrès, en obtiendrons-nous la mise au point.

La statistique des Bouches-du-Rhône, rédigée par Toulouzan, Sauze, Négrel-Féraud, etc., sous la direction du préfet Christophe de Villeneuve-Bargemon, comprend 4 forts volumes in-4°, avec un atlas (1821-29) et une table (1841).

Elle se divise en 10 livres : topographie physique ; histoire naturelle ; antiquités ; topographie administrative ; état social ; établissements et travaux publics ; agriculture ; industrie ; commerce ; contributions.

Dans le 1er livre, on examine successivement les montagnes, les plaines, les vallées, les étangs et marais, les côtes ; il se termine par les résultats du nivellement refait à cette occasion.

L'histoire naturelle (livre II) comporte 10 chapitres : la météorologie, avec 10 tableaux d'observations ; l'hydrographie, comprenant l'étude de la mer, des eaux minérales, des eaux potables et des cours d'eau ; la minéralogie ; les fossiles ; la géognosie, les mines et carrières ; la botanique ; la zoologie ; l'anthropologie ; enfin les influences physiques et les maladies. Presque tous sont terminés par des résultats d'ensemble.

Le livre III, consacré aux antiquités, forme quatre sections.

La première embrasse toute l'histoire du pays depuis la période ligure jusqu'en 1816 et présente dix tableaux chronologiques relatifs aux rois, comtes, vicomtes, magistrats, prélats, etc.

En seconde ligne vient la géographie ancienne, subdivisée par époques, et terminée par des tables donnant, entre autres documents, les lieux cités par Ptolémée, l'itinéraire d'Antonin et celui de Bordeaux à Jérusalem.

L'archéologie proprement dite, ensuite, étudie les monuments préhistoriques, celtiques, etc., sous la dénomination générale de « ligures »; puis ceux des périodes grecque et romaine, du moyen âge et de la Renaissance.

La dernière section (ancienne administration) traite des États et Assemblées, des circonscriptions, des fonctionnaires du roi ou de la province, des impositions, du régime municipal de Marseille et de huit autres villes, de l'organisation judiciaire et des archives.

Le livre IV (topographie administrative) n'a que deux subdivisions.

L'une, relative aux cultes, à l'organisation judiciaire moderne, à l'administration militaire, maritime, des ponts et chaussées, des mines et des postes et télégraphes, comprend à la fin 10 tableaux administratifs; l'autre décrit l'administration départementale de 1790 à l'an VIII et postérieurement à cette date; on y trouve un excellent travail de plus de 400 pages sur les statistiques communales.

Le livre V (état social) débute par des études sur l'histoire de la population avec 5 tableaux, et sur la population de 1826 avec 32 tableaux, plus 4 états de comparaison entre les résultats locaux, ceux de Paris et ceux du pays entier. Il continue par une statistique des diverses consommations locales, suivie d'un tableau comparatif à ce sujet entre Marseille, le reste du département, Paris et la France.

Puis vient une dissertation remarquable sur la langue provençale, accompagnée de textes du xie au xixe siècle.

Le reste de la division a trait aux mœurs et coutumes et à la biographie.

Le livre VI (établissements et travaux publics) comporte d'abord trois chapitres sur les établissements sanitaires et leur histoire, les œuvres d'intérêt social et l'instruction publique; il en a quatre sur les routes et ponts, etc., la navigation et les ports, les canaux, la Durance, les irrigations et dessèchements, et les édifices publics.

Le livre VII (agriculture) commence par la topographie rurale, qui traite des régions agricoles, des régions incultes et des forêts, enfin des propriétés.

Une autre subdivision s'occupe de la petite et de la grande culture, de l'horticulture, des engrais, de l'année agronomique, des coutumes et préjugés et des divers modes d'exploitation directe ou par intermédiaires ; enfin des récoltes, réparties en 114 articles. La dernière section a rapport aux animaux domestiques, à la police rurale et aux projets d'amélioration.

Dans le livre VIII (industrie) on passe en revue les spécialités relatives à l'alimentation, au vêtement, à l'hygiène, au bâtiment et à l'ameublement y compris le chauffage et l'éclairage, aux besoins intellectuels, aux transports, à la marine, à la guerre et aux arts mécaniques et chimiques.

Le livre IX (commerce) n'a que deux chapitres : le premier est relatif à l'histoire du commerce dans ses moindres détails depuis les lois rhodiennes jusqu'en 1828 : il est, du reste, très important aux yeux de tous ceux qui veulent étudier nos anciennes compagnies commerciales et l'histoire de la chambre de commerce de Marseille, prototype des institutions analogues actuelles. Le second expose, à l'aide de 17 tableaux, les données concernant l'importation et l'exportation d'une part, le commerce intérieur et extérieur de l'autre. Il renferme encore des renseignements sur les usages locaux, les assurances, les douanes et le mouvement total des affaires dans le département.

Les contributions sont le sujet des quatre chapitres du dernier livre. L'un étudie l'assiette des contributions directes sous l'ancien régime, la Constituante et la période impériale et bourbonnienne ; le second, la perception des impôts directs et indirects ; le suivant, les dépenses générales et locales avec une table par communes, et le dernier est réservé au cadastre.

Nous ne voudrions pas qu'on nous taxât de parti pris en faveur de cette œuvre trop peu connue hors de la Provence ; nous reconnaissons sans peine que le plan exposé ci-dessus, comme d'ailleurs tout classement à prétentions scientifiques, laisse à désirer sur beaucoup de points ; il faudrait adopter la forme du dictionnaire, qui met tout le monde d'accord sur la question du plan.

Dans le dépouillement des monographies des autres départements, nous avons trouvé sept ouvrages d'une importance à peu près équivalente. Nous mentionnerons en première ligne la description des Vosges, de L. Louis, parue en 7 vol. in-8, de 1887 à 1889.

Il n'existe rien de pratique pour le Var, Vaucluse, les Basses-Alpes et les Alpes Maritimes.

Il est ensuite une série de circonscriptions pour lesquelles il a été impossible de trouver un travail d'ensemble : l'Ardèche, la Côte-d'Or, la Creuse, le Finistère, la Haute-Garonne, le Lot-et-Garonne, le Morbihan, et la Haute-Vienne. Il n'est pas question ici de la Seine, qui se résume dans Paris; la Savoie n'a sa monographie qu'en tant que province; le Gers, les Landes, les Hautes-Pyrénées et les Basses-Pyrénées sont groupés dans le « Manuel de Géographie » de Bourdeau (2 vol. in-8 ; 1861-62), et le Pas-de-Calais n'est représenté que par le Dictionnaire des communes, de Cardevaque, également relatif au Nord.

Ces réserves faites, voici les derniers documents que nous avons pu relever : on voit combien ces résultats diffèrent de ceux qu'on obtiendra peut-être un jour.

Départements.	Auteurs.	Documents.
Ain.	Puvis.	*Notice statistique* (1828), 1 vol. in-8.
Aisne.	Melleville.	*Dictionnaire historique et géographique* (1865), 2 vol. in-8.
Allier.	De Jolimont.	*L'Allier pittoresque, historique, géographique, statistique* (1852), in-8.
Ardennes.	Hubert.	*Géographie*, 3ᵉ éd. (1856), in-12.
Aube.	Loiseau.	*Géographie* (1856), in-18.
Aude.	Saint-Fargeau.	*Dictionnaire géographique des communes* (1830), in-8. — N. B. Il existe une *Description générale et statistique* par Trouvé (1819), 2 vol. in-4.
Aveyron.	Dardé.	*Dictionnaire des lieux habités du département* (1865), in-8.
Bouches-du-Rhône.	De Villeneuve.	*Statistique des Bouches-du-Rhône* (1821-1829), 4 vol. in-8.
Calvados.	Cardine.	*Géographie* (1864), in-12.
Cantal.	Deribier-du-Châtelet.	*Dictionnaire statistique* (2ᵉ éd. 1852-1857), 5 vol. in-8.
Cher.	Frémont.	*Le département du Cher* (1862), 2 vol. in-8.
Charente.	Michon.	*Géographie physique, politique, historique, agricole* (1846), in-8.
Charente-Inférieure.	Gautier.	*Statistique* (1839), in-4.
Corrèze.	Rateau.	*Étude sur le département* (1866), in-18.
Corse.	Robiquet.	*Recherches historiques et statistiques* (1835), in-8.

172 CONGRÈS NATIONAL DE GÉOGRAPHIE (22 AOUT, MATIN)

Départements.	Auteurs.	Documents.
Côtes-du-Nord.	Souchet.	Statistique (1844), 3 vol. in-8 — N. B. M. Jolleret a publié en 1854 une Histoire et Géographie des villes et cantons, 3 vol. in-8.
Dordogne.	(I. E. G.).	Géographie physique, agricole et industrielle (1873), in-8.
Doubs.	Rousset.	Géographie (1863), in-12.
Drôme.	Delacroix.	Statistique (1834), in-4.
Eure.	Rateau et Pinel.	Histoire et Géographie (1871), in-18.
Eure-et-Loir.	Lefèvre.	Dictionnaire géographique des communes (1856), in-18.
Gard.	Rivoire.	Statistique (1842), in-4.
Gironde.	Féret.	Statistique (1874-1878), 4 vol. in-4.
Hérault.	Creuzé de Lesser.	Statistique (1824), in-8 (La Société Languedocienne publie actuellement une Géographie générale).
Ille-et-Vilaine.	Ducrest de Villeneuve.	Guide itinéraire, historique et statistique (1857), in-12.
Indre.	Lejosne.	Géographie (1869), in-18.
Indre-et-Loire.	Carré de Busserolle.	Dictionnaire historique, géographique et biographique (1884), 6 vol. in-8.
Isère.	Crozet.	Description topographique, historique et statistique des cantons (1870), 2 vol. in-8.
Jura.	Pyot.	Statistique générale (1838), in-8. — N. B. Rousset, sous le titre de Dictionnaire géographique, historique et statistique de la Franche-Comté, n'a fait que le Jura (1857-1858), 6 vol. in-8.
Loir-et-Cher.	Génevoix.	Chorographie du département (1844), in-18.
Loire.	Ogier.	La France par cantons et communes. Loire (1856), 3 vol. in-8.
Haute-Loire.	Malègue.	Éléments de statistique générale (1878), in-8.
Loire-Inf.	Pitre-Chevalier.	Nantes et la Loire-Inférieure (1858), 2 vol. in-f°.
Loiret.	Vergniaud-Romanesi.	Dictionnaire historique, etc., des communes (1872), in-8.
Lot.	Delpon de Livernon.	Statistique (1831), 2 vol. in-8.
Lozère.	Bouret.	Dictionnaire géographique (1852), in-12.
Maine-et-Loire.	C. Port.	Dictionnaire historique, géographique et biographique (1878), 3 vol. in-8.
Manche.	Edom.	Géographie (1857) (je n'ai pu trouver le format).
Marne.	Chalette.	Statistique (1844), 3 in-8. Il a paru depuis la Notice de Kessler (1879), in-16.
Haute-Marne.	Fayet.	Recherches historiques et statistiques sur les communes et les écoles du département (1879), in-8.
Haute-Marne.	Allaire.	Notice, description et statistique (1879), in-16.
Mayenne.	Lemercier.	Aperçu sur la statistique et la topographie du département (1842), in-18.

MONOGRAPHIES DÉPARTEMENTALES

Départements.	Auteurs.	Documents.
Meurthe-et-Moselle.	Hinzelin.	*Géographie de la Meurthe* (1864), in-12.
Moselle.	Chastellux.	*Territoire de la Moselle* (1860), in-4.
Meuse.	Bonnabelle.	*Histoire, géographie et statistique* (1879), in-8.
Nièvre.	Fay.	*Dictionnaire géographique* (1860), in-8.
Nord.	Brunel, Mordacq et Lecoq.	*Géographie générale* (1884). Il y a encore le *Nord pittoresque* de Cons (1888), in-8.
Oise.	Lhuillier.	*Géographie physique, historique, administrative, agricole et industrielle* (1866), in-16.
Orne.	La Sicotière.	*Notes statistiques du département* (1861), in-8.
Puy-de-Dôme.	Duché.	*Tableau moral, industriel et statistique* (1829), in-8.
Pyrénées-(Basses).	De Picamilh.	*Statistique générale* (1858), 4 vol. in-8.
Pyrénées-(Hautes).		*Manuel statistique* (anonyme), (1830), in-18.
Pyrénées-Orientales.	P. Vidal.	*Guide historique et pittoresque* (1880), in-18.
Rhône.	Ogier.	*La France par cantons et par communes. Rhône* (1856), 3 vol. in-8.
Saône (H^{te}-).		*Notice descriptive et statistique* (anonyme) (1878), in-16.
Saône-et-Loire.	Mulcey.	*Géographie complète* 1864, in-8. — Une statistique en 2 vol. in-4 remonte à 1838.
Sarthe.	Pesche.	*Dictionnaire topographique, historique et statistique* 1842, 6 vol. in-8. — Une *Géographie* in-18 a paru en 1863.
Savoie (H^{te}-).	Picamilh.	*Statistique générale* (1861), in-16.
Seine-Inférieure.	Brunel et Tougard.	*Géographie départementale* (1875-1878), 5 vol. in-8.
Seine-et-Marne.	Michelin.	*Essai historique et statistique sur le département* (1841), 7 vol. in-8. — Il a paru en 1877 une *Géographie* in-12 par Lhuillier.
Seine-et-Oise.	Guérard.	*Géographie* 1856, in-18.
Sèvres (Deux).	Fillon et Ravaux.	*Dictionnaire géographique du département* (1874), 2 vol. in-8.
Somme.	Painguez.	*Géographie historique et statistique* (1868), in-8.
Tarn.	Bastie.	*Description du département* (1875), 2 vol. in-4.
Tarn-et-Garonne.	Gasc.	*Manuel de géographie du département* (1873), in-32.
Vendée.	Cavoleau.	*Statistique générale de la Vendée* (1844), in-8.
Vienne.	Touzé de Longuemar.	*Géographie populaire du département* 1869) in-12.
Yonne.	Augé.	*Statistique géographique des communes* (1857), in-8. Depuis a paru une *Géographie* in-18 (1873), par Dorlhac de Borne[1].

---

[1]. Nous n'avons pas cité la collection des « Joanne » comme bien connue de tout le monde et trop élémentaire.

Ce n'est là qu'un essai bien imparfait : je serai le premier à me féliciter d'apprendre que cette liste est incomplète et de voir mes collègues des diverses régions le mettre au point pour leurs départements comme j'ai pu le faire pour ceux de la Provence.

Comme conclusion de cet exposé j'ai l'honneur de proposer au Congrès l'adoption des mesures suivantes :

1° Dans chaque département il sera créé une commission composée de membres des corps élus et des sociétés savantes, de professeurs des trois degrés, de l'archiviste départemental et des bibliothécaires municipaux, enfin de représentants de diverses administrations. La commission pourra comprendre de 12 à 30 membres désignés par le préfet assisté de 3 conseillers généraux.

N. B. Il serait peut-être préférable de grouper, par 2, 3 ou même 4, les départements de peu d'importance.

Cette commission, avec le concours des administrations départementales et des municipalités importantes, devra établir, pour 1905 au plus tard, une monographie conforme soit aux types indiqués plus haut, soit mieux encore à un type unique dont le plan pourrait être tracé par l'Institut (section des sciences morales et politiques).

3° Ces publications, après refonte et mise au courant des dernières données statistiques, devront être rééditées tous les vingt-cinq ans.

4° Au point de vue des moyens pratiques, il est à désirer que les premiers fonds destinés à faire face aux dépenses de toute nature (recherches, frais de secrétariat, de publication et de correction, indemnités éventuelles aux collaborateurs, etc.) soient réunis par voie de souscription, les subventions de l'État, du département, et des communes ne venant s'y ajouter qu'ensuite de façon à pouvoir mettre l'ouvrage dans le commerce. Les recettes devront servir annuellement au remboursement des souscriptions au prorata des rentrées ; l'excédent, s'il s'en produit, sera placé et les intérêts accumulés en vue de la publication des éditions ultérieures.

Construction d'un globe au 1/400 000ᵉ,

Par Mᵐᵉ Bressac.

Le projet sur lequel a été appelée l'attention du Congrès se compose d'un globe concave à doubles parois concentriques, dressé à l'échelle du 400 000ᵉ.

La disposition concave de ce globe offre sur toute autre l'avantage de permettre au spectateur placé au centre d'embrasser d'un seul coup d'œil l'ensemble tout entier de notre planète, quelles que soient les dimensions dans lesquelles cette reproduction lui est donnée.

Conçu surtout dans un but de vulgarisation scientifique, ce globe serait combiné de manière à donner, au moyen d'un diorama panoramique spécial, muni d'une piste hélicoïdale partant des régions polaires et contournant la terre à chaque 10 degrés de latitude environ, le tableau géographique et ethnographique des régions traversées.

VISITE A L'EXPOSITION

A trois heures, les membres du Congrès se sont réunis pour visiter la section coloniale et la classe XIV (Géographie; Cartographie) de l'Exposition universelle.

La revue de nos colonies s'est effectuée sous la conduite de M. Camille Guy, chef du Service géographique des Colonies, qui a très gracieusement mis sa compétence à la disposition des congressistes. Avec lui, ils ont parcouru l'exposition coloniale. Cette promenade-conférence a donné lieu à d'intéressantes explications de MM. Glorieux sur l'Algérie, Pierre Mille sur la Côte d'Ivoire, Simon sur la Nouvelle-Calédonie, Bournas sur le Soudan.

Le capitaine Jardinet, délégué par le Service géographique de l'Armée, a présenté l'exposition organisée sous la direction du général Bassot, avec l'autorité que lui valent ses connaissances techniques.

M. Anthoine a donné d'intéressantes explications sur l'exposition géographique du Ministère de l'Intérieur organisée par ses soins, notamment sur la carte de la France au 100 000°, son œuvre capitale.

Le baron Hulot a terminé cette visite par l'examen des expositions particulières et collectives de la classe XIV.

SÉANCE DU SOIR

Présidence de M. l'amiral SERVAN (S. G. d'Alger).

Au bureau et sur l'estrade prennent place les délégués des Ministères et des Sociétés françaises de Géographie.

Le président ouvre la séance en ces termes :

« Mesdames, Messieurs,

« Je n'ai pas à vous présenter M. Leclère, ingénieur en chef des mines. Sa notoriété scientifique, sa personnalité sont connues de tous. M. Leclère vient de faire, dans le sud de la Chine, dans les provinces qui avoisinent notre Tonkin, une exploration qui a duré près de deux années. Quelques-uns des résultats de cette exploration, remarquable à beaucoup de points de vue, ont été déjà publiés dans le bulletin de la Société de Géographie de Paris d'une façon sommaire, et ce résumé de la belle mission accomplie par M. Leclère concernait surtout l'orographie, l'ethnographie, l'agriculture, le commerce et enfin l'industrie locale.

« Ce soir, M. Leclère ne compte pas traiter devant vous le même sujet, et j'ai le pressentiment qu'il nous apprendra des choses très nouvelles et d'un intérêt bien plus considérable que celles que nous connaissons déjà, intérêt que je me permets d'avance de qualifier de presque national et qui, à ce titre, mérite toute votre attention. »

Mission dans la Chine méridionale.

Conférence de M. A. LECLÈRE, ingénieur en chef des mines.

Vous admettrez sans doute que la tâche des Sociétés de Géographie n'est ni de résoudre des questions techniques, ni de statuer sur ce qui concerne l'expansion coloniale des nations européennes. Elle consiste surtout à recevoir communication des découvertes nouvelles, à fixer leur place dans le domaine de la géographie générale et commerciale, et à les publier de manière à les mettre à la disposition des intéressés.

C'est dans ce sens que j'ai l'honneur de remettre au Congrès l'exposé général des résultats obtenus dans la mission qui m'a été donnée du 4 décembre 1897 au 15 juillet 1899, par M. le Ministre des Colonies, sur la demande de M. le Ministre des Affaires étrangères.

Cette mission avait pour objet d'apprécier la valeur des ressources minérales des provinces chinoises voisines du Tonkin, en vue du prolongement des voies ferrées de cette colonie [1].

Dans une première conférence faite à la Société de Géographie, le 15 mars 1900, j'ai eu l'honneur de résumer les conditions générales qui établissent de grandes différences entre le Yun-nan, le Kouei-tcheou et le Kouang-si, au point de vue des facilités offertes par ces diverses provinces au développement économique qui pourrait s'effectuer par l'installation de l'industrie européenne.

On pouvait alors se demander pourquoi ces renseignements généraux se trouvaient présentés à la Société de Géographie par un ingénieur en chef des mines, et pourquoi ils tendaient à revêtir un caractère pratique, supposant qu'il existait un intérêt capable d'engager les Français à s'installer en villégiature au Yun-nan.

Cet intérêt consiste dans le fait que dès les débuts de ma mission, et pendant toute la suite de mon voyage, j'ai constaté la présence, à partir de la frontière du Tonkin, et même jusqu'au fleuve Bleu, de gisements exceptionnellement étendus de houille grasse. Ces gisements renferment un combustible d'une qualité

---

1. Voir la carte insérée dans *La Géographie* du 15 avril 1900, et la carte de M. Friquignon, publiée par le Service géographique du Ministère des Colonies.

non seulement inconnue au Tonkin, mais même rare en Europe et en Chine, quoique cette dernière contrée soit peut-être plus riche en houille que toutes les autres régions du globe.

Cette richesse houillère se trouve jointe à des gisements de fer situés sur les bords mêmes du fleuve Rouge, et à d'innombrables gisements de cuivre. Ceux-ci sont exploités par les indigènes et par la Chine depuis les temps les plus reculés. Ils ont été signalés au public français dans l'ouvrage classique de M. Rocher et dans le compte rendu de la mission lyonnaise. Leur possession a été le principal objectif de la conquête chinoise faite pour procurer à l'Empire son métal monétaire. Leur production totale était au xviie siècle de 5 000 à 6 000 tonnes, elle s'est maintenant réduite à 1 500 tonnes environ par la disparition du combustible végétal qui est seul employé dans le traitement métallurgique chinois.

Je rappelle seulement ces faits, qui doivent être connus des industriels qui s'intéressent à la production du cuivre. Plusieurs propositions d'achat ont d'ailleurs été faites au gouvernement chinois, avant l'ouverture des hostilités qui interdisent momentanément à l'Europe l'accès de ces contrées.

Au contraire les gisements de houille grasse du Yun-nan renfermant plus de 30 p. 100 de matières volatiles et souvent moins de 6 p. 100 de cendres, n'ont jamais été signalés avant la mission que j'ai eu l'honneur d'accomplir, et même leur découverte a été accueillie d'abord avec un certain scepticisme, qui est maintenant la preuve de sa nouveauté.

Ce n'est pas qu'il n'ait été déjà souvent question de l'existence de la houille dans les contrées situées au sud du fleuve Bleu. Ces régions s'étendent sur une surface plusieurs fois grande comme la France, et c'est un des pays géologiquement les plus favorisés du monde au point de vue minier. Il y aurait place pour un grand nombre de concessions, même en leur donnant une étendue très supérieure à celle de nos pays d'Europe. Il n'est donc pas étonnant qu'il s'y rencontre des gisements de houille des qualités les plus diverses, et le public ne saurait s'engager dans les confusions qui pourraient résulter d'un examen trop superficiel. Il y a autant de différence entre la houille maigre, très abondante sur la côte du Tonkin, entre la houille grasse que j'ai reconnue au Yun-nan, et entre la houille anthraciteuse et cendreuse reconnue par la mission lyonnaise au Kouei-tcheou, qu'entre les bassins houillers du Nord, de Saint-Étienne et de Marseille.

La houille grasse du Yun-nan, exploitée à la chinoise par les procédés les plus rudimentaires, vaut actuellement au plus 10 francs la tonne sur des marchés que le chemin de fer de Laokay à Yun-nan-sen pourra mettre à moins de 200 kilomètres du fleuve Rouge. Elle pourra donc arriver jusqu'à Haï-phong au prix de 25 francs par tonne, faciliter par des mélanges la vente des menus maigres qui forment 70 p. 100 de la production du Tonkin. Elle pourra en outre devenir la base d'une industrie locale, trouvant autour d'elle des gîtes de cuivre et de fer dont il a déjà été question.

Les principaux échantillons, recueillis au cours de mon voyage, figurent à l'Exposition universelle, au pavillon des produits de l'Indo-Chine.

Ces échantillons de houille, de minerais et de fossiles présentent un caractère spécial d'authenticité. Ils ont été expédiés durant tout le cours de mon voyage à M. Guillemoto, à Hanoï. Les caisses chinoises ont été remises à M. le gouverneur général de l'Indo-Chine qui les a adressées à Paris à M. le Ministre des Colonies. Elles ont été ouvertes avec le concours du Service géographique du ministère. C'est par erreur que ces minéraux figurent au catalogue général sous le nom d'échantillons de bois du Tonkin[1].

Le Service de la Carte géologique de France a été chargé par M. le Ministre des Colonies de la détermination des fossiles et des roches cristallines.

L'analyse des houilles a été faite au bureau d'essais de l'École supérieure des mines. Elle a bien indiqué pour la houille rhétienne une teneur de 30 à 38 p. 100 en matières volatiles. Une détermination tout à fait concordante a été faite au laboratoire de la Compagnie des mines de Nœux sur un échantillon présenté par M. Barat sans désignation de provenance. Le pouvoir calorifique dépasse 7 500 calories. Cette houille présente quelques particularités qui permettent souvent de la distinguer au laboratoire. Quoique très dure, elle renferme souvent un peu plus d'eau que

---

[1]. Ces minéraux ont obtenu du Jury de la classe des Mines une médaille d'argent, la seule attribuée aux minerais exposés par le gouvernement général de l'Indo-Chine.

la houille carbonifériennc. Elle se rapproche par ce caractère des charbons maigres du Tonkin, qui sont du même âge géologique.

Les principaux résultats scientifiques des travaux, auxquels ont ainsi pris part MM. Carnot, Michel-Lévy, Douvillé, Zeiller, Lacroix et Cayeux, ont été réunis dans quatre notes présentées à l'Académie des sciences par M. Michel-Lévy. C'est à leur audition que M. le prince Roland Bonaparte, saisissant par avance le caractère des conclusions qu'elles préparaient, voulut bien me demander de les communiquer à la Société de Géographie.

L'ensemble des études géologiques étendant jusqu'au Tonkin l'exploration de la Chine, faite dans les régions centrales par MM. de Richthofen et Loczy, sera publié par le bulletin du Service de la Carte.

Les *Annales des Mines* publieront incessamment une notice sur le régime minier des régions que j'ai visitées. Elles réuniront ensuite l'ensemble des observations d'ordre technique.

Je me propose de remettre aux *Annales de Géographie* une notice sur la géographie physique de ces régions.

Je n'ai pas à revenir sur le résumé sommaire de mon voyage, qui a déjà été publié par la Société de Géographie, mais je crois devoir remettre au Congrès des indications précises sur un certain nombre de gisements.

Les premières veines de houille dont j'ai signalé l'existence sont celles des bords du fleuve Rouge. La presse coloniale a aussitôt fait part au public de certaines appréciations favorables à l'avenir du Tonkin. Celles-ci ont été immédiatement contestées. En fait les veines de houille en question avaient déjà donné lieu à des déclarations de recherches minières. Leur valeur paraît surtout être celle de simples indices géologiques. Elles n'ont aucun rapport avec les gisements voisins qui sont situés au Yun-nan, à des altitudes variant de 1 000 à 2 000 mètres, tandis que la houille de Lao-kay se trouve seulement à l'altitude de 100 mètres.

Les couches de Lao-kay paraissent situées à la base du système carbonifèrien, tandis que celles de Mong-tze sont d'âge plus récent.

L'identification de l'horizon des houilles supérieures du Yun-nan avec celui des houilles de la côte du Tonkin résulte des déterminations effectuées par MM. Douvillé et Zeiller. Ce résultat très remarquable étend jusqu'à Hongay le bassin mésozoïque du Se-tchouan.

La houille grasse très riche en matières volatiles existe dans le commerce à Mong-tze. On peut se demander comment elle n'a pas été signalée depuis longtemps par les voyageurs et les nombreuses missions qui se sont succédé dans cette ville. Mais les observations de ce genre ne sont pas toujours faciles en Chine, et comme Mong-tze est depuis quinze ans le siège d'un consulat, les explorateurs étaient naturellement portés à placer plus loin le champ qui devait s'ouvrir à leurs investigations. Je ne saurais trop signaler les bons offices que j'ai reçus de M. de la Batie pendant mon séjour à Mong-tze. C'est en sa compagnie, et avec le concours du P. de Gorostarzu, qui nous servait d'interprète, que j'ai constaté pour la première fois l'emploi de la houille grasse dans une distillerie d'alcool située à l'est de la ville, auprès des remparts. Le cas était signalé par un dépôt de cendres à la porte de l'usine. La houille était employée dans des foyers construits pour le chauffage au bois. Elle est donc réellement flambante.

J'ai ensuite visité la mine dont elle provenait, dans la localité de Ni-ou-ke, à 40 kilomètres vers l'est de Mong-tze. C'est un simple grattage d'affleurement dans une couche de 1 m. 50 d'épaisseur.

D'autres affleurements sont aussi exploités beaucoup plus près de la ville, par exemple à quelques kilomètres du tracé du chemin de fer. La houille d'affleurement a perdu à peu près toute trace de matières volatiles. Elle peut d'ailleurs être d'âge permien. Elle est employée à la confection de la chaux qui sert aux constructions de Mong-tze.

On trouve encore de la houille flambante et très pure sur beaucoup d'autres marchés du Yun-nan, notamment à A-mi-tcheou, Lin-gan et Tong-hai, à Yun-nan-sen et dans toute la région de l'est de cette ville. On la voit souvent sous la forme de deux blocs quadrangulaires, d'environ chacun 35 kilogr., attachés symétriquement sur le bât d'un cheval ou d'un yak, et transportés ainsi jusqu'au lieu de la vente publique. Les affleurements très nombreux montrent en général des couches d'épaisseur moyenne. Des couches épaisses existent cependant à certains endroits, comme à Man-hao et Pou-tchao-pa.

Dès mon arrivée à Yun-nan-sen, le 6 juin 1898, j'ai trouvé un dépôt de coke à côté de l'auberge chinoise occupée par la mission Guillemoto. Ce combustible provient de la mine de Tou-tza, bien connue des missionnaires, car sa population est en majorité chrétienne. La houille d'âge carbonifférien, fournie par plusieurs couches de 1 m. 50 à 2 mètres, contient environ 16 p. 100 de matières volatiles. Elle est presque tout entière transformée en coke à côté du village.

Des gîtes de houille carbonifférienne et rhétienne se rencontrent encore depuis Yun-nan-sen jusqu'aux bords du fleuve Bleu, où ils se relient aux bassins du Se-tchouan. Les plus beaux gisements du Yun-nan sont peut-être ceux de la boucle du fleuve Bleu. Ils fournissent une houille flambante sans fumée que les Chinois brûlent par terre sur le sol de leur maison, tout comme le bois résineux qui est leur combustible habituel.

Il est inutile de décrire dans cette notice la longue exploration que j'ai ensuite entreprise pour donner à mes observations de fait la confirmation d'une étude géologique d'ensemble. J'ai rencontré à Ta-li-fou, M. de Vaulserre, qui m'a accompagné à ses frais pendant sept mois. M. Monod, envoyé par M. le Gouverneur général de l'Indo-Chine, m'a rejoint à Yun-nan-sen et a traversé avec nous le Kouei-tcheou. Nous étions soutenus au milieu de toutes les difficultés par l'idée de rapporter en France des renseignements d'un grand intérêt.

Tels sont les résultats généraux dont j'ai l'honneur de donner connaissance au Congrès des Sociétés de Géographie. Entre l'exploration que j'ai accomplie et le moment où l'industrie européenne pourra s'étendre à ces gisements, l'époque actuelle marque une période préparatoire qui ne peut être féconde que par la diffusion de la vérité. Cette tâche appartient naturellement aux Sociétés de Géographie. Pour moi, rentré en France dans le Service des mines, je n'ai plus qu'à m'occuper de la publication pure et simple de mes observations qui vient d'être autorisée par M. le Ministre des Colonies.

La Société de Géographie ayant jugé que ces renseignements pouvaient intéresser le Congrès, et M. le Ministre des Colonies m'ayant autorisé à publier les résultats de ma mission, j'ai cru devoir les faire immédiatement connaître aux sociétés qui peuvent leur donner la publicité la plus étendue.

*
* *

Avant de lever la séance, le président prononce l'allocution suivante :

« Monsieur, vous n'avez certainement pas démenti les pressentiments que j'ai formulés en ouvrant la séance, et je suis assuré d'être l'interprète de l'assemblée du Congrès, et du bureau, en vous adressant tous nos remerciements. Nous remercions également le Ministre des Colonies qui a bien voulu découdre vos lèvres; nous lui sommes extrêmement reconnaissants de vous avoir autorisé à nous faire les révélations que nous venons d'entendre. Ce mot « révélations » je ne crois pas que vraiment il soit déplacé, car il m'apparaît que vous venez de déchirer un rideau en nous dévoilant qu'aux portes du Tonkin, par conséquent sous nos mains, il existe dans la Chine méridionale des richesses minières considérables qui auront pour l'industrie française, dans un avenir, dont le rapprochement assurément dépend d'elle et de ses efforts, — efforts que nous pourrons encourager, — qui auront, dis-je, pour l'industrie française des conséquences de très grande portée. En effet, ces richesses existent précisément dans une région qui, aux yeux du monde entier, — je suis heureux d'avoir aujourd'hui l'occasion de le répéter, — est considérée désormais comme devant se mouvoir dans l'orbite de l'influence de la civilisation française.

« Je crois qu'il importe — et le bureau tout entier est de cet avis, — que la communication que vous venez de nous faire ait une sanction, et cette sanction ne nous a point paru être mieux exprimée que sous forme de vœu. »

Ce vœu, spécifié plus loin, tend à la vulgarisation la plus complète et la plus rapide des renseignements recueillis par M. Leclère sur les ressources minérales des provinces voisines du Tonkin.

Jeudi 23 août

SÉANCE DU MATIN

Présidence de M. Merchier (S. G. Lille).
Assesseurs : MM. Monflier (S. G. Rouen), de Claparède (S. G. Genève)

Exploration chez les ba-Rotsi (Haut-Zambèze),

Par le capitaine Alfred Bertrand S. G. P. et S. G. Genève.

Avant d'aborder mon sujet je rappellerai que l'expédition dont je faisais partie et qui avait comme but de pénétrer dans le pays des ba-Rotsi[1] au nord du Zambèze, s'est organisée à Maféking, à 1 400 kilomètres du Cap : cette expédition se composait de quatre Européens et d'un certain nombre d'indigènes que nous avions engagés à notre service; elle comprenait en outre 34 bœufs de trait, 14 chevaux ou poneys destinés à la selle, 17 ânes de bât et plusieurs chiens.

La direction suivie est le nord par Molépololé, territoire de la tribu des ba-Kuéna, et Kanyé, où est fixée la tribu des ba-Rnaketsé

---

[1]. Après en avoir conféré avec M. Coillard, autorité incontestée en cette matière puisqu'il a vécu quarante années en Afrique, j'ai observé les règles qu'il a proposées concernant l'orthographe française des noms des différentes tribus ou peuplades qui se trouvent dans le pays des ba-Rotsi. Les préfixes « ba » ou « ma » indiquent le pluriel. Ces préfixes représentent en quelque sorte l'article et prennent une minuscule, tandis que le nom propre lui-même est écrit avec une majuscule. La préfixe « mo » s'emploie au singulier pour désigner un individu. La préfixe « bo » désigne le pays même. Si l'on veut désigner la langue du pays on emploie la préfixe « sé ». Exemple : les ba-Rotsi, un mo-Rotsi, le bo-Rotsi, le sé-Rotsi

pour longer ensuite le désert de Kalahari et arriver à Palaype, la résidence de Khama, le roi des ba-Mangwato.

Quelques semaines plus tard, nous suivions la partie est du grand lac salé Makarikari. Bref, nous franchissons en soixante-quatre jours la distance qui sépare Maféking du Zambèze, lequel nous traversons non loin de son confluent avec la rivière Linyanti (Chobé).

Après avoir passé sur la rive gauche du Zambèze et pénétré dans le pays des ba-Rotsi, l'exploration proprement dite commence.

Nous remontons jusqu'à sa source la rivière Machilé (Machili), affluent de la rive gauche du Zambèze.

De là je me sépare pour un certain temps de mes compagnons de voyage et je me décide à traverser, direction N.-O., le pays des ba-Rotsi jusqu'à Léalouyi, qui est la résidence du roi Léwanika et aussi la station missionnaire fondée en 1894 par M. Coillard, le missionnaire-explorateur français bien connu. De Léalouyi, où j'eus le plaisir d'être l'hôte de M. Coillard, j'ai descendu le Zambèze en pirogue, à travers la région des Rapides, jusqu'à son confluent avec le Linyanti, notre point de départ. Là je rejoignis mes camarades; nous avons visité les Chutes Victoria, puis effectué le retour par le pays des ma-Tébélé et c'est à Boulouwayo que notre expédition se termina.

M. Coillard pense que la tribu régnante des ba-Rotsi est sortie du bo-Nyaï, territoire voisin de celui des ma-Tébélé. Peu à peu les ba-Rotsi, race supérieure, s'établirent dans la plaine du bo-Rotsi, qui s'étend du village de Néjulona, au nord, à celui de Séoma, au sud, et dans les gorges du bo-Rotsi, qui comprennent le pays situé entre Séoma, au nord, et les rapides de Katima-Molilo, au sud. Ils soumirent peu à peu les tribus environnantes, aujourd'hui au nombre de vingt-cinq ou trente. Je citerai parmi les plus importantes : les ma-Totéla, qui habitent le bassin inférieur de la rivière Loumbé, du Njoko et de la rivière Loanja. Ils travaillent le fer et le bois, et sont aussi agriculteurs, principalement les ma-Totéla du Njoko, qui élèvent du gros bétail.

Les ma-Soubia sont pêcheurs et bateliers; leur territoire s'étend du Sékosé jusqu'en amont de Kazoungoula et dans le triangle formé par le Zambèze et le Linyanti.

Les ba-Toka vivent à l'est de Kazoungoula et, au nord, ils vont jusqu'à la rivière Nguézi; chasseurs et agriculteurs, ils possèdent peu de gros bétail, mais beaucoup de chèvres et de brebis.

Les ma-Nkoya campent dans les bassins supérieurs des rivières Machillé, Njoko et Loumbé; presque uniquement chasseurs, ils vivent des fruits de la forêt lorsque leurs flèches empoisonnées ne leur procurent pas du gibier.

Les ma-Shoukouloumboué occupent la contrée à l'est des ma-Nkoya, soit le nord-est du pays; ils habitent aussi les bords de la rivière Kafoukué; agriculteurs, ils élèvent du bétail à cornes.

Les ma-Mbounda, qui s'adonnent à la médecine, à la sorcellerie, sont groupés dans les différentes parties du pays. Les ma-Kuangoa vivent le long de la rivière Louyi jusqu'à Séfoula; ils travaillent le fer et possèdent du gros bétail.

Ces diverses peuplades émigrent souvent par groupes et sont réparties dans tout le pays.

La superficie du royaume des ba-Rotsi est, selon toute probabilité, supérieure à celle de la France.

Sa frontière nord, inconnue, doit toucher à la ligne du partage des eaux du Congo et du Zambèze; à l'est elle confine à la rivière Kafoukué et à l'ouest au 20° degré de longitude est de Greenwich; sa frontière sud est formée naturellement en partie par le Zambèze et le cours du Linyanti.

Par conséquent le bo-Rotsi est approximativement compris entre le 12° et le 18° degré de latitude sud et le 20° et le 29° degré de longitude est (Greenwich).

Léwanika, le roi des ba-Rotsi, est un autocrate absolu qui a droit de vie et de mort sur tous ses sujets. Les habitants, le sol y compris les produits de la terre, les poissons de la rivière ainsi que le gibier, tout appartient au roi.

Les questions importantes sont soumises au roi; il rend la justice au « Iékhotla », l'assemblée délibérative; ses jugements ont force de loi; il représente à lui seul le tribunal, la cour d'appel et la cour de cassation.

Le royaume des ba-Rotsi est divisé en ce que nous appellerions en Europe des arrondissements. Les grands chefs sont élus par le roi et ils doivent être d'origine ba-Rotsi; ils doivent demeurer dans la capitale et prendre part au « Iékhotla » présidé par le roi. La polygamie a, dans ce pays, un rôle politique important; en effet, chacune des femmes du roi représente une tribu ou un groupe de villages.

Des chefs subalternes, élus aussi par le roi, résident dans les villages où ils reçoivent les ordres de leurs chefs supérieurs; ils règlent les affaires courantes et veillent à ce que les tributs ou impôts soient apportés régulièrement au roi. Le nom des villages formés par des rassemblements de huttes est déterminé d'après le nom du chef. La représentation de la propriété de chacun de ces chefs est réglée par son rang. Personne ne peut construire de huttes, porter des ornements aussi coûteux que ceux de son supérieur en dignité; en particulier les peaux de lions, léopards, chats sauvages, loutres, reviennent directement au roi qui les distribue d'après les règles hiérarchiques en usage dans le pays.

Les épingles et les bracelets d'ivoire, certaines formes d'ustensiles de ménage, une coupe de cheveux particulière et la coutume du limage des dents, sont réservés à l'usage exclusif de la famille royale.

Il en est de même pour toutes les catégories de chefs. Il est inutile d'ajouter que ces derniers vivent en général d'exactions et de pillage.

Chez les ba-Rotsi où, comme dans toutes les contrées non soumises à l'influence du christianisme, la femme est loin d'être l'égale de l'homme, la sœur aînée du roi jouit pourtant des mêmes droits que son frère, les mêmes tributs lui sont payés; elle a une résidence particulière. Elle porte le titre de « Mokouaé », soit de reine.

Certaines peuplades doivent annuellement au roi un tribut déterminé de canots, de bois de construction, de bétail, de grain, de miel sauvage, de poissons, de gibier, de peaux de fauves, de fers de lances, de houes, de haches, etc.

Coutume singulière : lorsque les tributs sont apportés au roi, il en prélève lui-même, de nuit, ce qui lui convient; ils sont ensuite transportés sur la place publique où le roi s'en approprie encore par un second choix, une partie, puis il distribue le reste à ses chefs. L'ivoire constitue l'un des revenus les plus importants du roi Léwanika; on peut calculer que la livre d'ivoire vaudrait à Léalouyi de 6 à 7 francs.

Le type de la population varie à l'infini, suivant les différentes peuplades. Il y a un grand mélange de sang entre elles.

La race supérieure des ba-Rotsi est composée en général d'hommes plutôt grands et bien constitués; leur front est souvent bombé, les yeux intelligents, l'ovale de la figure assez régulier, les lèvres ne sont pas très épaisses.

Les femmes s'enduisent parfois le corps d'une graisse qui leur donne une teinte claire et bronzée.

Parmi les riverains du Zambèze, nous voyons des individus superbes et à puissante musculature. Nous avons rencontré sur les bords du Njoko des ma-Totéla, qui, abstraction faite de leur peau, avaient une sorte de ressemblance avec le type juif.

Le sé-Rotsi, l'une des nombreuses langues bantoues, est le langage officiel. Il n'est pas écrit. Les ba-Rotsi sont polyglottes et presque tous comprennent le sé-Kokolo, une corruption du sé-Souto; ils se servent volontiers de plusieurs idiomes en modifiant les mots; en outre de nombreux dialectes sont parlés par ces diverses tribus.

Les Zambéziens, au point de vue industriel, sont très habiles à travailler le bois et le fer; grâce au minerai de fer, qui existe dans le pays à l'état presque pur, et qu'ils travaillent dans des hauts fourneaux de leur invention, ils arrivent à avoir un métal résistant. Quoique leur outillage soit plus que rudimentaire, ils fabriquent des armes, des lances, des haches, des couteaux.

Les ba-Rotsi ont aussi des aptitudes spéciales pour tout ce qui est travail mécanique, et M. Coillard, voulant aider leur développement dans ce sens, a fondé déjà une école industrielle.

Avec l'écorce d'une plante qui croît pendant les inondations et qui se récolte lorsque les eaux se sont retirées, ils font des cordes très résistantes. Les femmes fabriquent des poteries qu'elles font cuire et les hommes savent admirablement préparer des fourrures, dont ils confectionnent de superbes manteaux pour les chefs.

A l'extérieur le commerce est presque nul; les « Mombari », métis portugais, viennent périodiquement au bo-Rotsi acheter de l'ivoire et des esclaves. En ce qui concerne le trafic des esclaves, le roi Léwanika, grâce à l'influence des missionnaires du Zambèze, s'y oppose peu à peu.

Les indigènes tirent du sol les principaux produits agricoles suivants : le sorgho, le maïs, le millet, les arachides, les patates douces, le manioc, les courges, les melons d'eau, le tabac.

Comme bétail ils élèvent des bœufs et des vaches de deux espèces; l'une grande, la race du bo-Rotsi, et l'autre plus petite, originaire du pays des ma-Choukouloumboué. Ils possèdent aussi des chèvres et des moutons de race dégénérée qui viennent du bo-Toka, ainsi que de petites poules. Comme bergers ou éleveurs, ils n'ont aucune pratique sérieuse.

Le miel de l'abeille sauvage « mouka » est une ressource, aussi bien que celui de la petite mouche à miel « ntsi », dont les indigènes sont très friands.

Les ressources naturelles du pays ne sont pas encore connues. Outre le minerai de fer, il faut mentionner les grandes forêts à nombreuses essences. Parmi les principales nous citerons : le « mockengé » à haute tige, à feuilles persistantes et au bois très dur; le « motsaoli », arbre au port majestueux, rappelant le chêne. Son bois, qui ressemble à l'acajou, est celui que les indigènes emploient pour la fabrication de leurs canots; une fois sciés, les gros troncs peuvent servir comme bois de construction. Le « mochaba » est aussi un arbre de haute futaie, il devient énorme, il croît près des endroits humides; son bois est très tendre et l'écorce est purgative. Le « mohonono », propre à la construction, est dur et résistant. Le « moboula », qui ressemble à l'érable ou au charme, est un bois de menuiserie; il porte un fruit comestible à noyau. Citons encore le « moholouholou », arbre de petite taille; son fruit, extérieurement semblable à une grosse orange, donne la dysenterie. Le caoutchouc croît spontanément. Avec la bourre du cotonnier sauvage, les indigènes tissent de grossières étoffes.

Les animaux sauvages sont, suivant les régions, nombreux, variés : buffles, lions, léopards ou panthères, hyènes, chacals. Les éléphants et les rhinocéros, dont nous avons vu les traces, mais que nous n'avons jamais approchés, tendent, paraît-il, à diminuer.

Grande variété d'antilopes depuis le minuscule « oribi » (Nanotragus scoparius), l'une des plus petites antilopes connues, puis le « steinbuck » (Nanotragus tragulus) et le « duiker » (Cephalophus mergens) jusqu'aux lourds élans (Oreas canna) qui peuvent peser de 800 à 1000 livres. Le « koodoo » (Strepseciros kudu), avec les cornes en spirales; l'antilope noire (Hippotragus niger), au garrot relevé; l'élégant « waterbuck » (Cobus ellipsiprymnus), à robe grisaillée; le « reedbuck » (Cervicapra arundinacea), au pelage fauve;

le « lechwe » (Cobus leche), qui vit dans les marécages ; le « bubale » (Alcephalus Lichtensteini), etc. Mentionnons encore parmi les antilopes : l'antilope rouanne (Hippotragus leucophæus), le « pooko » (Cobus Vardoni), le « bushbuck » (Tragelaphus sylvaticus), le « roybuck » (Æpyceros melampus), la « situtunga » (Tragelaphus Spekii), la « tsessebe » (Alcephalus lunatus).

Le sanglier (Phacochœrus œthiopicus) vit aussi dans ces régions. Nous avons à différentes reprises rencontré des troupeaux de gnous bleus (Catoblepas gorgon) et de zèbres (Burchell's zebra) qui comptaient plusieurs centaines de têtes. L'autruche et la girafe, qui se trouvent au sud du Zambèze, n'existent pas dans la partie du pays des ba-Rotsi située au nord du grand fleuve. De nombreux hippopotames et crocodiles vivent dans les eaux du Zambèze : nous en avons vu aussi dans la rivière Machilé. Il faut encore mentionner beaucoup de serpents de toutes longueurs.

Le bo-Rotsi possède de nombreux oiseaux aquatiques : des ibis, des hérons, des pélicans, des grues, des pluviers ; différentes espèces d'oies, de canards, de sarcelles. Citons aussi l'aigle-pêcheur blanc avec les ailes noires, et enfin, deux espèces de pintades, trois ou quatre espèces de francolins, etc.

Les insectes se comptent par légions et sont un véritable fléau, telles les « séroui », ou fourmis guerrières, dont les hordes serrées ne dévient jamais de leur chemin ; les termites, désignées à tort sous le nom de fourmis blanches, malfaisantes par excellence et qui s'attaquent à tout ce qui n'est pas matière grasse. Les sauterelles « tsie » sont rouges de corps et portent des ailes striées de noir et de blanc ; elles anéantissent en peu de temps les cultures. Les mouches et les moustiques petits et gros tourmentent les voyageurs.

Les « séhoubé » sont des araignées venimeuses. Les scorpions sont aussi plus ou moins venimeux.

Terminons cette nomenclature par la « tsé-tsé » ; cette mouche habite certaines régions déterminées. Sa piqûre n'a pas de suites mortelles pour les hommes blancs ou noirs ni pour les animaux sauvages, mais elle fait périr, plus ou moins rapidement, presque tous les animaux domestiques, surtout les bœufs, les chevaux, les chiens ; ce sont les ânes qui résistent le plus longtemps.

Nous avons observé que la « tsé-tsé » vit dans les même parages que le buffle ; serait-elle peut-être l'un de ses parasites et trouverait-elle son venin dans les excréments du buffle ou ailleurs ?

Le savant qui réussirait à déterminer le virus de cet insecte et à l'inoculer aux animaux domestiques en Afrique, comme cela a été fait en Europe pour le charbon ou d'autres maladies, rendrait un service signalé ; en effet, de vastes étendues de pays sont rendues plus ou moins inaccessibles par la présence de cette terrible « tsé-tsé » à peine plus grosse qu'une mouche ordinaire. Les animaux domestiques réfractaires au venin de la « tsé-tsé » forment une très faible minorité. Ils sont désignés sous le nom de « salted » et ils sont fort recherchés. Cette immunité augmente considérablement leur valeur intrinsèque.

Comme distribution du temps, les ba-Rotsi ont l'année lunaire ; chacun en connaît les différentes phases. A chaque renouvellement de lune, il y a interruption du travail ; on organise des danses. Grâce à l'influence des missionnaires, le roi Léwanika respecte actuellement le dimanche chrétien.

Les indigènes ont des notions très vagues sur leur âge ; ils diront par exemple : Je suis né lors de telle guerre, à l'époque de telle grande famine ou inondation.

Les saisons ne sont pas précisées ; l'année qui finit pour les ba-Rotsi à la moisson, a deux grandes divisions : « léchlaboula » ou été et « mariha » ou hiver.

L'été se divise encore en « mboumbi », du 15 août à la fin de novembre. Le moment le plus chaud de l'année va de fin octobre à mi-novembre, époque où les vents soufflent et où la chaleur est la plus forte ; c'est la saison sèche, précédant la saison des pluies ou « léchlaboula » proprement dite, qui comprend la période de novembre à fin février. Mi-février-mai est la période des inondations appelée « mounda ».

Le « mariha », ou le véritable hiver, commence à la fin de mai et se termine au milieu d'août.

Il n'est pas besoin d'ajouter que ces dates ne sont pas fixes et qu'elles varient suivant les années.

Résumé d'observations concernant la température, faites pendant dix années par le collaborateur de M. Coillard, M. Louis Jalla, missionnaire à Kazoungoula.

Saison chaude :

Maximum { + 47° C. à l'ombre de 2 à 4 heures [1]. } fin octobre.
{ + 20° à 22° C. pendant la nuit. }

Moyenne { + 39° à 40° C. pendant le jour. } fin octobre.
{ + 20° à 22° C. pendant la nuit. }

Saison froide :

Moyenne { + 24° à 25° C. pendant le jour. } mai-juin-juillet.
{ + 6° à 10° C. pendant la nuit. }

Ces différentes températures ont toujours été prises à l'ombre. Dans le courant de la saison chaude, le thermomètre, mis au soleil, monta jusqu'à + 60° C., et il fallut l'enlever afin d'empêcher le verre d'éclater.

Dans l'intérieur du pays, sur les hauts plateaux, la différence dans la température est aussi très forte. Mes camarades et moi, nous avions déjà constaté une forte gelée blanche dans la nuit du 31 juillet, alors que nous campions près de la source de la rivière Machilé.

Je mentionnerai à ce sujet les observations suivantes que je fis lorsque je traversai, direction N.-O., la partie du pays des Ba-Rotsi qui s'étend entre la rivière Machilé et la capitale Léalouyi. Au campement du 7 août, sur la rive droite de la rivière Kuemba (affluent du Njoko), mon thermomètre, à 6 h. 30 du matin, marquait + 2°,5 C. Le 9 août, campé sur les bords de la rivière Loumbé, le thermomètre, placé au soleil devant ma tente, indiquait, à 3 heures de l'après-midi, + 42° C. Le lendemain matin, à 6 heures, au même emplacement, il ne marquait que + 1° C. Le 12 août, à 6 heures du matin, à quelques heures de marche de la rivière Motondo (affluent du Louyi), le thermomètre descendit au point de congélation.

M. Coillard, qui a enregistré annuellement, et cela pendant plusieurs années, la chute d'eau dans le Haut-Zambèze, arrive à une moyenne de 863 millimètres. Cette moyenne est constante. Si

---

[1] + 47° C., constaté une fois, n'est peut-être pas le maximum annuel.

au moment de la saison des pluies, « léchlaboula », la quantité d'eau tombée est au-dessous de la moyenne, il se produit invariablement, à la fin de la saison, de grands orages qui la font remonter près du chiffre mentionné précédemment. D'une manière générale, le climat est malsain; les indigènes souffrent principalement des fièvres et de la petite vérole. Les missionnaires ont le vaccin dans le pays; des centaines d'indigènes ont été vaccinés par leurs soins. L'époque la plus dangereuse est celle qui suit la période des inondations, où l'eau en se retirant laisse sur le terrain des détritus qui se décomposent sous l'action du soleil brûlant.

Je ne veux pas terminer ce rapide exposé sans dire quelques mots de la belle œuvre de civilisation chrétienne que M. Coillard, missionnaire-explorateur français, dépendant de la Société des missions évangéliques de Paris, a entreprise au seuil de l'Afrique centrale.

Après avoir travaillé vingt années chez les ba-Souto, M. Coillard est arrivé pour la première fois en 1878 sur les bords du Zambèze où il sauva la vie de l'explorateur portugais, le major Serpa-Pinto.

Mais ce n'est qu'en 1884 que le roi Léwanika donna à M. Coillard l'autorisation de s'établir au pays des ba-Rotsi. Au milieu de souffrances et de difficultés inouïes, M. Coillard et ses collaborateurs sont parvenus à fonder, le long du grand fleuve et sur un parcours de 500 kilomètres, cinq stations missionnaires (aujourd'hui il y en a neuf) qui forment des noyaux de sociétés nouvelles et qui sont des centres d'éducation et d'évangélisation dont le rayonnement se fait sentir au loin; ces hardis pionniers jettent les bases d'une œuvre dont on verra un jour la grandeur.

Comme j'ai pu le constater moi-même, Léwanika, le puissant roi des ba-Rotsi, le suzerain de trente tribus, jadis un homme sanguinaire, Léwanika dont l'influence s'étend jusqu'au faîte des eaux du Congo et du Zambèze, ouvre son pays à la civilisation chrétienne. Autant que cela dépend de lui, il a déjà aboli l'esclavage, supprimé l'infanticide, l'influence des sorciers et ces supplices affreux dont la pensée seule fait frémir d'horreur.

L'œuvre de M. Coillard et de ses collaborateurs, je tiens à le dire comme voyageur impartial, est une œuvre de civilisation dans l'acception du mot la plus noble et la plus élevée.

Note sur le canal du Nord et le canal de l'Escaut à la Meuse,

Par M. G. BOTTIN (S. G. Douai).

Les nécessités du commerce et de l'industrie, qui veulent des transports à bon marché, donnent au rôle économique des voies navigables une importance qui grandit avec le développement de notre production. Les voies navigables du nord et du nord-est de la France, insuffisantes depuis longtemps, menacent de ne plus répondre, dans un bref délai, aux services qu'elles doivent rendre. Aussi de nombreux projets sont élaborés pour parer à cette éventualité. Dès 1878, le canal du Nord et celui de l'Escaut à la Meuse figuraient dans la loi de classement des canaux projetés. En 1882, la Chambre des députés les déclara d'utilité publique, mais les nécessités budgétaires en empêchèrent l'exécution.

Depuis, le mal a empiré et exige un prompt remède, aussi les Chambres de commerce ont-elles répondu avec empressement à la lettre du 17 février dernier par laquelle le Ministre du Commerce les invitait à établir, d'urgence, le classement des travaux d'amélioration ou d'extension à effectuer sur les voies ferrées, les voies de navigation et dans les ports maritimes.

Les Chambres de commerce du Nord, du Pas-de-Calais, de la Somme, de l'Aisne et de l'Oise se sont réunies en Congrès à Arras, puis à Lille, et, parmi les travaux qu'elles ont recommandé comme urgents aux pouvoirs publics, elles ont mis au premier rang le canal du Nord et celui de l'Escaut à la Meuse. Elles ont aussi recommandé l'agrandissement du port de Dunkerque, dont les quais sont devenus insuffisants.

Les canaux du Nord et de l'Escaut à la Meuse, en abrégeant le parcours, diminueront le fret; le second, tout particulièrement, diminuerait de 133 kilomètres le parcours de Mézières à Dunkerque, et les départements du Nord-Est cesseraient de devenir tributaires de la Belgique et du port d'Anvers. Le Congrès a émis le vœu qu'il soit procédé, dans le plus bref délai, à l'exécution du canal du Nord, du canal de l'Escaut à la Meuse, et à l'extension du port de Dunkerque.

L'exposé de M. Bottin a pour conclusion un vœu qui sera reproduit plus loin.

Densité comparée des populations européennes et des populations indigènes en Algérie [1],

Par M. V. Demontès (S. G. Alger).

Le problème de la densité comparée des populations européennes et indigènes en Algérie ne pouvait pas se poser avant notre époque. Tant que les Français et autres étrangers européens n'entraient pas pour une part notable dans la masse de la population de notre colonie, il était assez ridicule d'essayer la comparaison de leur densité avec celle des musulmans. On ne met en parallèle que ce qui offre quelques points de ressemblance; on ne compare pas des zéros ou des chiffres très faibles avec ce qui est démesurément plus grand. Or la conquête de l'Algérie ne remonte qu'à 1830, elle ne fut même complète qu'en 1857, après la soumission de la Kabylie. Et la colonisation, entravée par mille obstacles, arrêtée par des insurrections sanglantes et répétées, menacée par des explosions brutales d'un fanatisme farouche, ne s'est pas développée avec la régularité et la rapidité qu'on lui eût souhaitée. La proportion des Européens resta assez faible jusqu'en 1872, mais à cette date il se produisit une invasion pacifique de nombreux immigrants; et en cette fin de siècle leur nombre doit s'élever à près de 700 000. En 1896, ils étaient plus de 600 000. Cela représentait, par rapport à la population totale, qui était de 4 429 421, une proportion de ¼. Malgré l'écart très sensible qu'il y a encore entre indigènes et Européens, la comparaison est possible et il peut y avoir quelque intérêt à savoir dans quelles régions de l'Algérie, dans quels départements, dans quelles villes ou communes les uns et les autres sont établis.

Mais ce problème se fût-il posé déjà, il y a quelques années, qu'il eût été matériellement impossible de le résoudre avec quelque précision scientifique. Si les dénombrements, dont l'Algérie a bénéficié pour ainsi dire dès sa naissance, nous ont renseignés à peu près exactement sur le nombre des Européens; si, malgré des erreurs, des omissions regrettables qu'il est impossible d'éviter en ces sortes d'enquête, surtout quand il s'agit d'une

---

1. Les deux cartes qui devaient accompagner cet article ne sont pas parvenues au secrétariat de la Société de Géographie.

population coloniale, on peut les considérer néanmoins comme des documents de grande valeur, il ne saurait en être de même de ce qu'ils nous apprennent sur les indigènes. Quand je me décidai à m'occuper de la démographie algérienne, bien des âmes charitables essayèrent de me détourner de ce projet : « Encore si vous vous en teniez aux Européens, peut-être trouveriez-vous, me disait-on, à glaner quelques renseignements dignes de foi, quelques statistiques véridiques, mais ne faites pas cas de celles qui concernent les indigènes! elles fourmillent d'erreurs et elles ne vous conduiraient qu'aux inductions les plus mensongères. » Et ce n'était pas des profanes qui me parlaient ainsi ; mais des gens qui avaient été à même de bien juger des statistiques algériennes, puisque quelques-uns avaient contribué comme administrateurs à les établir. Il suffit d'ailleurs de les parcourir avec quelque attention pour les apprécier à leur faible valeur. Tel douar indigène dont la population était de 7 à 8 000 âmes en a, cinq ans plus tard, plus de 20 000. Tel autre, dans une autre province, perd les trois quarts de ses habitants. Quelle vertu prolifique chez les uns! quelle épidémie meurtrière chez les autres! Il semble que pour mettre d'accord certains chiffres on ait ajouté ici, retranché là quelques milliers d'unités, et c'est un art qui n'est malheureusement pas inconnu en Algérie. Au demeurant, les premières statistiques devaient être assez malaisées à établir : car au début et aujourd'hui encore les indigènes se prêtent mal à ces recensements qui leur étaient totalement inconnus et où ils sont tentés de voir quelques menaces du *Roumi*. Ajoutez que toutes les populations musulmanes ne sont pas sédentaires et que s'il est malaisé de dénombrer malgré leur mobilité les habitants de nos grandes villes européennes, qui ont cependant un domicile fixe, il est singulièrement plus difficile de recenser des tribus nomades fixées aujourd'hui ici, et qui demain iront dresser leurs tentes à quelques lieues plus loin. Dernière difficulté, la plus grave de toutes : les indigènes n'avaient pas d'état civil. Peu ou pas de noms patronymiques. Toujours les mêmes prénoms qui revenaient. C'étaient autant d'énigmes pour nos statisticiens qui ne se donnaient pas le plus souvent la peine de les déchiffrer.

Si toutes ces causes d'erreur avaient persisté, on ne comprendrait pas que nous puissions faire état de ces statistiques et que nous essayions d'en tirer parti. Avec le temps, elles se sont atténuées. En particulier l'établissement de l'état civil des indigènes a été depuis une trentaine d'années l'objet des préoccupations de l'État français; et malgré les répugnances nombreuses manifestées par les indigènes, on est arrivé à peu près à connaître le nombre et la qualité des habitants des communes de plein exercice. Pour les communes mixtes, les statistiques sont plus indécises; plus flottantes encore celles des territoires de commandement militaire. Aussi ne saurait-on présenter ces études que comme très provisoires pour tous les territoires autres que ceux qui sont soumis à l'autorité civile.

I

A envisager la population de l'Algérie dans son ensemble et sans distinction de nationalités, elle offre une densité décroissante du nord au sud, au fur et à mesure qu'on s'éloigne des côtes et des plaines littorales pour pénétrer plus avant sur les Hauts-Plateaux ou dans les immenses étendues désertiques du Sahara. C'était là d'ailleurs une idée à laquelle on s'était arrêté depuis longtemps. Aussi bien les différences climatologiques étaient si grandes, si brusques, et elles avaient une si profonde influence sur la flore, la faune et même les races humaines qu'on ne pouvait s'empêcher, à moins de ne pas vouloir l'apercevoir, de constater le peuplement si différent des trois régions naturelles de l'Algérie.

Le Tell, la terre fertile, celle qui pouvait nourrir le plus grand nombre d'habitants, était aussi la partie la plus peuplée. Située entre une mer intérieure chaude, d'où chaque hiver soufflaient des vents poussant de gros nuages noirs qui versaient des torrents de pluie sur les premiers contreforts de l'Atlas, et un désert brûlant dont la séparait cependant un large massif montagneux où le sirocco perdait un peu de sa chaleur brûlante et de sa sécheresse stérilisante, cette région jouissait d'un climat privilégié : elle avait une température régulière, assez chaude même pendant l'hiver pour permettre certaines cultures hâtives; elle avait une humidité suffisante pour que les cultures arbustives n'aient rien à craindre de ses longues périodes de sécheresse pendant l'été. Ce n'est pas toutefois, comme on s'est plu à le répéter, que le sol y soit si riche qu'il suffise de le gratter pour lui faire produire d'abondantes moissons; ce n'est pas que de terribles fléaux ne s'abattent sur les récoltes et ne les compromettent ou ne les enlèvent en quelques heures. En Algérie, comme ailleurs, le labeur de l'homme seul peut obliger la terre à suffire à son alimentation; mais là du moins ses efforts ne sont pas vains, et la terre n'est pas une marâtre. A cette fécondité relative du sol, qu'on ajoute la situation très favorable de ce long ruban sans épaisseur qui court parallèlement à la côte. Comme le Tell se trouvait à proximité d'une mer qui depuis l'antiquité avait été le centre d'un commerce très actif entre les peuples, il ne pouvait que bénéficier de ces échanges : du temps où la barbarie musulmane armait des corsaires pour aller ravager les pays de la chrétienté, il profitait des nombreuses prises qu'effectuaient ses hardis marins; plus tard, quand la conquête française eut assuré la liberté des mers et la sécurité du commerce, les ports qu'on créa sur ce littoral qui en était dépourvu naturellement devinrent rapidement des villes populeuses et commerçantes.

Cette fertilité des campagnes du Tell permit à des populations sédentaires et agricoles de s'y fixer ; cette position particulière sur la route des invasions, et à proximité des autres pays méditerranéens, explique la composition ethnique très variée de cette population.

Qu'on jette les yeux sur une carte de densité de la population par arrondissement, on verra que les arrondissements les plus peuplés sont au nord, sur les bords de la mer. Celui de Tizi-Ouzou, dont la densité dépasse 100 habitants au kilomètre carré (exactement 103,6) est aussi celui dont le territoire s'étend le moins à l'intérieur. Après Tizi-Ouzou et par ordre de progression décroissante viennent les arrondissements de Bougie (63,5); — d'Alger (49,1); — d'Oran (39,8); — de Philippeville (31,1); — de Tlemcen (30,6); — d'Orléansville (24,1); — de Mostaganem (27,3); — de Constantine (24,1); — de Bône (23,5); et nous avons épuisé la liste de tous ceux qui possèdent dans leur périmètre quelques districts sur les bords de la mer. Le plus souvent ce sont ceux qui ont la plus grande étendue de côtes, dont le territoire s'étend beaucoup plus en façade sur le littoral qu'en profondeur à l'intérieur qui ont la densité la plus élevée. Toutefois un arrondissement sans débouché maritime a une densité qui le placerait entre Tlemcen et Orléansville : Guelma (28,3). Mais cette apparente exception à la règle a encore sa raison d'être dans le voisinage de la mer et les facilités de communication de cette région avec Bône, qui était autrefois le port de Constantine : la route de Constantine à Bône traversait cet arrondissement; par là aussi passait la voie naturelle qui conduisait à Tunis par la vallée de la Medjerdah. Tous les autres arrondissements situés à l'intérieur, en partie dans le Tell, en partie sur les Hauts-Plateaux, avaient une densité inférieure : Miliana (21); — Sétif (21); — Médéa (17,2); — Batna (15,8); — Mascara (14,5); — Sidi-bel-Abbès (12,8).

Relativement assez dense dans toute la région tellienne de l'Algérie, la population y est en même temps de composition très variée. Les indigènes musulmans y gardent à peu près partout une grande supériorité, excepté dans les communes de plein exercice. Là même ils l'emportent le plus souvent sur chaque groupe d'Européens. Ainsi, dans l'arrondissement d'Alger et ses communes de plein exercice, s'ils sont légèrement distancés par les Européens pris dans leur ensemble, sans distinction de nationalité, ils sont cependant plus nombreux que les Français seuls ou les étrangers seuls. A Oran seulement, par suite d'une forte et continue immigration étrangère, les Espagnols forment un groupe plus compact que le groupe indigène. Le fait est curieux et mérite d'être signalé. Généralement les Européens entrent pour un appoint considérable dans la population des communes de plein exercice et cet appoint est d'autant plus appréciable que les arrondissements que l'on considère sont limitrophes de la mer. A signaler cependant que la région montagneuse de la grande Kabylie a très peu d'Européens et beaucoup d'indigènes. Dans les communes mixtes les Européens sont encore à peine représentés. Les indigènes forment la grande majorité ou plutôt la totalité de la population. Quant aux Israélites, ils vivent dans les grandes villes commerçantes, le plus souvent dans les grandes cités du littoral; ils ont cependant des colonies prospères à Tlemcen et à Mascara, probablement à cause de la frontière marocaine, où se produit un important mouvement d'échanges secrets et frauduleux. Toutefois le rôle de courtier entre Européens et musulmans que joue le juif algérien l'a obligé à se disséminer un peu partout, mais on le trouve surtout là où le commerce est le plus actif, c'est-à-dire dans le Tell.

Les Hauts-Plateaux n'ont une population ni aussi dense ni aussi variée que le Tell. La proximité de vastes espaces désertiques rend le climat de ces régions impropre à la culture et par suite à l'implantation d'une nombreuse population : humidité insuffisante à cause de la chaîne bordière septentrionale de l'Atlas, qui arrête les nuages ou les oblige à condenser leur humidité et à la résoudre en pluie ; au delà les vents ne poussent plus que de maigres nuages que la chaleur dissipe et que la sécheresse fait s'évanouir ; écarts de température énormes qui rendent impossible toute autre végétation que celle de plantes fibreuses, résistantes, l'alfa ou le diss. C'est la région pastorale par excellence, celle où les Arabes nomades, venus d'Arabie, ont cru retrouver leurs immenses et maigres pâturages de l'Asie, celle qu'ils parcourent de préférence avec leurs troupeaux de moutons. Et partout où l'on ne rencontre que des populations nomades, les pays sont peu peuplés, la densité reste faible, très difficile à calculer d'ailleurs à cause des migrations continuelles des habitants. N'étaient même les Ksouriens de l'Amour et les Chaouia de l'Aurès plus sédentaires, il y aurait encore moins d'indigènes : à peine compterait-on de 1 à 5 habitants au kilomètre carré. Quelques exemples : dans le cercle de Bou-Saada, la densité est de 3 ; elle est encore de 3 dans le cercle de Biskra ; dans celui d'Aïn-Sefra elle descend à 1. Il est presque inutile d'ajouter que les Européens se rencontrent rarement sur les Hauts-Plateaux : notons cependant que l'exploitation de l'alfa a amené dans le Sud Oranais des travailleurs espagnols et que les découvertes de riches gisements de phosphates ou de mines pourraient à brève échéance appeler de nombreuses théories d'ouvriers italiens dans le sud du département de Constantine. Actuellement cette invasion pacifique ne s'est pas encore produite et la densité des Européens demeure faible.

Au delà de l'Atlas s'étend le désert du Sahara et, comme son nom l'indique, ce doit être la partie de l'Algérie la plus inhabitable. Quoique l'imagination des poètes ou la divination de certains voyageurs en chambre se soit complue à nous tracer de ces étendues désertiques des tableaux vraiment par trop fantaisistes, la chose la plus véridique qu'ils aient dite est encore l'absence presque complète d'habitants dans ce pays de la faim et de la soif. Cependant, si les hamada rocheuses brûlées, calcinées par le soleil, sans eau et sans végétation, non seulement ne sont pas habitées, mais sont rarement parcourues par des caravanes ou même par des troupeaux de moutons, les dunes de sable plus fixes qu'on ne se l'imagine et moins arides aussi se couvrent d'un tapis de verdure pendant l'hiver, lorsqu'une ondée bienfaisante a rendu pour un moment la vie à ces espaces désolés, et des pasteurs indigènes, chassés des Hauts-Plateaux par le froid et la neige, paissent leurs immenses troupeaux. Enfin dans les dépressions ou sebka, l'eau qui sourd à la surface ou jaillit des puits artésiens développe une riche végétation; de verdoyantes palmeraies abritent toutes sortes de cultures et là aussi se presse une végétation très dense qui dispute au soleil et au sable la moindre goutte d'eau. Malheureusement les oasis ne sont qu'en nombre très restreint et n'ont qu'une étendue cultivable infiniment petite par rapport aux grands espaces désolés qui les entourent. La grande densité de ces points dans le désert ne compense pas la solitude de ces espaces dépeuplés.

Voici donc une première loi à laquelle conduisent ces observations :

La densité des populations tant indigènes qu'européennes va en décroissant du nord au sud; forte dans toute la région tellienne, aussi bien sur le littoral que sur les contreforts de l'Atlas, elle est faible dans la région steppiènne des Hauts-Plateaux et elle devient nulle (les oasis exceptées) dans le Sahara.

Et cette décroissance très sensible a sa raison d'être dans des différences climatologiques. Emprisonnée entre le Sahara et la Méditerranée, l'Algérie, comme la Tunisie, comme le Maroc, est soumise à une double influence : à l'influence bienfaisante de la mer, qui entretient sur ses côtes une végétation luxuriante et permet à une nombreuse population de s'y établir; à l'influence stérilisante du désert, qui dessèche son sol et empêche toute autre végétation de s'y développer que celle des steppes sur les Hauts-Plateaux, toute autre population de s'y maintenir que celle des nomades pasteurs. De plus, à cause de la structure orographique de l'Algérie, des trois régions naturelles : Tell, Hauts-Plateaux, Sahara, la première se réduit à une longue bande littorale sans épaisseur de 80 à 100 k.; l'influence saharienne s'étend au contraire sur une grande partie du territoire algérien; elle est dominante sur les Hauts-Plateaux et elle est exclusive au delà de l'Atlas.

II

Ces idées sont loin d'être nouvelles; depuis longtemps, on les connaissait, on les répétait, et je ne les ai rappelées que pour mémoire. Dans une étude sur la densité comparée des populations européennes et musulmanes en Algérie, il était impossible de ne pas montrer d'abord cette influence prépondérante qu'ont exercée sur leur répartition les causes climatologiques.

Mais faut-il s'arrêter à ces premières observations? D'autres causes moins actives peut-être et par suite plus cachées n'ont-elles pas agi? Au lieu de considérer l'Algérie dans sa profondeur et dans les bandes littorales qu'y découpent les variations climatologiques, étudions-la dans sa longueur de l'est à l'ouest; puis abandonnant cette méthode par trop simpliste et artificielle, prenant l'Algérie non plus dans son ensemble, mais sur quelques points particuliers, ne découvrirons-nous pas les raisons d'un fait démographique peu connu : la densité très considérable dans toutes les régions montagneuses presque inaccessibles? Et ce fait, dans sa constatation comme dans les causes qui l'ont déterminé, nous paraîtra peut-être comme le fait dominant de cette étude.

En 1896, le dénombrement donnait comme population résidente :

1° Au département de Constantine	....	1 874 506
2° — d'Alger.	....	1 526 667
3° — d'Oran	....	1 028 248

A ne retenir que ces chiffres, sans les rapporter au territoire occupé, on pourrait dire que le département de Constantine est plus peuplé que celui d'Alger, que le département d'Alger est plus peuplé que celui d'Oran. Mais, pour avoir la densité véritable, il faut rapprocher de pareils résultats de la superficie des communes ou des territoires. Or les superficies accordées au département de Constantine sont bien supérieures à celles des autres départements. La différence est cependant numériquement si considérable au point de vue de la population qu'il se peut que la densité soit plus grande à l'est qu'à l'ouest. Calculons donc ces densités et représentons-les sur une carte par des courbes de niveau, en distinguant les indigènes et les Européens.

1° *Indigènes*. Prenons comme courbe limite celle qui représente la densité 5. Tous les territoires qui n'auront pas cette densité seront considérés comme peu peuplés. Suivons-en le tracé. A l'est, elle entre en Algérie un peu au-dessous de Tebessa, presque à la limite méridionale des Hauts-Plateaux, et elle en sort au-dessous de Sebdou à la bordure septentrionale de ces Hauts-Plateaux. Donc, dans son tracé en Algérie, après avoir englobé toute la région des hautes terres algériennes à l'est, elle la laisse échapper à l'ouest; donc la population indigène a une densité égale ou supérieure à 5 sur tous les Hauts-Plateaux constantinois, elle la perd sur les Hauts-Plateaux oranais.

Précisons encore et suivons le tracé de cette courbe. De Tebessa elle se dirige vers l'Oasis de Biskra assez régulièrement, en embrassant les communes mixtes de Morsott, de la Meskiana, de Khenchela; toute la région de l'Aurès est contournée.

A Biskra elle remonte brusquement au nord, contourne le chott Hodna, se rapproche du Tell dans la région des Maadid, et, à partir de ce point, elle courra parallèlement à la mer jusqu'à Tiaret.

Toutefois, dans l'intérieur du département d'Alger, toute une vaste région dont la densité est supérieure à 5 reste en dehors de cette ligne; ce sont les territoires et communes de Bou-Saada, de Djelfa et de Laghouat : ce qui tendrait à prouver que dans ces Hauts-Plateaux du département d'Alger la population indigène est encore assez nombreuse, puisque sa densité dépasse souvent la proportion limite 5.

Au contraire, dans le département d'Oran, elle est franchement bien inférieure, et la courbe que nous suivons laisse nettement en dehors toute cette région. Si elle se maintient en dehors du Tell entre Tiaret et Saïda, elle franchit la ligne de partage des eaux, pénètre dans la région tellienne avec les communes mixtes de la Mékerra et de Telagh.

On voit donc que la largeur de la zone où la densité de la population indigène se maintient égale ou supérieure à 5 au kilomètre carré diminue de l'est à l'ouest.

Ce fait social s'expliquera facilement si on le rapproche de cette autre loi physique : la tranche de pluie qui tombe en Algérie aussi bien sur les bords de la mer qu'à l'intérieur diminue sensiblement de l'est à l'ouest. D'autre part les plateaux constantinois sont plus accidentés que les hautes plaines de l'Oranie.

2° *Européens*. Il semble que par une proportion inverse, qui n'est peut-être pas sans rapport avec la précédente, les Européens voient leur densité augmenter de l'est à l'ouest.

Au dernier dénombrement, la proportion des Français et des étrangers dans les trois départements était la suivante :

Département d'Oran.. 210 559
— d'Alger................................. 201 348
— de Constantine..................... 117 810

Or les surfaces concédées n'ont pas été plus considérables à l'est qu'à l'ouest. Dans le département de Constantine, la colonisation européenne lutte péniblement ; la densité de sa population ne s'accroît que lentement dans son ensemble et elle recule même en certains arrondissements. Telle région, comme l'arrondissement de Philippeville, se dépeuple d'Européens, et cela dans toutes les communes, même dans ses centres autrefois les plus prospères. Telle autre, comme les arrondissements de Bône, de Constantine, dépérit. La densité des Européens est bien minime par rapport à celle des indigènes et même la propriété indigène gagne sur la propriété européenne dans les environs de Sétif.

Le département d'Alger est plus favorisé, mais pour une de ses parties seulement. Les Européens, dont la majorité est française, sont solidement établis, et en nombre, à Alger et dans tous ses environs ; le Sahel et la Mitidja sont envahis et presque exclusivement habités par eux. En dehors de cette région privilégiée, les tentatives de pénétration ont moins bien réussi et la densité des villages créés ne s'accroît pas avec la même rapidité.

Bien au contraire le département d'Oran gagne sans cesse ; toutes ses villes, tous ses villages sont en progrès, et ce ne sont pas uniquement ceux qui sont sur les bords de la mer : ceux de l'intérieur s'accroissent aussi. Déjà même les Européens débordent sur les Hauts-Plateaux.

Faut-il attribuer cette inégalité de densité européenne des trois départements à leur différence de structure géographique? A Constantine, il n'y a pas d'unité ; des régions séparées les unes des autres, sans facilité de communication, un dédale de montagnes, des vallées-couloirs étroites et impraticables, peu ou pas de plaines littorales. A Alger, une seule région privilégiée, la dépression mitidjienne enserrée par de hautes montagnes, un arrondissement, une ville même absorbant à son profit toutes les forces vives du département. Enfin à Oran, ni dispersion excessive, ni centralisation à outrance : des plaines littorales fertiles, des communications faciles. Cette diversité de structure a certainement eu son influence sur le peuplement européen. Les aptitudes colonisatrices des immigrants n'ont pas été aussi sans action. Que les Français soient les mêmes en Oranie et à Constantine, peut-être; je dis peut-être, car les Français originaires des Pyrénées-Orientales, du Bas-Languedoc, viticulteurs expérimentés, qui se sont surtout portés à Oran et à Alger, étaient plus à même que les Corses ou les Français originaires des régions montagneuses de la France à tirer parti des richesses algériennes. Sans tenir compte de ces inégales aptitudes il faut bien avouer que les uns à Oran et à Alger ont trouvé dans les Espagnols des auxiliaires précieux, durs à la fatigue, habitués aux travaux agricoles, les préférant même à tout autre labeur, et que ceux de Constantine n'ont été nullement aidés ni par les Italiens et les Maltais, excellents terrassiers ou commerçants, mais médiocres agriculteurs. Mais il est une autre raison, précisément cette répartition inégale de l'élément indigène. Jaloux de la possession de leur sol, d'où ils tiraient toutes leurs ressources, ils devaient offrir à l'invasion des Européens une force de résistance d'autant plus grande qu'ils étaient plus nombreux, plus grande par conséquent à Constantine qu'à Oran.

Les Juifs. — Les Juifs habitent les villes, surtout les villes commerçantes. Vous les trouverez donc partout où les transactions commerciales sont florissantes, et ce ne serait pas un des symptômes les moins graves pour le département de Constantine que la diminution progressive de l'élément israélite de l'est à l'ouest, car cette décroissance tendrait à prouver aussi que la prospérité économique dans notre colonie diminue dans le même sens.

```
Département de Constantine........................  9 649
    —       d'Alger................... .........  17 092
    —       d'Oran................... .........  22 022
```

Fait plus grave encore s'il était démontré! La population israélite décroîtrait à l'est et augmenterait à l'ouest. D'un dénombrement à un autre, en l'espace de cinq ans, elle aurait perdu près de 3 000 individus dans le département de Constantine, elle en aurait gagné tout autant à Oran, tout autant à Alger. Y a-t-il donc eu déplacement vers l'ouest? Cette diminution est-elle réelle ou fictive? On ne sait.... car il faut se défier des statistiques. Depuis que les Israélites ont été naturalisés en bloc par le décret Crémieux, ils se prévalent, selon les besoins et les circonstances, tantôt de leur nationalité d'origine, la juive, tantôt de leur nationalité d'adoption, la française. Et les statistiques de les dénombrer tantôt à part, tantôt avec la masse des Français. Dès lors, comment pouvoir faire état de telle ou telle variation?

Ne tenons donc pas compte de ces fluctuations; il est néanmoins hors de doute que l'élément juif est beaucoup plus nombreux en Oranie que dans le département de Constantine. A Oran, ils sont 10 651 et forment 13,16 0/0 de la population; Tlemcen est leur fief algérien : à eux seuls, ils sont plus nombreux que les Français et les Européens étrangers réunis, 4 694 contre 2 653 Français et 1 433 étrangers. Ils échelonnent leurs colonies le long de la frontière marocaine. Conséquence : Tlemcen et toute cette région frontière ont toujours été le centre d'un important trafic de contrebande entre notre colonie et l'empire chérifien.

De ces constatations, il est donc permis d'induire cette seconde loi :

1° *Que les indigènes musulmans ont une densité décroissante de l'est à l'ouest, surtout dans l'intérieur de l'Algérie.*

2° *Que les Européens et les Juifs ont au contraire une densité croissante de l'est à l'ouest, en particulier dans le Tell.*

III

Combinées avec la première loi sur la différence de densité des populations algériennes du nord au sud, suivant les diverses régions naturelles, ces deux nouvelles lois nous permettent de nous faire une idée d'ensemble, mais elles ne sauraient suffire si l'on prétend pénétrer dans les détails. Dans ce Tell, quelles sont les parties occupées de préférence par les Européens? quelles sont celles qui restent à peu près réservées aux indigènes? Nous n'avons au surplus jusqu'à maintenant fait aucune distinction entre les indigènes musulmans; or tout le monde sait qu'il y a parmi eux deux grands groupes ethniques : l'un à peu près pur, le groupe des arabes nomades, descendants des anciens envahisseurs musulmans, qui appartiennent à la race sémite comme les Hébreux; l'autre, très mélangé, résidu des anciennes races aborigènes ou de celles qui avaient réussi à s'établir dans ce nord de l'Afrique avant les Arabes et qui, pour la plupart, semblent descendre des races blondes ou brunes de l'Occident. Malgré la fusion qu'une cohabitation de plusieurs siècles a en certains endroits amenée entre elles, que l'adoption d'une même religion formaliste et sectaire a rendue possible, n'ont-elles pas conservé un habitat différent? Autant de questions qu'il importe de résoudre.

Mais ce n'est plus à des causes d'ordre physique qu'il faut faire appel, c'est à des causes d'ordre social et à l'histoire.

Quand la grande invasion des Hillals et des Soléins dévasta l'Afrique du Nord, les conquérants, peuple de nomades venus d'Arabie, peuple de pasteurs vivant sous la tente et poussant, de pâturage en pâturage, leurs troupeaux de moutons, refoulèrent devant eux les anciens habitants du sol, et devinrent les maîtres des meilleures terres. Les plaines et les plateaux autrefois cultivés devinrent des terres de parcours pour les tribus, des lieux de pacage pour les animaux. Les vaincus se réfugièrent dans les montagnes et là, par un labeur séculaire, parvinrent à transformer ces terres ingrates en véritables jardins. Et il arriva ce fait que les parties les plus montagneuses devinrent, en même temps que les forteresses de la résistance contre les oppresseurs, les régions les plus peuplées et les plus riches. Là se maintinrent des autochtones ou plutôt, car ce mot s'applique mal aux descendants des Vandales, des Romains, Numides, etc., les spoliés et les vaincus; ils se maintinrent, sinon complètement indépendants, du moins dans une attitude souvent redoutable. Ils acceptèrent la religion de leurs vainqueurs, mais ils gardèrent leurs coutumes, leurs habitudes sociales, leurs cultures. Aussi où trouve-t-on actuellement les groupes les plus compacts d'indigènes? dans les massifs montagneux d'accès le plus difficile.

a. Dans la Grande-Kabylie. Les communes mixtes de Djurjura et de Fort-National ont des densités bien supérieures à 100. Celles de Dellys, d'Azeffoun, de Dra-el-Mizan et du Haut-Sebaou atteignent presque cette énorme proportion. L'exemple de la commune de Djurjura est topique.

Commune mixte de Djurjura.

	Population.	Superficie.	Densité.
Michelet, hameau, chef-lieu	491	4638	151,98
Ait-Gobia, douar	6858		
Abi-Youssef, douar Tiferdeul	3876	2175	178,20
Beni-Menguellet, douar	5408	3375	160,23
Beni-Ouassif, tribu	6681	1953	342,08
Beni-bou-Akkoche, tribu	4344	4000	108,60
Beni-Ittourar, tribu	7672	4558	168,31
Beni-Illilten, tribu	4233	1500	282,20
Akbils, tribu	4411	1300	339,30
Beni-bou-Attos, tribu	2583	1200	215,25
Beni-Sedka-Ogdal, tribu	7932	3726	212,88
Beni-bou-Drer, tribu	6860	1200	571,66

Voilà une commune bien remarquable. Elle est située en pleine montagne, ses habitants vivent surtout de l'agriculture et elle a une densité bien supérieure à celle de la plupart de nos communes agricoles de France.

b. Dans la Petite-Kabylie. Les communes mixtes d'Akbou, du Guergour, de la Soummam, de Tababort, de Taher sont très peuplées. Encore ici, quoique le cas se présente moins souvent, la densité s'élève parfois au-dessus de 100. Exemples : dans la commune d'Akbou, Tazmalt, partie de douar, en a une de 122,01, la tribu des Illoulas à Igram 133,87, les Ouzellaguen 186,24 ; dans la commune du Guergour, le douar des Beni-Mahouch a 132,09 habitants au kilomètre carré, la tribu des Beni-Ourtilane 114,70. Or le plus souvent les territoires de ces douars et de ces tribus sont situés en pleine montagne.

c. A l'est comme à l'ouest de ces massifs kabyles si peuplés, vous trouverez partout la densité de la population indigène augmentée dans les îlots montagneux. A l'est dans le massif de l'Edough, aux Bibans, au Rirha, dans l'Aurès. A l'ouest dans le Dahra, l'Ouarsenis, partout enfin où se rencontrent quelques contreforts montagneux.

d. Au sud même, par delà les Hauts-Plateaux, sur la bordure méridionale de l'Atlas Saharien, on trouve disséminées quelques tribus sédentaires, plus nombreuses que les Arabes nomades de la plaine : ce sont les Chaouia de l'Aurès, les Ksouriens de l'Amour.

A n'en pas douter, ces populations, réfugiées sur les montagnes, sont issues des anciens possesseurs du sol ; elles se sont retirées devant le flot des envahisseurs qui est venu pendant des siècles se briser sans pouvoir l'entamer au pied de ces montagnes abruptes, forteresses naturelles des vaincus. Elles ont continué à vivre de leur vie sédentaire, à cultiver la terre, et les maigres ressources qu'elles en tiraient leur ont suffi à satisfaire des besoins forcément restreints.

Les Arabes se sont maintenus sur les Hauts-Plateaux et, avant la conquête française, on les rencontrait encore dans les plaines du littoral que leur incurie avait laissé transformer en marécages ou en terrains de vaine pâture. Il leur faut les grands espaces, les pâturages sans cesse renouvelés. Ils peuplent encore les Hauts-Plateaux, mais dans les plaines du Tell ils se retirent de plus en plus devant l'influence française. A l'intérieur seulement on retrouve la race sémite à peu près pure ; car partout ailleurs ils se sont croisés avec les femmes kabyles, de telle sorte qu'aujourd'hui il est très difficile de les distinguer des anciens Berbères.

Les Européens se sont établis d'abord sur le littoral, puis ont pénétré à l'intérieur. Quand les Français ont débarqué en Algérie, ils ont trouvé les montagnes fortement occupées par les indigènes ; les plaines au contraire étaient presque vides. C'étaient précisément les terres qu'il fallait à leur activité laborieuse. D'ailleurs une grande partie se trouvait entre les mains du beylik, et elles devinrent la propriété du gouvernement français qui lui succédait. Ce fut une circonstance des plus heureuses pour le développement de la colonisation française, circonstance dont elle profita, dont elle profite encore. Il est vrai que cette obligation où fut notre race, ou les autres races européennes qui fournirent de nombreux immigrants à l'Algérie, de s'établir dans les plaines ou dans les couloirs des vallées ne fut pas favorable à leur acclimatement : la malaria, les chaleurs torrides et étouffantes firent payer aux nouveaux occupants un lourd tribut.

La province d'Alger fut colonisée la première : l'élément rural européen s'établit solidement sur la plaine littorale, puis dans le

Sahel, puis dans la Mitidja. La haute plaine de Médéah se trouva livrée un peu plus tôt que la plaine d'Aumale à la colonisation. Les étroites vallées de la Grande-Kabylie, la large dépression où coule le Chélif furent peu à peu ouvertes à la pénétration européenne, qui aborbe aujourd'hui le Dahra et l'Ouarsenis.

Marche parallèle à Oran. D'abord la plaine littorale d'Oran : entendez par là non seulement les environs d'Oran, mais ceux d'Arzew et de Mostaganem. Plus tard le mouvement de colonisation se prononça autour de la grande Sebkha et au pied des montagnes telliennes; il est vrai que la haute plaine de Tlemcen reçut ses premiers colons à la même époque que le littoral oranais; celle de Sidi-bel-Abbès n'était occupée qu'un peu plus tard, plus tard encore celle de Mascara. Quant aux hauts plateaux de l'Oranie, ils sont aujourd'hui jalonnés de centres dans les parties que traversent actuellement les routes et les chemins de fer.

Du côté de Constantine, deux plaines furent d'abord occupées et des villages européens fondés : la plaine de Bône et la plaine de Philippeville. Puis on aborda la haute région de Guelma et le plateau de Sétif. Les autres plateaux constantinois ne reçurent des immigrants que plus tard, en même temps que la vallée de la Sammoum et les quelques régions de la petite Kabylie qu'on put consacrer à l'établissement des Alsaciens-Lorrains.

Donc, si l'on voulait traduire cette superposition des races européennes et indigènes par une image, on pourrait dire que si la mer recouvrait peu à peu l'Algérie, les Européens seraient les premiers engloutis; puis les Arabes seraient submergés; enfin s'enfonceraient dans les eaux les représentants des premières races qui prirent possession de ce sol. Tous ces peuples disparaîtraient dans l'ordre inverse de leur apparition.

Ou bien, on pourrait dire :

De tous les peuples algériens, ce sont les Européens qui ont la densité la plus forte dans les plaines telliennes du littoral et de l'intérieur, les Arabes dans les Hauts-Plateaux et les Kabyles dans les massifs montagneux.

IV

Ces trois lois risqueraient cependant de développer des idées fausses si on les présentait comme les expressions absolument exactes de la réalité : elles demandent certaines atténuations. A les prendre à la lettre, elles feraient croire en effet que ces populations se sont juxtaposées sans se mélanger ; or si les unions entre Européens et musulmanes ou musulmans et Européennes sont aujourd'hui des plus rares, si suivant toute probabilité elles ne se multiplieront pas tant que la différence de religion creusera entre ces peuples un abîme, les mariages croisés entre Kabyles et Arabes sont nombreux et les deux races sont actuellement difficiles à distinguer. Elles tendraient aussi à propager cette autre idée que les Européens et les musulmans ne peuvent pas cohabiter, que partout où les premiers l'emportent, les autres diminuent, qu'il y a refoulement de l'élément indigène. Même fait se reproduirait à notre époque qu'il y a mille ans. Les vainqueurs se substitueraient aux vaincus dans les meilleures terres et les obligeraient à se cantonner dans les montagnes.

Nous voilà bien loin des affirmations de ceux qui prétendent que la création de villages français attire l'agglomération de nombreux indigènes, qu'en leur assurant des salaires fixes, les Européens invitent ces mêmes indigènes à quitter leurs montagnes, que la densité de ces derniers doit donc s'accroître dans les plaines algériennes. Ils raisonnent ainsi : sans doute les confiscations de terrains à la suite de révoltes, les achats ou les expropriations chassent bien les anciens propriétaires du sol qu'ils possédaient, mais plus tard, progressivement, l'appât de salaires rémunérateurs et fixes les ramène sur ces terres ; ils viennent louer leurs bras, puis ils se fixent autour des fermes ou dans les centres. La densité des indigènes croît en même temps que celle des Européens dans les villages européens.

Ce raisonnement, qui paraît très juste en théorie, ne se vérifie guère dans la réalité. Deux obstacles se dressent : d'abord l'apparition de l'ouvrier étranger entre le Français propriétaire et l'étranger dépossédé. Or, comme l'étranger est habitué aux travaux qu'on lui réclame, qu'il se plie généralement bien mieux aux habitudes de vivre du patron, qu'il donne un travail supérieur et en qualité et en quantité à l'indigène, l'étranger est embauché et l'indigène évincé. Sans doute le manque de bras a fait que l'on s'est adressé à la main-d'œuvre indigène ; d'aucuns veulent la grossir et supputent les bénéfices que ces indigènes en retirent déjà ou pourraient en retirer. Ils l'évaluent à 60 millions par an. D'autres, il est vrai, soutiennent que ce chiffre est fantaisiste, et le ramènent à 20 ou 30 millions. Il m'est impossible de prendre part ici dans ce débat, mais je signale aux calculateurs optimistes et la détresse effrayante des populations indigènes et leur répugnance à venir habiter près des Européens.

Je sais bien que cette répugnance a une autre raison très puissante, la haine religieuse. Le musulman hait le chrétien, le spolié hait l'usurpateur. Cette double haine, dont la première est la plus vivace, la plus indéracinable, arrête tout mouvement de rapprochement.

Qu'on nous montre les progrès réalisés ? A part quelques villes du littoral qui existaient avant l'occupation française, qui étaient habitées par des indigènes, où ils possédaient donc leurs intérêts, quels sont les centres, villages ou hameaux de création récente où sont venus s'établir les indigènes ? En compulsant les statistiques, je vois le nom du centre suivi d'un chiffre dérisoire de population indigène et, en dessous, le nom d'un douar, d'une tribu, établi dans les montagnes avoisinantes, suivi au contraire d'un chiffre très élevé. Non, ils continuent à vivre jalousement chez eux ; la nécessité, la misère les obligent sans doute à aller travailler chez l'Européen quand elle ne les pousse pas à le voler, mais ils n'habitent pas près de lui de leur plein gré.

On a dit avec plus de vraisemblance, en spécifiant, que les Kabyles se rapprochaient volontiers de nous, qu'ils se louaient comme garçons de ferme, qu'ils secondaient puissamment l'agriculture française. Il se produirait ainsi une sorte d'attraction des plaines sur les montagnes ; les tribus très prolifiques de la Kabylie sèmeraient chaque année des armées de travailleurs dans les riches plaines du littoral, comme les populations de l'Auvergne ou de la Savoie en envoient vers les beaux vignobles des bords de la Méditerranée. Cela est vrai ; nous avons vu de nombreuses compagnies d'indigènes se dirigeant au moment des moissons vers la côte. Ainsi, tandis que l'occupation française aurait eu pour résultat de refouler les Arabes, les spoliateurs d'hier, elle aurait appelé à elle, tiré de leurs montagnes où ils avaient été confinés, les Kabyles, les spoliés et les opprimés.

Cette thèse en apparence si flatteuse pour notre amour-propre, en réalité si utile à nos intérêts, il serait intéressant de l'appuyer sur des chiffres incontestables ; or, dans l'état des statistiques, il n'apparaît pas manifestement que dans les pays de race dite kabyle, il y ait rapprochement plus réel que dans les pays de race arabe. Cependant, et nous partageons l'opinion générale, il se peut qu'il y ait quelque différence : pour la mesurer, il serait à souhaiter que les statistiques futures fussent dirigées en vue de nous donner ce renseignement.

Remarques sur la signification et l'orthographie[1] des noms de lieux,

Par ÉMILE BELLOC.

L'étymologie des noms de lieux est généralement beaucoup plus simple qu'on ne pense.

A quelques rares exceptions près, tous les noms géographiques ont une signification précise, qui peut être sûrement déterminée en soumettant ces noms à l'analyse.

La signification de ces dénominations géographiques dérive directement du rapport existant entre elles et la nature des choses qui ont donné lieu à leur formation. Pour connaître ce rapport et pour pouvoir préciser la valeur étymologique des noms qu'il a servi à constituer, il n'est pas toujours indispensable de soumettre les désignations toponymiques à des investigations exclusivement basées sur les principes d'une érudition approfondie. Dans la généralité des cas, pour grouper les éléments d'étude d'apparence

---

1. *Orthographie* (ὀρθός = droit, et γράφω = j'écris), étant le seul synonyme correct du mot « orthographe », étymologiquement parlant, est employé ici intentionnellement. En effet, puisqu'on dit *Cartographie, Cryptographie, Ichnographie, Iconographie, Lithographie, Photographie, Sténographie,* etc., il n'y a aucune raison, en bonne logique, pour ne pas écrire « orthographie ».

parfois très complexe, il suffit simplement de savoir apprécier les transformations successives subies par les idiomes locaux.

En interrogeant méthodiquement les vieux habitants du pays, auxquels l'usage de la langue française n'a pas fait oublier la véritable signification des expressions toponymiques locales, on parvient souvent à recueillir sur les anciens noms d'origine populaire des renseignements d'un réel intérêt.

Les archives régionales, les actes administratifs et les matrices cadastrales fourniront également des indications précieuses, qu'il serait quelquefois impossible de se procurer par ailleurs.

Quant aux auteurs latins, il ne faut se référer à leur texte qu'avec circonspection. En effet, lorsque les Latins sont venus dans les pays qu'ils ont temporairement habités, les dénominations locales existaient déjà depuis longtemps. Ils n'ont donc rien inventé et leur rôle a consisté, tout simplement, à traduire ou à latiniser, parfois de façon très étrange, les noms de lieux créés par les autochtones, c'est-à-dire à donner une version différente des dénominations géographiques primitives, en les adaptant à leur propre langue.

*
* *

L'étude de l'origine et de la formation des noms de lieux dits a une importance capitale. Et, lorsque les désignations géographiques qu'elle soumet à l'analyse ont un rapport intime avec la forme, les accidents ou la nature du terrain, cette étude acquiert une valeur toute particulière. Il en est de même des noms locaux se rattachant directement aux produits naturels du sol, aux plantes ou aux animaux ayant coutume de vivre ou de se rassembler en des endroits déterminés ; ou bien encore de ceux qui rappellent des événements mémorables dont ils perpétuent le souvenir.

Quelques citations rapides feront mieux apprécier l'intérêt que présente ce genre de recherches.

Prenons un nom au hasard, celui de « Cauterets », par exemple. Le nom primitif de cette station thermale, une des plus renommées des Pyrénées, a été tellement défiguré, notamment par la malencontreuse substitution de la voyelle *u* à la diphtongue *ou*, qu'il est presque impossible aujourd'hui, à une personne étrangère au pays, d'en préciser exactement la signification. Cependant ce nom est un des plus caractéristiques de la région pyrénéenne. Pour en saisir le véritable sens, il suffit d'observer attentivement la manière de prononcer des indigènes : *Câoutèrés* disent-ils.

A peu de chose près, *Câoutèrés* représente fidèlement la forme originelle *Câoudèrés*, qui n'est autre chose que le mot *Câoudèra* (chaudière) mis au pluriel; lequel est très usité dans les Pyrénées.

A lui seul, ce nom résume l'histoire et la fortune de Cauterets.

Anciennement les habitants de cette petite ville avaient eu l'ingénieuse idée de creuser, dans la roche vive, des espèces de cuves plus ou moins profondes, dans lesquelles ils recueillaient les eaux thermales sulfureuses destinées aux usages balnéaires. La température fort élevée de ces eaux et la forme particulière de ces bassins leur firent donner le nom de « Chaudières », en patois *Câoudèrés*, qui est devenu, par extension, le nom même du pays.

L'exemple suivant paraît aussi démonstratif, tout au moins quant à la véritable signification du mot.

Si nous consultons un atlas moderne, nous voyons qu'un certain nombre de cimes pyrénéennes portent le nom de « Pics *du* Midi ».

Les cartographes du xviiie siècle, mieux avisés ou plus scrupuleux que leurs successeurs, appelaient, avec juste raison, ces sommets « Pics *de* Midy ».

En géographie, comme en beaucoup d'autres matières du reste, on se trompe souvent en voulant innover. Dans le cas présent ce sont les anciens géographes qui étaient dans le vrai. En effet, en disant « Pic de Midi », l'indigène n'a nullement l'intention de désigner la montagne placée au sud de l'endroit qu'il habite; il veut simplement fixer le point de repère qui lui permet de reconnaître la douzième heure après minuit, c'est-à-dire le milieu du jour. En voici la preuve convaincante.

De temps immémorial, les hauts reliefs qui dominent ou qui avoisinent la vallée d'Aure servent de cadran solaire aux habitants de la petite ville et du plateau de Lannemezan (Hautes-Pyrénées).

Selon les différentes époques de l'année et la position relative de quelques-unes de ces cimes, par rapport à celle du soleil, la plupart des indigènes savent fort bien préciser l'heure du jour, sans erreur appréciable. C'est ainsi qu'ils distinguent le *Pic de Dix heures*, le *Pic d'Onze heures*, le *Pic de Midi*, le *Pic d'Une heure*, le *Pic de Trois heures*, etc.

Plusieurs montagnes du même genre sont également connues dans les Alpes, notamment celle que l'on appelle *Piz de Nour*, Piz de Miezdi, etc.

Du reste les hauts reliefs montagneux ne sont pas les seules protubérances terrestres qui servent de repères horaires. Des saillies de moindre importance fournissent également d'utiles indications. C'est ainsi, par exemple, que les habitants de Toulon connaissent parfaitement le *Báou dé quatrouros*, autrement dit, « le Rocher de quatre heures ».

Comme je l'ai déjà dit, une des causes d'erreur les plus communes — tout au moins en ce qui concerne les noms de lieux d'origine méridionale — est due, incontestablement, à l'habitude, prise depuis fort longtemps, de substituer la voyelle *u* à la diphtongue *ou*[1]. La raison invoquée en faveur de cette fâcheuse substitution c'est que « la lettre *u* doit toujours avoir le son de *ou* dans les idiomes méridionaux ».

Ceci est une erreur manifeste, contre laquelle on ne saurait trop protester.

Pour se rendre compte de la confusion que peut occasionner, dans certains cas, cette manière fautive d'orthographier, il suffit de jeter rapidement les yeux sur les mots suivants :

Orthographie usuelle.	Orthographie rationnelle (Conforme à la prononciation).	Signification.
Alucar	*Aloucar*	Disposer, ranger.
Alucar	*Alucar*	Allumer.
Arrut	*Arrout*	Rompu, cassé.
Arrut	*Arrut*	Bruit, tapage.
Hautu	*Haoutou*	Hauteur.

---

[1]. Nous devons probablement cette détestable coutume aux anciens géographes italiens, qui avaient pour principe d'orthographier tous les noms de lieux à la manière italienne.

Orthographie usuelle.	Orthographie rationnelle (Conforme à la prononciation).	Signification.
Jusu	Jusou	Inférieur, au-dessous du nord.
Punchuc	Pounchuc	Pointu.
Punt	Pount	Pont.
Punt	Pünt	Point.
Puntu	Pountou	Petit pont.
Puntu	Püntou	Pointe.
Rucau	Roucáou	Gros roc.
Ruco	Rúco	Chenille.
Susu	Susou	Supérieur, au-dessus du sud.
Tuc	Tuc	Tertre, coteau.
Tucu	Tucou	Tertre (Petit).
Tugnut	Tougnut	Déformé, bossu.
Truncut	Trouncut	Arbre à gros tronc.
Turu	Turou	Monticule.
Turunculet	Turoun-coulet	Dimin. de *Turou*.
Uju	Ujou	Myrtille.
Yulut	Youlut	Gros genoux.
Yuransu	Yuransou	Jurançon.

Au simple aperçu ci-dessus [1] on peut encore ajouter les noms de lieux suivants : *Cuguru, Guaux, Lustu, Marcadau, Maucapera, Mutumet,* qui doivent s'écrire et se prononcer, *Cugurou, Gouáous, Lustou, Marcadáou, Máoucapéra, Moutoumét.*

Si l'on compare les deux notations précédentes, on comprend aisément dans quel embarras peut se trouver l'érudit qui cherche une étymologie, en présence de ces noms baroques, estropiés à plaisir et n'ayant d'équivalent dans aucun idiome. A moins qu'il soit originaire du pays, on peut affirmer que le linguiste, si savant soit-il, sera incapable de déterminer la signification — et à plus forte raison la prononciation — des noms de lieux, s'ils sont écrits d'après la notation usuelle précitée.

Il résulte donc des observations ci-dessus que la meilleure manière d'orthographier ces noms locaux en pareil cas est encore phonétique. Car, ne l'oublions pas, il ne s'agit nullement, ici, d'une langue régie par un ensemble de règles longuement étudiées,

---

1. Le cadre forcément très restreint de la présente communication m'oblige à limiter ces citations, dont le nombre pourrait être infiniment plus grand.

mûrement réfléchies, et destinées à imprimer au langage un degré de correction et de pureté parfaite.

Au contraire, étant en présence d'idiomes dont les formes sont souvent extraordinairement variables, si l'on ne facilite pas aux voyageurs les moyens de se faire entendre des indigènes, dans les pays qu'ils doivent parcourir, ils peuvent se trouver fort en peine pour obtenir les renseignements qui leur sont nécessaires.

Comment, en effet, lorsque rien, absolument rien ne leur indique, dans la manière usuelle d'orthographier ces dénominations locales, quand est-ce que l'*u* doit avoir le son de *u* ou celui de *ou*, comment, dis-je, ces voyageurs peuvent-ils se tirer d'embarras?

Ces observations ont une importance d'autant plus grande que les noms géographiques — ceci n'est une nouveauté pour personne — sont, en quelque sorte, exclusivement destinés à être utilisés dans leur pays d'origine.

Du reste, en dehors même de l'application directe qui peut en être faite sur place, l'orthographie, plus ou moins fantaisiste, de ces appellations locales, donne lieu parfois à des interprétations et à des quiproquos fort inattendus. Citons par exemple les noms pyrénéens *réou*, *riéou*, *ríou*, *arréou*, *arriéou*, *arriou* — qui signifient exactement « rivière ou ruisseau » — transformés par les auteurs en *reu*, *rieu*, *riu*, *arreau*, *arrieu*, *arriu*.

Ces expressions géographiques étant ainsi défigurées, n'ont plus aucun sens pour l'indigène. Leur prononciation change complètement, et ces mots hybrides, ayant perdu leur signification, deviennent, en même temps, une source constante d'erreur pour le linguiste et l'historien.

D'après ce qui vient d'être dit, considérons un instant le nom d'un chef-lieu de canton des Hautes-Pyrénées, qu'on appelle « Arreau ». La forme primitive et réelle du nom de cette petite cité est *Arréou*. Si cette forme normale eût été conservée dans toute son intégrité, par certains historiographes, et si ceux-ci eussent mieux connu la toponymie locale, ou la langue vulgaire du pays, ils n'auraient sûrement pas affirmé que le gros bourg d'Arreau datait de l'invasion romaine, et que son nom lui avait été imposé par la tribu des *Arrevaces* ou des *Arrebacis*, venus dans la Gaule à la suite des armées de Pompée.

L'origine de cette petite agglomération populeuse est beaucoup plus ancienne et surtout infiniment plus modeste. Pour s'en convaincre, il suffit de consulter les vieilles chroniques et de considérer simplement la situation topographique de la petite ville d'Arreau, placée au confluent des deux Nestes d'Aure et de Louron. C'est cette position caractéristique qui lui a valu le nom de *Bilo d'Arréou* — comme disent toujours les habitants de ces montagnes —, ce qui signifie, tout bonnement, la « Ville de la rivière ».

La citation suivante fera mieux comprendre encore l'utilité de conserver aux noms de lieux, leur orthographie originelle.

Non loin du lac d'Artouste et de la frontière d'Espagne, dans les Basses-Pyrénées, il existe une vallée appelée « vallée d'Arrious », parce qu'elle renferme un grand nombre de « ruisseaux ». Le passage supérieur auquel aboutit la dite vallée se nomme « Col de la vallée d'Arrious ». Traduction exacte : « Col de la vallée des Ruisseaux ».

Selon la coutume, les cartographes — qui se préoccupent généralement fort peu de la toponymie — se sont empressés, naturellement, de transformer *Arrious* en *Arrius* : c'était inévitable. Mais, chose plus imprévue, un écrivain, dont je tairai le nom, n'a pas hésité à baptiser ce passage *Col de Darius* !

Je serais curieux de savoir si cet auteur fantaisiste a eu l'intention de célébrer la mémoire du vaincu de Marathon, ou celle de Darius Notus ? Ou bien si c'est en l'honneur du roi de Perse Darius Codoman, défait par Alexandre de Macédoine, qu'il a si maladroitement défiguré le nom de ce passage ?

Pour montrer avec quelle désinvolture certains publicistes traitent l'orthographie des noms locaux, et quel dédain ils affectent envers la toponymie populaire, je me permettrai une dernière citation, tirée d'une livre très répandu.

Il existe dans l'Ariège, non loin du pic Saint-Barthélemy (massif de Tabe), une petite nappe lacustre appelée *Estan Tort*, ce qui indique, d'une façon très claire, que les contours de ce lac sont tortueux ou sinueux. Ce réservoir naturel est dominé, à l'ouest, par des rochers abrupts connus des indigènes sous le nom de « crêtes de l'Estan Tort ». Trouvant sans doute ce nom trop peu retentissant, l'auteur du livre précité l'a transformé en *Crêtes de Stentor* !

Les considérations qui précèdent suffiront, je pense, pour démontrer tout l'intérêt qu'il peut y avoir à respecter scrupuleusement l'orthographie originelle des désignations locales. Ceci m'amène à dire que : *Un nom de lieu dont la forme primitive a été préservée de toute modification orthographique est aussi précieux pour l'histoire et la géographie qu'une inscription antique bien conservée, ou une ancienne médaille dont le temps n'a pas altéré le relief.*

⁂

Quant aux noms géographiques d'origine étrangère, rien ne peut être plus désirable, pour tous les peuples civilisés, que de voir ces noms écrits avec leur orthographie nationale.

Quel avantage peut-il y avoir, en effet, à traduire, ou mieux à « translater », comme disaient les anciens, ces expressions géographiques en des langues différentes? Pourquoi ne pas conserver à chacune la physionomie native qui lui est propre? Dans quel but et de quel droit les défigure-t-on?

Si dès l'enfance on apprenait à nos jeunes compatriotes à écrire et à prononcer *Cöln, Genova, London, Munchen, Zaragoza*, etc., au lieu de *Cologne, Gênes, Londres, Munich, Saragosse*, etc., cela leur éviterait, par la suite, des recherches inutiles et aplanirait en même temps un grand nombre de difficultés que les relations internationales peuvent faire surgir à tout moment.

En réalité peut-on prouver qu'il y ait une nécessité quelconque à imprimer, comme c'est l'usage en Allemagne, *Aachen, Diedenhofen, Genf, Luttich, Mailand, Zabern*, etc., pour *Aix-la-Chapelle, Thionville, Genève, Liège, Milan, Saverne*? Y aurait-il donc déshonneur pour les Italiens s'ils disaient *Paris, Genève* et non pas *Pariji, Genoveva*? La moindre atteinte serait-elle portée à la dignité castillane, si les Espagnols écrivaient Toulouse au lieu de *Tolosa*?

Personne ne le pense, sans doute.

Néanmoins, en ce qui regarde ce dernier nom de ville, il est bon de faire remarquer que nos voisins ont peut-être raison d'adopter cette manière d'orthographier, puisque dès le début, et pendant plusieurs siècles, les Visigoths, les Aquitains, etc., ont constamment écrit « Tolosa ».

En résumé : il résulte de ce qui précède qu'en « francisant », « allemanisant », « anglomanisant », etc., les noms de lieux des divers pays du globe, on détruit la toponymie naturelle en même temps qu'on introduit dans la nomenclature géographique — sans raison et sans utilité pratique — une foule d'expressions dépourvues de toute espèce de valeur étymologique, puisqu'elles sont défigurées.

Cette fâcheuse habitude — inspirée par la routine ou par un sentiment d'amour-propre national mal entendu — contribue, pour une large part, à éloigner des études géographiques un grand nombre de personnes qui s'y adonneraient avec ardeur.

Il est donc hors de doute qu'une manière plus rationnelle et plus pratique d'orthographier certains noms géographiques rendrait d'importants services à tous ceux que les besoins de la vie appellent au dehors. Voilà pourquoi — pendant qu'il en est temps encore —, avant que la diffusion de la langue française et l'instruction obligatoire aient fait oublier aux populations rurales leur langage natif et le souvenir des traditions locales, il serait nécessaire :

1° Que des études méthodiques et approfondies, relatives à l'*Origine*, à la *Formation* et à l'*Orthographie* des *noms de lieux*, fussent entreprises sans retard dans les diverses parties du territoire français ;

2° Que l'orthographie des noms de lieux étrangers, adoptée dans leur pays d'origine, fût désormais scrupuleusement respectée.

En attendant que cette enquête et la méthode proposée nous aient fourni une foule de documents précieux pour la linguistique et la géographie, commençons d'abord par mettre en œuvre les matériaux déjà recueillis.

Inaugurons le vingtième siècle en appliquant aux nouvelles éditions de nos livres classiques l'orthographie rationnelle qui convient à chaque dénomination locale, tâchons de la faire adopter par les rédacteurs des actes officiels, et nous ne tarderons pas à voir les autres peuples suivre l'exemple donné par la France.

M. de Claparède entretient le Congrès de la carte en relief de M. Perron, son compatriote, qui a obtenu un grand prix à l'Exposition. Il en fait connaître les avantages sur les cartes planes et les reliefs habituels, aussi bien au point de vue technique qu'au point de vue éducatif.

M. Le Vasseur émet le vœu que la prochaine exposition coloniale et maritime ait lieu à Alger.

Note sur l'Union cartographique internationale,

Par P. Schrader (S. G. P.).

Sur la proposition du regretté général de Tillo, le Congrès international de Géographie réuni à Berlin en 1899 a émis le vœu qu'une commission fût chargée de préparer la formation d'une Union cartographique internationale, analogue aux organisations similaires qui fonctionnent pour le perfectionnement de la géodésie, de la géologie, des poids et mesures, de la carte du ciel, etc. Ayant eu l'honneur d'être nommé membre de cette commission, je vous demande la permission de vous entretenir brièvement de l'œuvre, des causes qui la rendent indispensable, et du modeste commencement d'action qui a suivi la décision du Congrès international.

A la prise de possession de notre planète par la civilisation de l'Europe correspond dans tous les domaines de l'activité humaine un état de choses nouveau, dont la fatalité apparaît chaque jour plus inévitable. A mesure que la rapidité et l'intensité des mouvements ou des rapports humains s'accroissent, réduisant pour ainsi dire d'heure en heure la part nécessaire du temps et de l'espace, les contacts deviennent de plus en plus étroits. Les uns s'en réjouissent et prédisent la fusion prochaine de l'humanité; les autres s'en attristent et s'efforcent de relever les limites morales ou intellectuelles entre les diverses fractions de la race humaine; qu'on nous permette de dire que ces deux manières de voir ou de sentir, légitimes chacune dans une mesure, ne pourront modifier en rien la marche des choses. Chaque rail posé, chaque fil électrique tendu, chaque acheminement vers la conquête de l'air déchire une maille du vieux réseau de coutumes ou de sentiments dans lequel nous avons grandi, et prépare, par cette petite déchirure jointe à des milliers d'autres, un état de choses qui différera demain de celui d'hier, après-demain de celui de demain. Nul ne peut le nier, nul ne peut s'y opposer sans folie. Les considérations politiques qu'on peut échafauder à ce sujet ne doivent pas pénétrer ici; c'est uniquement le point de vue scientifique, la question des rapports de l'homme et de la terre qui doit nous préoccuper en ce moment, et c'est dans ce domaine que je voudrais faire avec vous, mes chers collègues, une excursion de quelques minutes.

Cette prise de possession de la terre, qui caractérisera le XIX° siècle, se présente sous deux aspects : c'est d'abord un rapprochement matériel, dû à l'accroissement de nos organes de locomotion ou de transport; c'est ensuite, comme conséquence, une poussée générale vers les parties de la terre qui, moins accessibles jadis, nous paraissent aujourd'hui devoir entrer, de gré ou de force, dans l'orbite morale, intellectuelle, industrielle ou commerciale de l'Europe. Permettez-moi de laisser de côté toute espèce de commentaires et de constater le fait : en dépit de quelques nuances dans le genre d'action, toutes les grandes nations européennes ont étendu leurs mains sur les parties encore primitives de la planète et de l'humanité, s'en sont attribué la possession et se déclarent décidées à « mettre en valeur » la terre, et à « civiliser » les hommes, c'est-à-dire à mettre la terre en valeur *monnayée* et à obliger les hommes à quitter leur civilisation propre, avancée ou rudimentaire, pour adopter la nôtre.

Une telle entreprise est grosse d'imprévu. Déjà bien des fractions de l'humanité ont disparu, n'ayant pas pu se plier assez vite au gré de nos impatiences. Et quant à la terre, ces mêmes impatiences, caractéristiques de l'évolution de plus en plus rapide où nous engageons le monde et nous-mêmes, quant à la terre, dis-je, nous avons déjà eu le temps de voir que la « mise en valeur » s'est résumée sur bien des points dans la destruction pure et simple de richesses latentes, qui, après leur transformation en monnaie, ont laissé la planète et l'humanité plus pauvres qu'auparavant : destruction des forêts, dessèchement de vastes régions, grande culture appauvrissante, peuples supprimés, guerres destinées à faire vivre artificiellement telles industries;... je me borne à ces quelques mots d'indication, pour en arriver tout de suite à conclure que la conquête de la planète ne nous donne pas seulement des droits, dont nous serions libres d'user à notre guise, mais nous impose des devoirs envers le présent et l'avenir; et que la science doit intervenir, à titre d'indicatrice, pour nous dire de quel côté doit être orienté le gouvernail.

Mais cette science ne peut plus être fragmentaire ou isolée. La première nécessité du cultivateur qui élargit son domaine doit être de connaître ce domaine, et de le connaître tout entier.

La première nécessité pour l'humanité qui prend possession de la terre, c'est de connaître cette terre tout entière, et dans toutes les manifestations de sa vie.

Tout entière : d'abord dans son étendue, dans sa configuration, dans son relief. Après cela, dans sa vie physique, dans les mouvements de sa masse, de ses mers, de son atmosphère, dans l'échange de toutes ses parties, gazeuses, liquides, solides, qui fait que tout donne et que tout reçoit sur chaque point de la sphère humaine, et que tout est solidaire de tout. Enfin, dans les résultats passés ou dans les résultats futurs de cette vie planétaire, d'où dépend notre vie à tous et la vie de ceux qui viendront après nous.

Nous vivons en grande partie sur des illusions. Il nous semble que la terre est connue, parce que nous en dressons des cartes qui nous offrent l'inventaire apparent de la surface du monde. Mais si nous cherchons à nous rendre compte du degré de cette connaissance, nous sommes bien vite amenés à reconnaître que pour les 9/10 de la terre sa valeur scientifique est à peu près nulle. Nous savons bien que des objets de nature variable, plaines, montagnes, déserts, fleuves, mers, diversifient la surface du globe, et nous les dessinons sur nos cartes, mais avec quelle vague et faible approximation! A peine quelques pays de vieille civilisation ont-ils pu préciser leur propre forme superficielle; sortez de là, vous tombez dans l'à peu près. Et parmi ces pays plus avancés que les autres, combien en est-il où un industriel, un cultivateur désireux d'irriguer ses champs et d'en tripler les moissons, puisse faire emploi du travail cartographique accompli? Bien peu; presque partout, il faut mesurer et niveler à nouveau. Passez une frontière, et il vous arrivera ce qui est arrivé à celui qui écrit ces lignes : la frontière pyrénéenne franchie, il a dû, pour connaître l'ordonnance véritable des monts espagnols, oublier tout ce qui avait été fait, et reprendre le travail en partant de la terre même, pour le rattacher au levé de la France.

Des parties du monde entières sont encore étudiées et tracées à l'aventure, ou avec quelques points déterminés, épars, entre lesquels l'imagination du cartographe et la crédulité du lecteur ou de l'homme d'étude peuvent se donner libre carrière. Qu'on ne voie pas là une critique; chacun des fils mal tendus de ce réseau représente un effort, peut-être un effort héroïque; il n'en est pas moins vrai que le résultat est loin de concorder avec la réalité. Nous prenons une carte de Sibérie, la belle carte en 8 feuilles publiée par le gouvernement russe. Pourrions-nous deviner que la plupart de ces fleuves aux méandres savamment ondulés n'ont jamais été vus ni tracés par une main consciente?

Nous sommes bien obligés, nous autres cartographes, d'utiliser ces documents si indigents lorsque nous n'en avons pas d'autres, mais quand ils se multiplient, se superposent, s'entre-croisent, les difficultés font souvent de même. Grâce à la libéralité éclairée de la maison Hachette, nous avons pu depuis près de vingt ans dresser l'inventaire du progrès géographique. Sur un globe à l'échelle du $1/2\,000\,000^e$, de 20 mètres de circonférence par conséquent, partagé, cela va sans dire, en plusieurs centaines de feuilles divisées par une projection d'attente, nous reportons au fur et à mesure toutes les indications révélées par les itinéraires des voyageurs, les observations des astronomes, les sondages des navigateurs, les rivages parfois contradictoires des géomètres et des hydrographes; chaque tracé nouveau vient se superposer en une couleur nouvelle aux tracés anciens, afin que l'origine de chacun puisse être aisément retrouvée, la valeur relative de chacun sérieusement établie. Eh bien, il suffit d'un coup d'œil jeté sur les enchevêtrements de lignes ainsi obtenues pour montrer, sans autre raisonnement, combien nous sommes loin du but, combien l'image du monde est loin de correspondre à ce monde lui-même, et combien il est malaisé parfois de trouver un fil conducteur pour choisir entre les versions différentes. Et c'est là l'état présent de la cartographie de presque toute la surface terrestre.

Avons-nous le droit de nous approprier ce domaine, si nous ne sentons pas le devoir de le mieux connaître, pour le mieux utiliser, pour l'amener à l'harmonisation graduelle qui permettra à l'humanité de s'harmoniser elle-même?

Ne croyons pas, mes chers collègues, que l'indécision dont je viens de parler disparaisse quand nous examinons les cartes de la plupart des pays de culture scientifique. Il suffit de citer les discordances de la carte de France au 80 000ᵉ et de la carte italienne au 100 000ᵉ dans la région commune des Alpes pour montrer qu'aucune coordination n'a présidé à la jonction de ces travaux. Mais là, pourra-t-on me répondre, les différences sont légères. Il n'en est pas de même, on vient de le voir, dans les régions nouvellement ouvertes de l'Europe, et là, l'urgence d'un travail général est manifeste.

La Russie ne pourra songer sérieusement à ressusciter l'Asie centrale; la France à peupler son Afrique du Nord ou à rattacher son Indo-Chine à la grande fourmilière chinoise; l'Angleterre à cultiver son empire démesuré comme il demande à l'être; l'Allemagne à développer ses colonies tropicales; l'Amérique du Sud à prendre dans le monde la place qui lui est due, que le jour où chacun de ces pays aura nettement défini la partie de la terre dont il s'est rendu maître et par conséquent responsable.

Mais si chacun travaille de son côté, sans unification possible avec le travail du voisin; si les méthodes, les mesures, les points de vue ne peuvent s'harmoniser, si le travail de chacun reste sans utilité pour tous; si les réseaux de mesures fragmentaires ne peuvent se réunir en un réseau général; si l'étude du climat, des végétations ou des fleuves s'arrête à chaque frontière; si les résultats de la cartographie mathématique, physique, économique restent sans une mesure commune; si l'aide mutuelle ne facilite pas le travail général; si, en un mot, une union universelle ne permet pas à l'exploration terrestre de former un tout, *jamais*, disons-le bien haut, jamais la terre ne deviendra le site d'une humanité véritablement civilisée. Songeons, seulement pour prendre un exemple, à l'importance de la cartographie polaire, de la disposition des glaces flottantes dans l'économie générale des climats, dans la sécurité des cultures, par conséquent dans la vie matérielle de tout l'hémisphère nord. Songeons à ce tissu d'actions et de réactions réciproques qui fait que tout changement sur une partie du globe se répercute, obscurément mais sûrement, sur le globe entier; nous sentirons, sans avoir besoin d'insister davantage, la solidarité profonde qui oblige tous les hommes à étudier ensemble la planète qui les porte. Déjà cette nécessité a été sentie pour la précision des poids et mesures, pour la géologie, pour la géodésie. Et elle ne le serait pas pour la cartographie, pour cette définition de la terre même, d'où découlent tant de prospérités ou tant de fléaux?

Le regretté général de Tillo, dont vous connaissez tous les beaux travaux, notamment sur le relief et l'hypsométrie de la Russie, a été jusqu'à son dernier jour l'apôtre d'une Union cartographique internationale. Au Congrès international de Berlin, en octobre dernier, il obtenait, comme je l'ai dit en commençant, le vote du principe de la fondation de cette Union, et la nomination d'une commission de trois membres, chargée de préparer pour le prochain congrès international de Washington ou de Saint-Pétersbourg l'étude des bases sur lesquelles pourrait fonctionner l'association projetée. Cette commission, à laquelle l'assemblée accorda le droit de cooptation pour se compléter suivant les besoins, fut composée de MM. le général de Tillo, ancien directeur du service géographique de l'empire russe, deuxième président de la Société impériale de Géographie de Saint-Pétersbourg; de Steinmetz, général directeur du Service de l'état-major prussien, à Berlin; Schrader, à Paris. La présidence fut attribuée à M. le général de Tillo, et il fut convenu qu'une réunion préparatoire aurait lieu à Paris, à l'époque de l'Exposition universelle de 1900. Hélas! avant cette époque, le sympathique et éminent général de Tillo était enlevé à la science pour laquelle il avait prématurément usé ses forces. Le souvenir de cet homme distingué, si sympathique à la France, continuera à diriger les travaux de la future Union, dont il avait du reste tracé le programme général dans une brochure qui est un modèle de clarté, de méthode et de largeur d'esprit.

Le moment étant venu, au mois de juin dernier, où la présence de M. le général de Steinmetz à Paris rendait possible la réunion de la commission, les membres restants tombèrent d'accord pour offrir à M. le général Rykatcheff, directeur de l'observatoire de géographie physique de Saint-Pétersbourg et successeur de M. le général de Tillo à la Société de Géographie, de remplacer le regretté général de Tillo. M. Rykatcheff voulut bien accepter, et la commission, s'adjoignant à titre amical et consultatif un certain nombre de géographes et de cartographes, se réunit le 24 juin. En outre de MM. Rykatcheft, de Steinmetz et Schrader, M. le major Held, du bureau topographique de Berne, M. le colonel Rodrigo Valdès, directeur des travaux de la belle carte du Mexique, M. Camille Guy, directeur du Service cartographique au Ministère des Colonies, avaient pu se rendre à cette réunion intime. Parmi les personnes qui, disposées à prendre part à la réunion, en avaient été empêchées par des occupations ou des engagements déjà pris, je citerai M. Gauthiot et le baron Hulot, M. Gallois, l'éminent professeur de géographie à la Sorbonne, M. Emm. de Margerie, etc.

A peine ai-je besoin de dire que nous n'avions pas la prétention de régler ou de codifier les conditions d'existence de l'Union cartographique internationale. La discussion fut plutôt une conversation et un échange de vues, sans résultat. Tous les membres présents tombèrent d'accord sur la nécessité d'établir avant tout une base de départ, et de s'informer de l'état actuel de la science cartographique, avant de rechercher ce qu'il faudrait y ajouter. Ne serait-ce pas déjà un résultat notable, de présenter au prochain congrès international un commencement d'inventaire comparé des études cartographiques, un bilan, même partiel, de la base des connaissances pour chaque partie du globe, bilan établi de la façon comparative la plus simple, avec mention de l'importance des œuvres, des modes ou des degrés d'exploration, des échelles, projections, unités de mesure employées, etc.?

Pour la préparation de cette sorte d'inventaire, le globe synoptique au $1/2\,000\,000^e$ dont je vous parlais plus haut pouvait être d'un certain secours, mais il fallait cependant puiser à d'autres sources plus directes. Faire appel à la collaboration des gouvernements des différents États eût été le plus sûr moyen de ne rien obtenir. En outre, la géographie officielle est, par nature, obligée à certaines restrictions inévitables. L'opinion unanime fut donc de ne donner à la préparation de la base de travail aucun caractère officiel, mais de recourir aux Sociétés de Géographie, aux universités, aux grands établissements d'enseignement supérieur. Sur cette base très large, où aucune initiative ne peut être gênée, un questionnaire sera formulé après la période des vacances et la fin de l'Exposition. Les géographes de toutes les parties du monde qui ont eu l'occasion de se rencontrer à Paris recevront et répandront ce questionnaire, dont les réponses, données par les hommes compétents de chaque région, formeront la trame du travail d'inventaire. Ainsi se créera en même temps un réseau de bonnes volontés parmi lesquelles se recrutera pour plus tard un personnel actif. M. le général Rykatcheff a bien voulu promettre de s'occuper de la préparation du travail dans les pays slaves et l'Asie russe; M. le général de Steinmetz, dans les pays de langue allemande et anglo-saxonne. M. Schrader s'est chargé de répandre le questionnaire dans les pays de langues latines d'Europe et d'Amérique, et autour du bassin de la Méditerranée. Les autres membres présents aideront de leur mieux, chacun dans son domaine, à cette œuvre préliminaire. Je me permets de faire appel dans ce sens aux Sociétés françaises de Géographie. L'Union cartographique internationale s'efforcera de prouver le mouvement en marchant, et la vie en vivant. C'est à cela que se borne la communication que je désirais vous faire; mais ne pensez-vous pas qu'il serait bon d'apporter au prochain congrès international une bonne part de collaboration française? J'ai la certitude que l'œuvre d'avenir dont je viens de vous entretenir sommairement peut compter sur la collaboration dévouée des Sociétés de Géographie de France.

SÉANCE DE L'APRÈS-MIDI

Présidence de l'amiral SERVAN (S. G. Alger).
Assesseurs : MM. NICOLLE (S.G. Lille), DOBY (S.G. Nantes) et PORT (S. G. St-Nazaire).

Le Sahara ; reliefs et dépressions,

Par M. G. B. M. FLAMAND (S. G. P.).

M. Flamand fait, sur *le Sahara, reliefs et dépressions*, une communication que nous regrettons de ne pouvoir donner *in extenso*, le manuscrit n'étant pas parvenu au secrétariat du Congrès.

Il représente le creusement successif des diverses dépressions sahariennes et des steppes comme dû à l'action chimique des agents atmosphériques combinée à l'action éolienne ou *action hydro-éolienne* ; cette dernière agissant pour le transport et le déblayage des matériaux (Chott R'arbi, Mekamen, Meharreg). L'auteur fait l'analyse succincte des divers types de dépressions du Grand Sahara : Daïas, Sebkhas Chtout, Mekamen Meharreg, Çahan, etc. Passant à la seconde partie de sa communication, M. G.-B. M. Flamand indique le rôle très secondaire de l'action éolienne dans la formation des divers types morphologiques sahariens, dans le modelé des dépressions et des reliefs. Cette action se borne à une désagrégation très partielle, très subordonnée des falaises, et au polissage des roches. Sur les plateaux hammadiens, au contraire, l'action éolienne s'exerce plus vive ; elle a pour effet de désagréger les ciments calcareo-siliceux, de rendre, ainsi, libres les éléments des poudingues (sol des plateaux) et de donner, par cela même, naissance aux hammad caillouteuses.

L'action éolienne s'exerce surtout dans la formation des dunes et, même en ce cas, les éléments siliceux et calcaires qui les constituent sont pour beaucoup *prétriturés* et apportés par les crues des grands fleuves sahariens actuels et aussi pléistocènes. L'orographie générale des grandes dunes (Areg, Erg) est fonction de l'*infra-modelé*. La disposition générale des massifs de grandes dunes, relativement à l'ensemble d'une région, est aussi, dans la plupart des cas, fonction *directe* ou *réflexe* des reliefs importants de la région. Les *tr'at'ir*, plateaux sableux sans orientation définie, se rencontrent dans les régions de dunes, comme correspondant aux plateaux *hammadiens* surbaissés; exemple : S.-O. du grand Erg occidental Haci-el-Azz-Tabelkoza, Tidikelt (Rhâba d'In-Salah).

Projet d'une nouvelle carte topographique de la France,

Par le colonel BERTHAUT, du Service géographique de l'Armée.

Pendant la campagne de 1746-1747 en Flandre, sous les ordres du maréchal de Saxe, César Cassini était attaché aux armées en qualité d'astronome et de géodésien; sa mission consistait à exécuter la description géométrique de la Flandre, et à fournir aux ingénieurs géographes des camps et armées les canevas nécessaires à asseoir leurs levés topographiques.

« La plupart des détails des pays qui ont été souvent le théâtre de la guerre, dit Cassini, dans sa description des conquêtes de Louis XV, avaient été levés avec tout le soin possible par les ingénieurs-géographes de l'armée, mais on ne pouvait rassembler tous les matériaux et en faire usage, sans avoir la position exacte des endroits principaux. L'échelle des plans n'était connue que par estime, parce que les ingénieurs n'avaient pas toujours assez de temps pour mesurer des bases. »

« Après la grande revue que Louis XV passa le 7 juillet 1747 de ses troupes victorieuses, le roi, dit Cassini, se proposa de vérifier sur les lieux les différents plans que je lui avais remis, particulièrement celui de la bataille de Raucoux et des retranchements du camp de Saint-Pierre. Je voulais être témoin des observations de Sa Majesté, mais je ne m'attendais pas qu'il en résulterait une décision absolue de la carte particulière de la France. Le roi, la carte à la main, y trouvait la disposition de ses troupes, le pays si bien représenté, qu'il n'avait aucune question à faire, ni aux généraux ni aux guides; et pour me prouver sa satisfaction, il me fit l'honneur de me dire : « Je veux que la carte de mon « royaume soit levée de même, je vous en charge, prévenez M. de « Machault. »

Telle fut l'origine de la première carte topographique de la France. Commencée en 1750, sous la direction de Cassini et aux frais du gouvernement, puis bientôt abandonnée pour des motifs d'économie, reprise par une société de souscripteurs, puis enlevée à ses propriétaires par la Convention pour être confiée au Dépôt de la Guerre, réservée par Napoléon Ier aux fonctionnaires et à l'Armée, à l'exclusion du public, ce n'est qu'en 1815 qu'elle fut terminée, après bien des vicissitudes.

Pour l'époque, c'était une œuvre fort remarquable, surtout parce qu'elle avait été exécutée avec des moyens réduits, presque totalement par l'initiative privée, sans la participation de l'État, grâce à la persévérance et à l'énergie de Cassini et de ses associés. Elle fit école : la carte des Pays-Bas autrichiens par le général Ferraris fut rédigée dans le même style et à la même échelle (une ligne pour cent toises), prolongeant Cassini vers le nord; la carte de la Souabe par Bohnenberger également, prolongeant Cassini vers l'est, au delà du Rhin. Bonaparte, Ier Consul, en faisant entreprendre la carte des départements réunis de la rive gauche du Rhin (Roer, Mont-Tonnerre, Sarre, Rhin et Moselle), voulait encore prolonger dans cette direction la carte de Cassini, et entendait que cette carte des départements réunis fût faite de même et se raccordât exactement avec elle.

Pendant longtemps, pour Napoléon, le genre de topographie adopté par Cassini parut le plus satisfaisant, le plus conforme à ce qu'il demandait aux cartes de guerre; peut-être parce que cette topographie sommaire, exempte de tous détails et rapidement produite, lui donnait plus vite les cartes dont il avait toujours un besoin urgent.

Certes, avoir toutes les localités à leur place, les routes principales, les grandes masses forestières à peu près représentées, et une indication générale du relief du sol, c'était déjà beaucoup. Mais l'Empereur, qui pouvait chaque jour faire la comparaison de ses cartes à l'ancienne mode avec les travaux de topographie nouvelle produits par les ingénieurs-géographes opérant à ses armées, ne devait pas tarder à donner la préférence aux cartes précises, fournissant tous les détails du terrain en projection horizontale, et la forme exacte des localités, à la place de l'ancien signe conventionnel qui figurait les villages par des groupes de petites maisons en perspective. La nouvelle topographie lui indiquait tous les chemins, classés suivant leur nature et leur importance, et surtout lui représentait les montagnes modelées d'après leurs véritables formes.

Ces progrès si importants dans le dessin topographique avaient été amenés en grande partie par les études et les décisions de la commission spéciale de topographie instituée en 1802, sous la présidence du général Sanson, directeur du Dépôt de la Guerre, qui fut, en même temps, quelques années après, chef du Service topographique de la Grande Armée.

Quand l'Empereur prescrivit l'exécution de sa grande carte manuscrite de l'Allemagne au 100 000e, commencée en 1808 et qui se composa de 420 feuilles, on dut y employer pour le satisfaire toutes les ressources de l'art et laisser de côté les moyens sommaires de Cassini et des géographes du xviiie siècle.

A la même époque, au commencement de 1808, Napoléon avait déjà songé à remplacer la carte de Cassini par une nouvelle carte de France en rapport avec les progrès et à en confier l'exécution au corps des ingénieurs géographes militaires.

Sur un ordre qui porte la date du 6 février 1808, le colonel ingénieur géographe Bonne exposa dans un mémoire très détaillé le programme des travaux à entreprendre pour la réalisation de ce vaste projet. Il s'agissait d'un travail nouveau dans toutes ses parties, d'une représentation fidèle de notre sol, soumise pour l'ensemble à l'exactitude rigoureuse des mesures astronomiques, et faite de toutes pièces, sans nul souci de précédents.

Mais bientôt de nouvelles campagnes, de graves événements, appelèrent ailleurs l'activité du souverain et occupèrent les hommes qui devaient réaliser sa pensée. Pendant les campagnes de 1814 et de 1815, le besoin d'une bonne carte topographique de la France se fit sentir plus vivement que jamais. Ce ne fut que dans les années qui suivirent, sous la Restauration, que le projet put être repris.

En mars 1817, le général d'Ecquevilly, directeur du Dépôt de la Guerre, attira l'attention de la Chambre des pairs sur l'entreprise de la nouvelle carte; quelques jours après, Laplace parla dans le même sens à la même tribune; on s'entendit sur la nécessité du travail, sur les moyens à mettre en œuvre, et sur le projet d'en confier les études d'ensemble à une commission spéciale de savants et de fonctionnaires désignés par le gouvernement. C'est en raison de cette conformité de vues que fut rendue l'ordonnance créant la commission royale de la carte de France.

Suivant les termes de l'ordonnance du 11 juin 1817, la commission, formée de membres de l'Institut et de représentants des Ministères de l'Intérieur, de la Guerre, de la Marine et des Finances, sous la présidence de Laplace, devait examiner le projet d'une nouvelle carte topographique de la France *appropriée à tous les services publics et combinée avec l'opération du cadastre général*, en poser les bases et en arrêter le mode d'exécution.

Ainsi, il ne s'agissait pas seulement dans le principe d'une carte militaire, mais bien d'une œuvre complète, à échelle assez grande pour pouvoir contenir tous les détails et toutes les indications spéciales dont les différents services publics pourraient avoir besoin. Elle fut étudiée avec le plus grand soin, sous le rapport de la précision qu'il convenait de donner à la triangulation, du développement que cette triangulation comportait pour assurer les levés de détail dans les meilleures conditions, sous le rapport des levés eux-mêmes, de leur réduction, de la division de la carte en feuilles, de sa gravure, etc.

Les observations astronomiques et les travaux géodésiques du premier et du deuxième ordre devaient être confiés aux ingénieurs géographes militaires, sous la direction du Dépôt de la Guerre; la triangulation du troisième ordre devait être faite par les soins de l'administration du cadastre. Le cadastre devait aussi, pour les levés, fournir la planimétrie, au moyen de ses plans d'ensemble; le nivellement et le figuré des mouvements du sol appartenaient ensuite aux ingénieurs géographes. Tous les services publics devaient contribuer à la rédaction, en fournissant méthodiquement les données spéciales qui les concernaient.

L'échelle des minutes des levés avait été fixée au 10 000e, ces minutes devenant un véritable cadastre d'ensemble nivelé, source précieuse de renseignements de détail pour tous les projets qui pourraient se produire dans l'avenir : routes, canaux, exploitations diverses, etc., dont la connaissance du sol est la base. La carte elle-même devait être gravée au 50 000e.

Telle fut la première pensée, pensée vaste dont la réalisation eût épargné par la suite bien des travaux et bien des dépenses, qui ont de beaucoup surpassé ce que la carte aurait pu coûter.

Malheureusement, on s'aperçut très vite qu'on était loin de compte et que les choses ne pouvaient aller comme on l'avait espéré. L'armée possédait un corps d'ingénieurs géographes éminents, qui, sortant de l'École polytechnique, s'étaient formés en triangulant et en levant une grande partie de l'Europe, sous le Consulat et sous l'Empire. Rien de semblable n'existait ailleurs. L'administration du Cadastre se trouva dans l'impossibilité d'exécuter la triangulation du troisième ordre, dont il fallut charger les ingénieurs géographes ; elle ne put fournir comme planimétrie que des documents de valeur très inégale, souvent très incomplets et même nuls pour beaucoup de communes. Sous le rapport des nouveaux plans cadastraux à établir, elle se trouva, par son essence même, obligée d'éparpiller ses efforts et ses faibles ressources sur tous les départements à la fois, au lieu de les concentrer sur des régions successives, seule méthode qui permette de mener une carte d'ensemble à bonne fin. Quant aux autres services publics, leur participation n'exista pour ainsi dire pas.

Qu'en résulta-t-il? On produisit d'abord à l'échelle du 10 000e les trois premières feuilles entreprises, en ayant recours aux ingénieurs géographes pour la totalité du travail de triangulation, pour le figuré du terrain, et aussi pour la majeure partie de la planimétrie, reconnue trop souvent défectueuse dans les documents du cadastre. Ces trois premières feuilles étaient celle de Paris et les deux voisines au nord et au sud, celles de Beauvais et Melun. Avec le personnel militaire restreint dont on pouvait seul disposer, puisque les personnels des administrations civiles faisaient défaut ou n'étaient pas en état de contribuer à la carte, faute de connaissances spéciales et faute de fonds, on vit qu'on n'en finirait jamais. On résolut donc de se contenter dorénavant pour les levés de l'échelle du 20 000ᵉ, ce qui n'était déjà plus la même chose, au point de vue de la forme exacte et de la densité des détails représentés. On fit au 20 000ᵉ les minutes de 12 feuilles et de divers fragments dans la région de l'Est; puis finalement on renonça même au 20 000ᵉ, encore trop long et trop coûteux, pour adopter le 40 000ᵉ.

Si la carte était onéreuse à produire, elle promettait de compenser largement plus tard ce qu'elle aurait coûté par les bénéfices qu'on devait en retirer. De longs mémoires furent adressés à ce sujet à la Chambre des députés, qui ne voulut jamais envisager la question à ce point de vue; les bénéfices annoncés étaient pour l'avenir, tandis que les dépenses enflaient les budgets du moment, et c'était là le point capital. On refusa de faire le nécessaire.

Dès 1822, on reconnut qu'il fallait décidément abandonner tout espoir d'appliquer une méthode combinée avec le cadastre, auquel la modicité des allocations législatives apportait de sérieuses entraves et dont les travaux devenaient facultatifs. Dans 16 départements, les conseils généraux refusaient de voter des fonds pour la continuation des opérations cadastrales.

En présence de cette situation, le Dépôt de la Guerre, dans l'impossibilité de donner au projet primitif, même modifié, la suite qu'on en espérait, se décida à élaborer un nouveau projet, visant le plus possible à l'économie, et dans lequel on renonça aux avantages que la carte à grande échelle devait donner à tous les services publics. L'ordonnance du 25 février 1824 fixa définitivement les échelles au 40 000ᵉ pour les levés et au 80 000ᵉ pour la gravure. L'œuvre devint une carte militaire, c'est-à-dire suffisante pour les besoins de la défense, et le Ministre de la Guerre, avec des fonds réduits, en demeura seul chargé, la faculté lui restant d'utiliser les documents du cadastre quand il le pourrait.

L'importance des défauts qu'on reprochait aux plans cadastraux s'atténuait d'ailleurs avec la réduction de l'échelle, et telle commune dont le plan eût été inacceptable au 10 000ᵉ pouvait à la rigueur passer au 40 000ᵉ, et à plus forte raison à l'échelle moitié moindre de la gravure.

C'est ainsi que la carte fut continuée d'année en année.

En 1831, le corps des ingénieurs géographes fut supprimé et les officiers qui le composaient passèrent avec leur grade dans le corps d'état-major. Ils poursuivirent sous ce nouveau titre leurs travaux de la carte de France; les officiers d'état-major devinrent leurs élèves; ils héritèrent de leurs doctrines et de leurs méthodes pour achever leur tâche.

Les levés se terminaient en 1866 sur les territoires nouvellement annexés de la Savoie et du comté de Nice. La gravure de la dernière feuille, celle de Corte, s'acheva en 1880, soixante ans après la gravure du premier trait sur la planche de Paris.

Il n'y a aucune comparaison à faire, au point de vue de la précision et du nombre des détails, ni au point de vue de la représentation du relief, entre la carte au 80 000e, œuvre véritablement topographique, et la carte de Cassini, où la topographie n'existe pour ainsi dire pas. La carte fut donc appelée à rendre, et rend encore aujourd'hui, les plus importants services. Cependant, les administrations publiques n'y trouvent pas ce qu'elles eussent été en droit de demander à la carte telle que l'avait comprise la commission de 1817, laquelle devait être *appropriée à tous les services publics*.

L'échelle ne permet pas d'ajouter, sur des planches déjà très chargées et très finement gravées, une quantité d'indications spéciales dont ces services publics ont besoin. On y a suppléé comme on a pu, en demandant au Dépôt de la Guerre des calques des minutes, qui coûtent fort cher à établir, et en superposant au fond de la carte tirée en noir des teintes et des signes conventionnels en couleurs. Ces moyens sont restés médiocres et insuffisants, et les ministères ont fini par se constituer des services géographiques plus ou moins développés, pour l'établissement des cartes qui leur étaient nécessaires, et prenant pour base celle de l'état-major au 80 000e, ils l'ont transformée à leur usage. C'est ainsi notamment que la carte de France au 100 000e, dressée pour le service vicinal par ordre du Ministère de l'Intérieur, a pris naissance. Cette carte, imprimée en cinq couleurs, présente, avec la carte militaire, des différences essentielles : elle donne les chiffres de population, les bureaux de postes et de télégraphes, distingue les chemins de fer à voie unique des chemins de fer à deux voies; enfin, elle présente les routes et les chemins d'après leur classification administrative, et non, comme le fait la carte militaire, d'après leur état de viabilité. C'est surtout une carte routière et administrative, où le relief n'est indiqué que d'une façon accessoire.

De son côté, le Ministère des Travaux publics entreprit aussi une carte de France, à d'autres points de vue et à l'échelle du 200 000°. Cette carte était disposée de manière à faire ressortir les données qui intéressent ce département : ouvrages d'art des routes, des chemins de fer et des canaux, phares, courants de circulation, météorologie et régime des eaux, irrigations et usines hydrauliques, richesses minérales, usines métallurgiques et concessions minières, etc. Comme représentation du relief, des indications très générales avaient été jugées suffisantes ; on se bornait à des tracés pointillés marquant les lignes de faîte, à quelques cotes de niveau et à des courbes équidistantes de cent mètres. Cette sobriété de renseignements sur le relief avait l'avantage de laisser le fond de la carte très clair, et permettait d'y porter sans confusion une quantité d'indications, malgré la petitesse de l'échelle.

Le Ministère du Commerce produisit aussi ses cartes, comme celles des courriers postaux et des télégraphes; le Ministère des Travaux publics créa d'autres cartes spéciales pour les chemins de fer, la navigation, etc.

En somme, et surtout depuis les événements de 1870, avec le nouvel essor donné à l'industrie, aux mouvements commerciaux et aux exploitations diverses, avec le développement des réseaux ferrés, des routes et des lignes télégraphiques, des cartes intéressant à des points de vue divers le sol de la France surgirent de tous côtés, produites par des administrations de l'État.

Le Parlement s'émut de cette situation qui devait attirer son attention, car il peut paraître plus conforme à l'intérêt général de ne posséder qu'un seul organe producteur, ou tout au moins directeur des travaux géographiques, tandis qu'au Ministère de la Guerre seul, il en existait deux fonctionnant parallèlement : l'un au Dépôt de la Guerre, l'autre à la Direction du Génie, sans compter les services producteurs des autres ministères, dont on vient de mentionner quelques-unes des œuvres principales.

En 1890, on eut la pensée de rattacher à celui de l'armée tous les services géographiques qui s'étaient créés; mais il était trop tard pour que cette mesure fût efficace; les diverses cartes étant faites, il n'y aurait eu ni avantage ni économie à les faire passer d'une administration à une autre.

La commission du budget se proposa donc d'arriver à l'économie par un autre moyen, en supprimant ou en empêchant de continuer les cartes qui feraient double emploi. A cet effet, une commission spéciale, composée de représentants de tous les ministères intéressés, a été instituée par décret du 10 juin 1891, sous le titre de *Commission centrale des travaux géographiques*. Ses attributions sont les suivantes :

1° Prendre connaissance de tous les projets de travaux qui nécessitent l'exécution aux frais de l'État de levés et de cartes;

2° En apprécier l'utilité et l'urgence;

3° Éviter les doubles emplois;

4° Étudier les meilleures méthodes de reproduction, surveiller la mise au courant des cartes;

5° Faire concourir les efforts de tous les services vers la connaissance parfaite, aux moindres frais possibles, du sol de la France et de ses colonies.

La Commission centrale est placée sous la présidence du chef d'état-major général de l'armée.

Ses premières réunions furent consacrées à définir ses moyens d'action et à établir la situation des diverses cartes terminées ou en cours d'exécution. Elle se fit rendre compte des travaux par les ministères producteurs et il résulta de son examen que les doubles emplois réels étaient beaucoup moins nombreux que la commission du budget ne l'avait estimé, parce qu'elle s'était tenue en dehors des considérations techniques qui avaient motivé l'établissement de ces cartes. Celles même qui faisaient double emploi, ou qui étaient devenues sans utilité par suite de la publication d'œuvres plus complètes et plus récentes, ne pouvaient qu'être conservées, puisqu'il n'y aurait eu aucun bénéfice à les détruire, et que, d'ailleurs, elles ne donnaient plus lieu à aucune dépense.

En somme, et en tenant compte de ce que certaines cartes à échelles réduites sont toujours nécessaires pour les études d'ensemble, les premières séances de la Commission mirent en évidence le malaise et les difficultés provenant de ce que les intentions de la commission de 1817 n'avaient pas été remplies.

En allant uniquement à l'économie, en se limitant à une carte militaire trop petite pour tout contenir, on avait créé pour les administrations cette nécessité de se constituer des cartes spéciales, rédigées à des points de vue très différents, et ne faisant pas double emploi; se complétant, au contraire, les unes les autres. La situation resta donc la même, sanctionnée par la Commission centrale, qui limita son programme à l'examen des cartes nouvelles à établir.

En 1897, le Service géographique de l'Armée soumit à l'approbation de la Commission centrale les feuilles d'essai d'une carte de France au 50 000e en couleurs, obtenue par amplification du 80 000e. Il ne s'agissait pas, dans l'espèce, d'une carte nouvelle, mais seulement de la transformation en plusieurs couleurs d'un document qui existait déjà en noir et qui n'était autre chose qu'une amplification photographique héliogravée de l'édition de la carte au 80 000e publiée par quarts de feuille.

Cette amplification était faite pour répondre à divers besoins des services de l'artillerie et du génie, et pour diverses études intéressant la défense, qui exigeaient une échelle plus grande que le 80 000e. La Commission centrale approuva les spécimens qui lui étaient présentés, mais en exprimant le regret que cette carte, d'un emploi beaucoup plus commode que le 80 000e en noir, ne soit qu'une amplification de ce dernier. La commission eût préféré une œuvre nouvelle, donnant tous les détails que comporte l'augmentation d'échelle, et représentant le terrain non plus en hachures, mais en courbes exactes. Elle fut d'avis qu'une telle carte serait appelée à rendre de très grands services à toutes les administrations publiques, dont les besoins sous ce rapport n'ont jamais été satisfaits.

Par suite, elle adopta le projet de résolution suivant :

« La Commission centrale des Travaux géographiques, considérant que la carte proposée par le Service géographique de l'Armée constitue une amélioration réelle, mais non pas la solution définitive que réclament d'une part les besoins de l'Armée et du Génie civil, d'autre part les progrès de la science et les exemples des autres pays,

« Émet un avis favorable à la création de la carte proposée par le Service géographique de l'Armée et exprime le vœu qu'il soit procédé le plus tôt possible à l'exécution d'une carte à grande échelle. Elle décide qu'une sous-commission sera chargée d'en étudier le programme, les voies et moyens. »

Pour faire voir ce que pourrait donner une carte au 50 000ᵉ en couleurs, il a été exécuté en vue de l'Exposition universelle quelques feuilles de l'amplification du 80 000ᵉ; elles représentent une portion de la frontière des Alpes, et sont exposées aux classes 14 et 119.

La sous-commission désignée par la Commission centrale fut immédiatement nommée, et commença ses travaux sous la présidence du général directeur du Service géographique.

Ainsi, après quatre-vingts ans écoulés, la nouvelle commission des services publics reprenait la question de la carte de France à grande échelle, et en vertu des termes mêmes du décret du 10 juin 1891, qui l'invite à *faire concourir les efforts de tous les services vers la connaissance parfaite du sol de la France*, elle manifestait l'intention de réaliser le programme que son aînée, la commission royale de 1817, avait élaboré. Cette pensée avait d'ailleurs été reprise déjà, mais sans qu'il y fût donné suite par M. de Freycinet, en 1878, lorsque fut arrêté le programme des opérations du nivellement général de la France. Il était question, à cette époque, d'attribuer au Ministère des Travaux publics le nivellement proprement dit, et de faire exécuter par les soins du Ministère de la Guerre la planimétrie à grande échelle.

En novembre 1881, à l'occasion des crédits demandés pour engager l'opération du nivellement général, M. Sadi Carnot, ministre des Travaux publics, d'accord avec les Ministres de l'Intérieur, des Finances et de la Guerre, avait présenté à la Chambre des députés un projet de loi confiant le travail aux départements de la Guerre et des Travaux publics. L'exposé des motifs se terminait ainsi :

« Il s'agit d'une œuvre éminemment nationale, que les conseils généraux ont appuyée de leurs encouragements les plus sympathiques, et qui ne pourrait être plus longtemps différée sans dommage pour le renom scientifique de la France et pour l'exécution de nos travaux tant publics que privés. En votant ce projet de loi, le Parlement assurera la réalisation d'un programme arrêté, dès 1817, par une haute commission, qui comptait dans ses membres Puissant, Delambre et Laplace, et rendra à notre pays, pour ces opérations, le rang que lui avait valu son initiative dans les premières années de ce siècle. »

Cependant le projet de loi ne fut pas discuté, la situation financière ne semblant pas se prêter à la réalisation d'une entreprise aussi importante, pour laquelle on demandait *22 millions*.

Depuis cette époque, des crédits ont été votés annuellement pour le nivellement général seul, à l'exclusion de la carte et des levés à grande échelle; de sorte que les résultats du nivellement sont dès à présent acquis au projet actuel de la carte. D'autre part, le Service géographique de l'Armée a, depuis 1875, exécuté un grand nombre de levés précis aux échelles du 10 000e et du 20 000e (cette dernière pour les pays de montagne) sur les frontières et autour des places fortes. Un douzième environ de la surface totale du territoire se trouve aujourd'hui levé de cette façon. On peut donc dire que depuis longtemps déjà les documents appelés à constituer la nouvelle carte à grande échelle sont en cours d'exécution; mais les moyens et les ressources réduites dont on dispose ne permettent pas de les pousser avec assez d'activité pour assurer la publication dans un délai suffisant. Il faut donc, si on veut obtenir un résultat utile aux administrations et à l'industrie dans un avenir rapproché, avoir recours à des moyens et à des crédits spéciaux, analogues à ceux qui ont été déjà demandés et dont il vient d'être question; mais sans perdre de vue les conditions d'économie, l'exécution d'une carte à grande échelle devant, de toutes façons, entraîner de très grosses dépenses.

En se basant sur cette importante considération, la sous-commission désignée par la Commission centrale a fait l'étude des conditions d'établissement de la nouvelle carte; elle a rendu compte de son mandat le 2 mai 1898. Les conclusions de son rapport sont les suivantes :

« 1° Il doit être procédé à bref délai à l'exécution du levé d'ensemble de la France aux échelles du 10 000e pour les régions de plaine et moyennement accidentées, du 20 000e pour les pays de montagne.

« 2° La planimétrie sera fournie par les plans d'assemblage du cadastre et le figuré du relief sera exprimé à l'aide de courbes de niveau équidistantes, s'appuyant sur les repères du nivellement général de la France en cours d'exécution.

« 3° Le Service géographique de l'Armée sera chargé du figuré du terrain.

« 4° Les levés au 10 000e et au 20 000e serviront à la rédaction et à la publication, par le Service géographique de l'Armée, d'une carte d'ensemble au 50 000e en couleurs. Les minutes seront reproduites en vue de satisfaire aux besoins de la science et de l'industrie.

« 5° Un crédit de 18 millions et demi, estimé nécessaire pour l'exécution des levés et la confection des planches de la carte au 50 000e, sera réparti annuellement, de façon à permettre l'achèvement en trente années de l'ensemble de ces travaux.

« La sous-commission admet en principe, dans son rapport, que l'approbation du Parlement sanctionnera le projet de réfection du cadastre. La dépense afférente à la nouvelle carte de France n'apparaît dès lors que comme un accessoire, en comparaison de celle qu'exigera l'œuvre considérable dont il s'agit. On profitera ainsi de la circonstance la plus favorable qui puisse se présenter pour doter les services publics de la carte à grande échelle qu'ils réclament depuis 1817. Mais il faut remarquer toutefois que le projet de cette carte n'est pas forcément lié à celui du cadastre. Les levés de précision qui se continuent autour des places fortes empruntent leur planimétrie aux plans du cadastre actuel ; les topographes vérifient, complètent et rectifient cette planimétrie, en même temps qu'ils s'occupent du nivellement. Il n'en résulte pas de retard appréciable, parce que leur travail les oblige, en tout état de cause, à visiter le terrain dans tous ses détails. Cette méthode, suivie avec succès depuis plus de vingt ans, peut être étendue à l'ensemble du territoire, en donnant à l'organisation des brigades topographiques le développement nécessaire, et dans des conditions à peine plus onéreuses que celles indiquées déjà pour le nivellement seul.

« Ce serait, semble-t-il, une solution à envisager, dans le cas où les Chambres reculeraient devant la mise en œuvre de moyens financiers aussi puissants que ceux exigés par la grande opération du cadastre. La Commission centrale des travaux géographiques prendrait alors l'initiative de toutes les mesures concernant la direction et les travaux de la carte de France, dégagés de toute autre considération. »

La Comission centrale ayant adopté les propositions contenues dans le rapport, le Service géographique s'occupa de suite des études qui en étaient la conséquence, et fit toutes les expériences, tant au point de vue des levés sur le terrain qu'à celui de la rédaction cartographique. Elle en soumit le résultat à la Commission centrale en juin 1899, et une nouvelle sous-commission fut désignée pour arrêter définitivement les mesures relatives à la projection, à la coupure de la carte, au mode de reproduction des levés, aux signes conventionnels, etc.

Tandis que ces travaux se poursuivaient de manière à préciser tous les points de détail et à ne rien laisser à l'imprévu, l'Académie des sciences était saisie, le 27 mars 1899, du projet de la nouvelle carte de France, par l'un de ses membres, le général Bassot, directeur du Service géographique de l'Armée. De son côté, estimant que l'intervention de l'Académie auprès des pouvoirs publics pourrait exercer une heureuse influence en hâtant l'adoption d'une mesure depuis trop longtemps ajournée, elle confiait à une commission prise dans son sein le soin de rechercher les conditions dans lesquelles cette intervention pourrait avoir lieu. « Il n'est pas de jour, dit le rapport de l'Académie des sciences, où l'insuffisance de la carte actuelle ne se fasse sentir, qu'il s'agisse de dresser l'avant-projet d'une route, d'un chemin de fer, d'une canalisation, d'un drainage, ou d'étudier le captage d'une source et l'adduction dans une ville des eaux destinées à son alimentation. A tout instant, les autorités scientifiques et techniques sont consultées sur des projets de ce genre, et chaque fois, il leur faut constater que l'absence d'une carte détaillée les met hors d'état de se prononcer en connaissance de cause. Les millions qu'il a fallu dépenser en nivellement pour tous les avant-projets de terrassements auraient payé bien des fois les dépenses de la carte que la commission de 1817 avait sagement ordonnée; et même aujourd'hui que ce gaspillage est consommé, il reste assez d'études techniques à prévoir pour que la confection d'une bonne carte soit encore largement rémunératrice. »

Au point de vue scientifique, comme à tous les autres points de vue, l'Académie des sciences s'est montrée éminemment favorable au projet; elle a émis un vœu pour son exécution immédiate et chargé une délégation de remettre ce vœu au Ministre de la Guerre, qui l'a accueilli avec empressement.

Ainsi, l'opération dont il s'agit est non seulement appuyée, mais même instamment réclamée par les corps savants comme par les divers ministères.

Aujourd'hui, tout a été examiné scrupuleusement; la dernière sous-commission a terminé ses études relatives à l'exécution cartographique; il ne reste plus qu'à en présenter les conclusions à la Commission centrale. Tous les essais pratiques ont été faits; il ne peut y avoir aucune surprise, aucun mécompte, puisqu'il s'agit d'appliquer des méthodes et des procédés dont on est maître, dont on connaît le prix de revient et le rendement.

Sans donner ici un exposé qui serait prématuré, puisque certaines modifications peuvent encore être apportées au projet par la Commission centrale, bien que tout ait été fait conformément à ses ordres et selon ses vues, il paraît cependant utile de dire quelques mots des principales raisons sur lesquelles le projet s'appuie.

Il n'est pas question dans le projet d'une triangulation nouvelle; parce que, si l'opération de la carte est unie à celle du nouveau cadastre, la triangulation qui s'exécute dès à présent en vue de ce nouveau cadastre, et dont s'occupe déjà le Service géographique de l'Armée, donnera le canevas des plans cadastraux qui constitueront la planimétrie de la carte. Si, au contraire, le travail de la carte se sépare de celui du cadastre, la triangulation existante, celle qui a servi pour l'établissement de la carte au 80 000e, suffira malgré l'augmentation d'échelle des levés, puisqu'elle a suffi jusqu'à présent, et depuis vingt-cinq ans, pour asseoir les plans directeurs des places fortes au 10 000e et au 20 000e. Cette triangulation n'est pas parfaite, on le sait, mais les défectuosités qu'elle contient sont connues; la plupart restent sans influence aux échelles où l'on doit opérer, et quant aux erreurs qu'on jugerait trop fortes, on pourrait y remédier par quelques réfections partielles. Pour les levés actuels aux grandes échelles, on complète la triangulation géodésique par un canevas spécial, plus serré, qui est établi par les topographes eux-mêmes. Rien n'empêcherait de suivre la même méthode si ces levés devaient s'étendre à l'ensemble du territoire français.

En ce qui concerne les levés eux-mêmes, l'échelle du 10 000e a été choisie parce que c'est la plus petite échelle qui permette de dessiner tous les détails de la planimétrie qu'il importe de posséder, sans avoir recours à des signes conventionnels trop gros pour les véritables dimensions de ces détails, et par conséquent sans dénaturer leurs formes, leurs positions relatives, et sans exagérer la place qu'ils tiennent sur le terrain. Exception doit être faite, cependant, pour les routes, dont il convient toujours d'augmenter un peu la largeur pour les faire mieux ressortir. On a admis le 20 000e pour les régions montagneuses, parce que, dans ces régions, la planimétrie est beaucoup moins serrée; sur le flanc des montagnes, elle se borne souvent à quelques sentiers et quelques constructions éparses; dès lors, une échelle moitié moindre suffit pour représenter sans inconvénient ces détails à la place qu'ils doivent occuper. Les mouvements du sol prennent d'ailleurs plus d'ampleur et peuvent être plus généralisés.

Les levés étant faits, lorsqu'il s'agit d'en former une carte d'ensemble, une première et importante question se pose, celle de la projection. Elle a pour objet de remplacer la surface sphérique par une surface développable. Ce n'est plus la réduction du terrain que donne la carte, mais bien la réduction de sa projection sur la surface développable qu'on a choisie.

Cassini s'était décidé pour une projection cylindrique, ou plutôt cette projection résultait de la façon même dont il plaçait ses points géodésiques sur sa carte. En effet, les axes auxquels tout l'ensemble se rapportait étaient la méridienne de Paris et la perpendiculaire à la méridienne passant par l'Observatoire. La position de chaque point se trouvait déterminée par sa distance à la méridienne et sa distance à la perpendiculaire. Or, toutes les perpendiculaires abaissées des points de la surface sur la méridienne sont des arcs de grands cercles qui se rencontrent tous sur l'équateur, en deux points qui sont les pôles du méridien de Paris; tandis que toutes les distances à la perpendiculaire de l'Observatoire comptées par Cassini sur la méridienne ou sur des parallèles à la méridienne sont des arcs de petits cercles parallèles entre eux. Il est facile de voir que le résultat de cette construction n'est autre chose qu'une projection de la surface sphérique sur un cylindre tangent suivant le méridien de Paris.

Cette projection donnait lieu à des déformations d'autant plus grandes qu'on s'éloignait davantage du méridien de Paris. Aux distances de Brest et de Strasbourg, elle devenaient réellement gênantes.

Aussi le Dépôt de la Guerre lui substitua-t-il, pour la carte au 80 000e, une projection plus scientifique et possédant d'heureuses propriétés, modification de la projection de Flamsteedt imaginée par l'ingénieur hydrographe Bonne, père du colonel Bonne, l'un des collaborateurs à la carte de France.

La question de la projection se pose donc pour la nouvelle carte de France. Sur ce point, le travail de la sous-commission est fait, mais il n'est pas encore sanctionné par la Commission centrale. On peut évidemment conserver la projection de Bonne, mais on peut aussi en adopter une autre, ou se placer dans un autre ordre d'idées, comme l'ont fait la plupart des États de l'Europe pour la construction de leurs cartes les plus récentes.

Le but qu'on se propose en adoptant un système de projection est de pouvoir assembler les nombreuses feuilles de la carte, ou tout au moins une notable quantité de ces feuilles, sur une surface plane. Or, on n'a aucun souvenir que la carte de Cassini ait jamais été assemblée. Quant à la carte de France au 80 000e, elle l'a été jusqu'ici deux fois seulement, la première à l'Exposition de géographie de 1875, la seconde à l'Exposition universelle de 1878. Plus l'échelle d'une carte est grande, moins il y a de chance pour que l'occasion de l'assembler se rencontre. La carte au 80 000e demande un panneau carré de 13 mètres de côté; la carte au 50 000e exigerait une surface semblable de plus de 20 mètres en hauteur et en largeur; quant aux levés au 10 000e, il faudrait un hectare pour les réunir.

Il ne paraît pas y avoir, d'ailleurs, un intérêt bien grand à ce que l'assemblage puisse s'effectuer sur une surface plane, lorsqu'il s'agit de cartes aussi grandes. En supposant que le système employé pour la construction d'une carte conserve à l'ensemble la courbure que possède la surface terrestre, quel inconvénient peut-il en résulter? Dans les rares occasions où cet assemblage sera réalisé, la carte en prendra peut-être un intérêt de plus.

C'est précisément ce qui arrive pour la carte de France au 100 000e du Ministère de l'Intérieur, exposée à la classe 14. Elle est construite sur une surface convexe de 26 centimètres de flèche, qui correspond à la convexité réelle de la France. Au lieu d'être établie suivant un mode de projection, elle est faite dans le système dit polyédrique ou polycentrique, adopté aussi pour les cartes nouvelles de l'Autriche-Hongrie et de la Serbie au 75 000e, de l'Italie et de l'Allemagne au 100 000e, de l'Espagne au 50 000e, des États-Unis, du Japon, etc.

Le système polycentrique est appelé parfois, et à tort, projection polycentrique, car il consiste précisément à supprimer la projection, ou plutôt à avoir autant de projections normales sur des plans tangents, qu'il y a de feuilles de la carte. La surface sphéroïdale est remplacée par une surface à facettes, chaque facette étant une feuille de la carte. Plus l'échelle est grande et les facettes petites, plus l'ensemble se rapproche de la surface sphérique, les facettes pouvant arriver à se confondre *pratiquement* avec cette surface elle-même. Il est du reste très facile de se rendre compte de la différence qui existe, à l'échelle de la carte, entre une facette et la portion de surface sphéroïdale qui lui correspond. En somme, une carte construite dans ce système n'est pas plus développable que la sphère elle-même; mais cela n'a rien de gênant, du moment qu'on peut assembler sur une table le nombre de feuilles nécessaires à la fois pour une étude quelconque. Quant aux avantages, les principaux sont d'éviter les déformations inhérentes à tout système de projection et de simplifier beaucoup la construction de la carte.

Les feuilles sont disposées comme toujours par bandes suivant des méridiens et suivant des parallèles. Toutes les feuilles qui ont leur centre sur le même parallèle coupent évidemment leurs voisines à l'est et à l'ouest suivant des plans méridiens. Toutes les feuilles qui sont disposées de manière à avoir leur centre sur le même méridien coupent leurs voisines au nord et au sud suivant des plans parallèles. Il en résulte que les feuilles affectent des formes de trapèzes d'autant plus étroits qu'elles se rapprochent davantage du pôle. Pour la France, en supposant qu'on adopte une coupure de 40 minutes centésimales en longitude, la largeur des feuilles du sud surpasserait celle des feuilles de l'extrême nord de 89 millimètres. Pour chaque feuille, la différence entre la longueur du côté nord et celle du côté sud varierait entre un millimètre et demi et deux millimètres. On voit d'après cela qu'il n'y a pas une très grande différence, pour quelques feuilles juxtaposées, entre un assemblage de feuilles faites suivant un système de projection et un assemblage de feuilles établies dans le système polycentrique.

Quant aux conditions de la rédaction de la carte au 50 000ᵉ, la Commission centrale s'est prononcée pour une publication en couleurs, avec le terrain figuré en courbes de niveau.

Du moment que le terrain est représenté en courbes, la carte en couleurs s'impose; une carte monochrome en courbes ne serait pas lisible à l'échelle du 50 000ᵉ; les lignes du terrain feraient souvent confusion avec celles de la planimétrie. Or il y a d'importantes raisons pour préférer la courbe à la hachure : d'abord, la courbe donne un renseignement plus précis, plus géométrique, et c'est un renseignement de grande valeur, lorsqu'il est obtenu par la réduction de courbes exactes levées sur le terrain aux échelles du 10 000ᵉ et du 20 000ᵉ; ensuite, la courbe est incomparablement plus économique à graver que la hachure. Les plus fortes dépenses de gravure de la carte au 80 000ᵉ ont été, et de beaucoup, occasionnées par le figuré du terrain en hachures. Mais à l'époque où le 80 000ᵉ a été commencé, on n'était encore en possession que de la gravure sur cuivre pour produire des cartes publiées. Toutes les cartes étaient forcément monochromes, car les tirages en taille-douce ne permettent guère de faire passer la même feuille de papier successivement sur plusieurs planches gravées, à raison d'une par couleur. Il faut que le papier soit maintenu humide pour aller chercher l'encre jusqu'au fond des tailles de la planche gravée, et les dilatations, retraits, déformations, qui résultent de cet état d'humidité, rendent le repérage des couleurs impossible pour de grandes planches. On n'est arrivé à l'obtenir quelquefois, et dans des conditions médiocres, qu'avec des soins et des précautions minutieuses, et en opérant sur des planches de petites dimensions.

A présent, on dispose de procédés autres que la gravure sur cuivre et qui permettent de résoudre le problème dans des conditions pratiques. Il est certain qu'au point de vue de l'art, les cartes en couleurs que l'on fait aujourd'hui ne valent pas les anciennes cartes en noir, et les amateurs de cartographie préféreront toujours avec raison les belles épreuves de taille-douce, en hachures;

mais le point de vue de l'art n'est pas le premier à rechercher. Une carte est avant tout un instrument, un outil qu'on doit disposer aussi commodément que possible pour l'usage qu'on veut en faire, sans négliger pourtant la belle exécution. Les cartes en couleur ont à cet égard une grande supériorité, même pour les personnes qui savent lire la carte, ce qui est peut-être moins commun qu'on ne pense. L'emploi des couleurs permet seul, dans beaucoup de cas, d'exprimer clairement les choses. S'il s'agit, par exemple, de figurer un canal bordé de chemins sur ses rives, la gravure ne dispose, pour exprimer le canal, que d'un trait ou de deux traits suivant l'importance ; pour représenter les chemins également un trait ou deux traits, continus ou interrompus. S'il vient s'y ajouter une muraille suivant la même direction, c'est encore un trait. Lorsque tous ces traits sont noirs, il peut être fort difficile de s'y reconnaître ; tandis qu'en réservant le noir aux chemins, en affectant le bleu aux eaux et le rouge à la maçonnerie, tout devient clair, quelles que soient les complications de canaux, de chemins et de murailles.

L'emploi des couleurs permet aussi de multiplier les signes conventionnels simples reconnus pratiques pour la rédaction des cartes, la signification pouvant se modifier avec la différence de couleur. Sous ce rapport, on peut en tirer un parti très avantageux lorsqu'il s'agit, comme dans le cas présent, d'une carte appelée à satisfaire aux besoins de toutes les administrations et devant contenir une grande variété d'indications.

Enfin, les cartes en couleurs ont encore une autre supériorité de première importance sur les cartes en noir ; c'est de se prêter beaucoup mieux qu'elles aux travaux de revision.

Autrefois, quand on avait gravé une carte, on considérait l'œuvre comme définitivement acquise et achevée ; à peine prévoyait-on les retouches nécessaires après une certaine usure des planches. La guerre de 1870 a fait voir qu'il n'en était pas ainsi, et que depuis l'époque où certaines feuilles avaient été faites jusqu'au moment où de graves événements obligeaient à recourir chaque jour à leur emploi, le terrain avait considérablement changé. Les chemins de fer s'étaient créés, le réseau routier s'était modifié et développé, des bois et des vignes avaient disparu, d'autres avaient surgi, des localités s'étaient amoindries, d'autres avaient pris de l'extension, etc., à tel point que la carte ne représentait plus le pays. On se préoccupa de la reviser, c'est-à-dire de la mettre au courant.

En somme, une carte n'est jamais un document *ne varietur*; le terrain change, et puisqu'elle doit représenter le terrain, elle doit suivre ses changements. Or, plus l'échelle d'une carte est grande, plus les changements qui l'affectent sont nombreux, puisqu'ils portent sur un plus grand nombre de détails. On doit donc, en arrêtant le mode de rédaction d'une carte topographique, surtout à grande échelle, se préoccuper de la possiblilité de la tenir au courant le plus rapidement et aux moindres frais possibles.

Cette tenue au courant est des plus difficiles et des plus onéreuses en ce qui concerne la carte de France au 80 000e. Lorsqu'il s'agit d'y changer le tracé d'une route, par exemple, il faut d'abord faire disparaître de la planche gravée l'ancien tracé de cette route et préparer la surface destinée à recevoir le nouveau tracé, ce qui ne peut se faire sans détruire les parties correspondantes et voisines des bois, des hachures, des constructions et des écritures. Il faut faire place nette sur une certaine largeur, au moyen de procédés spéciaux qu'il serait trop long d'expliquer ici, puis graver à nouveau le tracé rectifié, et reprendre toutes les parties environnantes qui ont été détruites. Quand les changements signalés par la revision sont nombreux, un pareil travail, très délicat et très coûteux, équivaut presque à la réfection totale d'une planche.

Dans le cas des cartes en couleurs, chaque couleur faisant l'objet d'une planche spéciale, le travail de mise au courant est beaucoup plus simple. Les planches relatives aux formes du terrain ne sont l'objet d'aucune retouche si elles ont été bien faites une première fois; celles qui représentent les eaux ne reçoivent que de rares corrections; celles qui correspondent au réseau routier sont celles qui, au contraire, se modifient le plus, etc. Le travail de revision se trouve donc limité aux changements réels à introduire, sans que ces changements entraînent la destruction et la réfection des parties voisines qu'il y a lieu de conserver. Par suite ce travail est plus vite fait, il coûte moins cher, et la carte revisée est plus tôt entre les mains de ceux qui en ont besoin.

Tels sont les principaux avantages qui ont guidé le choix de la

Commission centrale des travaux géographiques. Comme on l'a vu tout à l'heure, il reste encore diverses propositions à soumettre à son appréciation, et au sujet desquelles les études sont terminées. Il paraît donc probable que la question de la nouvelle carte pourra être portée prochainement devant les Chambres. Bien que la mise à exécution nécessite des dépenses qui demanderont un sacrifice sérieux, il y a lieu d'espérer que les Chambres voudront bien prendre en considération une affaire d'intérêt aussi général, qui leur sera présentée et recommandée par l'ensemble des corps savants et des services publics, en tenant compte d'abord de ce que les allocations demandées s'échelonneront sur une période de trente ans, et en envisageant surtout les bénéfices précieux qui résulteront pour l'armée, pour les administrations, pour les entreprises industrielles, pour les particuliers, de la possession d'une carte complète, exacte, précise, à l'appui de laquelle la publication des levés eux-mêmes viendra rendre compte de la planimétrie et des accidents du sol jusque dans leurs plus petits détails. Ce sont les conditions qui s'imposent et que l'on cherche à réaliser maintenant dans tous les pays; on ne peut penser que la France veuille rester en retard sur les États voisins.

La question se résume ainsi :

La Commission centrale des travaux publics vient d'élaborer le projet d'une nouvelle carte de France à grande échelle. Toutes les études y relatives ont été poursuivies depuis deux ans par des sous-commissions chargées d'en préciser les conditions d'exécution et d'en régler tous les détails. Aujourd'hui, ces études sont terminées et les expériences pratiques concernant les levés et la production cartographique ont été faites. L'affaire peut être présentée prochainement au Parlement, à qui il appartient de juger de l'opportunité de la mesure proposée et de voter les fonds nécessaires à l'exécution de la nouvelle carte.

La communication faite à ce sujet a pour objet d'exposer devant le Congrès les précédents de la question, les conditions dans lesquelles ont été produites successivement la carte de Cassini et la carte au 80 000e dite de l'état-major, de montrer comment et pourquoi cette dernière n'a pas rempli le but qu'on s'était proposé, dès 1817, d'établir un document complet, destiné à satisfaire tous les services publics. Elle fait ressortir la situation qui en est résultée et qui a conduit la Commission centrale à proposer le projet actuel.

Enfin, cette communication met le Congrès au courant de la question, en établissant les bases sur lesquelles repose le projet et en développant les principales considérations qui ont guidé les études de la Commission centrale, en vue d'obtenir une carte au 50 000e en couleurs, dérivant de levés au 10.000^e, exacts et complets, lesquels devront être publiés comme la carte elle-même.

M. Guénot rappelle que des procédés nouveaux de levé du relief des plans ont été appliqués, notamment en Allemagne et en Autriche; il demande si l'application de ces procédés au projet — qu'il approuve — de la carte de France ne permettrait pas de réaliser une économie.

Nous avons fait des essais, répond le colonel Berthaut, mais la question ne paraît pas mûre. D'ailleurs, nous avons des instruments nouveaux, dus au colonel Goulier, qui sont excellents et grâce auxquels, pensons-nous, les résultats seront assez économiques, autant, dans tous les cas, que ceux obtenus grâce aux procédés usités en Allemagne et en Autriche.

M. Le Myre de Vilers estime que la question qui vient d'être soulevée est du plus haut intérêt patriotique; elle est peut-être la plus importante de toutes celles qui auront été soulevées au Congrès. En conséquence, il propose d'émettre un vœu tendant à ce que la carte de France soit reconstituée le plus tôt possible. (Voir le vœu *in fine*.)

Note sur l'exploitation du sorgho à balais en Algérie,

Par M. CHANTELOUBE.

Le sorgho à balais est d'origine indienne et son introduction en Europe ne date guère que d'un siècle environ.

En Algérie, en 1896, des agriculteurs algériens furent très satisfaits du rendement de leur récolte de sorgho à balais, mais n'ayant pas obtenu pécuniairement un résultat suffisamment rémunérateur, ils en abandonnèrent la culture. Ayant produit chacun une petite quantité de paille, ils se trouvèrent dans l'impossibilité d'en opérer le placement d'une manière avantageuse, comme cela se fait généralement dans les entreprises industrielles de matières premières; c'est à tort que les petites quantités sont laissées de côté ou achetées à bas prix.

Voulant encourager toutes les bonnes volontés, nous avons donné toutes les garanties de débouchés au sorgho à balais pour la petite comme pour la grande culture, qui ne peuvent être rémunératrices qu'autant que l'emploi industriel en est parfaitement reconnu pratique, et celui qui l'entreprend doit joindre les qualités d'agriculteur à celles d'industriel.

Comme débouché, il y a l'Algérie où nous pouvons faire fabriquer des balais à des conditions très avantageuses pour les besoins de la colonie, de plus la métropole tire de l'étranger annuellement de 12 à 15 millions de kilogrammes de paille, sous la rubrique : « Paille d'Italie », qui lui est généralement donnée par les fabricants de balais. Ce marché est naturellement tout acquis à l'Algérie puisqu'elle pourra fournir la même marchandise dans des conditions plus avantageuses. Dans quelques années elle pourra fournir le marché américain si ce mouvement est encouragé.

Note sommaire relative à Henry Duveyrier,

Par M. CHARLES MAUNOIR, secrétaire général honoraire de la
Société de Géographie (Paris).

Henri Duveyrier est né à Paris, sur le deuxième arrondissement, le 28 février 1840. Il appartient à une excellente famille de la Provence. Son père est Charles Duveyrier, ancien saint-simonien, auteur d'écrits politiques et économiques pleins de vues larges, ingénieuses et libérales, auteur aussi d'œuvres dramatiques dont plusieurs sont restées au répertoire.

Henri Duveyrier, après quelques années de classes élémentaires, alla compléter ses études dans deux écoles d'Allemagne. Tout en suivant les cours de l'une de ces écoles, l'école du commerce de Leipzig, il suivait assidûment, aussi, des cours d'arabe. Dès cette époque-là, en effet, il avait conçu le projet d'explorer quelque partie inconnue de l'Afrique et la connaissance de la langue arabe était l'un des indispensables éléments de succès d'une semblable entreprise.

En 1857, Henri Duveyrier accomplissait en Algérie, avec O. Mac-Carthy, un voyage d'essai qui le conduisait jusqu'aux premières oasis du désert à Laghouat.

Pendant un séjour qu'il fit en Angleterre après cette excursion, il fut présenté à l'illustre explorateur de la Nigritie, le docteur Henri Barth, dont il devint l'élève et resta l'ami. Cette relation exerça une influence considérable sur les résolutions de Henri Duveyrier et sur le succès de son grand voyage. De retour à Paris, il appliqua tout son zèle, toute sa conscience à acquérir l'instruction spéciale nécessaire aux voyages scientifiques; il se familiarisa avec les opérations astronomiques, les observations météorologiques, les préparations d'histoire naturelle, la botanique, la géologie, etc.

De 1859 à 1861, pendant deux ans et demi, il a exploré le Sahara depuis sa limite septentrionale jusqu'au tropique du Cancer et depuis le méridien d'Alger jusqu'au delà de celui de Tripoli, dans l'est.

En recueillant une extraordinaire quantité de renseignements, il étendit ses recherches jusqu'à l'Égypte et à la Nigritie. Partout il s'attacha autant à étudier la constitution physique, le climat, les productions, les habitudes des pays qu'il visitait, qu'à nouer des relations politiques et à tâcher de déterminer des courants commerciaux au profit de l'Algérie. Il ne négligea pas non plus l'étude des vestiges de l'antiquité. Il est hors de doute que son voyage a été la cause première de la visite faite à Paris par des chefs touareg, et de la conclusion du traité de Ghadamès.

Ce long voyage, qui fut marqué par de grandes fatigues et des dangers de chaque instant, eut des résultats assez considérables pour mériter la croix de la Légion d'honneur à Henri Duveyrier qui, lors de sa nomination, se trouva être le plus jeune des membres de l'ordre; il n'était alors âgé que de vingt-un ans. La Société de Géographie de Paris lui décerna sa grande médaille d'or; les Sociétés géographiques de Londres, de Berlin, de Leipzig, de Genève lui donnèrent le titre de membre correspondant honoraire.

Les voyageurs qui, depuis lors, ont parcouru les régions sahariennes visitées par Henri Duveyrier sont unanimes à reconnaître l'exactitude des déterminations, la richesse des données, la sûreté des indications rapportées par lui, et les géographes étrangers, les géographes allemands surtout, n'ont pas perdu une occasion de manifester leur estime pour les travaux de notre compatriote.

Une maladie, suite des rigueurs du voyage, qui conduisit Henri Duveyrier au seuil de la tombe, l'empêcha pendant quelques années de continuer à s'occuper de science. Mais plus tard, il devint l'arbitre consulté et écouté des questions relatives non seulement au Sahara, mais encore à toute l'Afrique, sur laquelle il avait concentré son activité.

Une grande partie des données nombreuses, variées, tout à fait nouvelles acquises au prix d'un incessant labeur accompli en cours de route, sous un climat violent, dans des conditions de vie difficiles, sont venues se résumer en un précieux ouvrage : « Les Touareg du Nord ». Il donnait les premières notions un peu complètes qu'on eût alors sur les Touareg et une fraction de leur territoire. Un second volume devait compléter l'œuvre, mais d'autres voyages et d'autres devoirs en retardèrent la publication.

Les itinéraires si consciencieusement levés par Henri Duveyrier prirent place sur une carte qui reste actuellement encore une œuvre dont la solidité et la richesse apparaissent plus nettement de jour en jour : nos officiers de l'extrême Sud algérien diraient les services que leur ont rendus les voyages de Henri Duveyrier.

Au moment de la guerre Henri Duveyrier, dont le nom avait été inscrit, lors de son grand voyage, sur les contrôles d'un régiment de zouaves, fut incorporé dans le 90e régiment d'infanterie de ligne et fait prisonnier dans la surprise de Ville-Evrard. La notoriété dont il jouissait parmi les géographes allemands lui valut des offres d'adoucissement dans les conditions de sa captivité. Mais Henri Duveyrier se refusa à rien solliciter et ne voulut pas se séparer de ses camarades avec lesquels il fut interné à Neisse, en Silésie.

A la paix, il fit partie de la mission chargée d'étudier sur place, avec le commandant Roudaire, la question de la création d'une mer intérieure saharienne. Plus tard il fut attaché à l'ambassade extraordinaire de M. Feraud, envoyée par le gouvernement français au Maroc. Ces deux voyages furent encore, pour lui, l'occasion de réunir des informations précieuses pour la géographie, l'histoire naturelle, la météorologie, l'ethnographie.

Son dernier voyage eut pour objectif une portion du littoral marocain absolument vierge d'exploration, les montagnes du Riff, dont les habitants fanatiques ne permettent pas l'accès de leur pays aux chrétiens. Bien qu'il n'eût pas pu accomplir tout le voyage projeté, Henri Duveyrier rapporta de son trajet le premier itinéraire détaillé, les premières informations un peu nettes qu'on eût alors sur cette partie du Maroc.

Il faut rappeler ici que le Ministère des Travaux publics attacha Henri Duveyrier à toutes les commissions d'études relatives au Sahara, notamment à la commission chargée de préparer la mission Flatters et à la commission des projets de chemins de fer transsahariens. Il appartenait aussi à diverses commissions consultatives du Ministère de l'Instruction publique ; les archives de ce ministère renferment de nombreux rapports, qui attestent à la fois le savoir, la sagesse et la netteté de vue du rapporteur.

Le général Faidherbe, grand chancelier de la Légion d'honneur, qui appréciait hautement le caractère et le savoir de Henri Duveyrier, l'avait fait nommer au grade d'officier de la Légion d'honneur, en 1884.

Henri Duveyrier était un homme d'une droiture extrême, d'une grande hauteur de sentiments et d'une complète indépendance de pensée.

La poursuite de la justice et de la vérité a seule dominé sa vie.

Ses voyages lui ont valu une renommée brillante dans le monde de la science, ses qualités lui ont mérité l'estime et l'attachement profond de tous ceux qui l'ont connu.

Le nom de Henri Duveyrier est incontestablement digne d'être attribué à l'une des rues de Paris.

Après cette communication, plusieurs vœux présentés par M. Paul Labbé (au sujet de Duveyrier), par le baron Hulot et M. Flamand (au sujet du commandant Lamy), par l'amiral Servan (sur la prolongation du chemin de fer de l'Ouest algérien), et par M. P. Bonnard (sur le port de Bizerte), sont mis aux voix et adoptés.

BANQUET

Les membres du Congrès se sont réunis le soir au restaurant Marguery. A ce banquet assistaient les délégués des ministères. Le général Derrécagaix a porté un toast très applaudi aux Sociétés françaises de Géographie et remercié les représentants des Sociétés géographiques de Rome, de Madrid et de Genève qui avaient bien voulu assister au Congrès. Après les aimables réponses de MM. Sabatini (Italie), de Claparède (Suisse) et Sarda (Espagne), d'autres toasts ont été portés par MM. Gauthiot, Merchier, de Chambeyron et Boulland de l'Escale, qui se sont plus particulièrement adressés aux organisateurs de la XXIe session.

Cette réunion d'hommes attirés par les mêmes travaux, voués aux mêmes études, dirigés vers les mêmes perspectives ne pouvait qu'être empreinte de la plus parfaite cordialité.

Vendredi 24 Août

SÉANCE DU MATIN

Présidence de M. Gauthiot (S. G. Commerciale de Paris).
Assesseur : M. Caména d'Almeida (S. G. Bordeaux)[1].

Note sur les Aïnos de l'île de Sakhaline,

Par M. Paul Labbé (S. G. P.).

La communication de M. Paul Labbé est le compte rendu d'une partie de sa mission à l'île de Sakhaline. Les Aïnos habitent dans la presqu'île méridionale de l'île, qui forme aujourd'hui administrativement le district de Korsakov. Ils vivent le long de la mer et le long des rivières Naïba et Soussouia; le pays qu'ils habitent est très froid, bien que l'extrémité de la presqu'île atteigne le 46° de lat.; il est aussi très montagneux : l'ossature de l'île est composée d'une chaîne abrupte, formée de roches volcaniques, de basalte surtout, soulevant des couches sédimentaires de formation peu commune en Sibérie. On trouve dans la presqu'île habitée par les Aïnos, beaucoup de fossiles, d'ammonites de grande taille et des fragments de plantes qui n'y poussent plus aujourd'hui. La moyenne de la température est de $+0,5$, celle de l'hiver est -15 et de l'été $+4$.

---

[1]. Tour à tour les délégués des Sociétés françaises de Géographie ont été appelés au bureau en qualité de présidents ou d'assesseurs, conformément au règlement, mais quelques délégués, désignés comme assesseurs, n'ont pas répondu à l'appel de leur nom et ne figurent pas en cette qualité au procès-verbal des séances.

Les Aïnos de Sakhaline sont les mêmes que ceux de l'île de Yéso, mais ceux de Yéso ont été en contact avec la civilisation japonaise, et ont perdu une partie de leur caractère et de leur originalité. Ils forment une race à part, bien différente des autres peuples de Sakhaline : ils n'ont guère de commun avec les Ghiliaks, les Toungouses et les Orotchones de l'île que leurs habitudes et leurs façons de vivre, mais c'est le climat, ce sont les mêmes nécessités de la vie qui leur ont donné ces habitudes.

Ils vivent en groupes qui constituent de petits villages. M. Paul Labbé a étudié surtout les villages de Takoe, Séantsy, Doubki, Rourei, Naiboutchi, etc. Dans un seul village les Aïnos se sont mélangés aux Ghiliaks et dans les enfants nés des mariages entre les représentants des deux peuples, on retrouve presque toujours le crâne mongol et les pommettes saillantes des Ghiliaks, la haute taille et le système pileux des Aïnos.

Les Aïnos sont généralement grands, très chevelus et très barbus : leur visage est pâle, et les mensurations faites sur eux sont très semblables aux mensurations faites sur les Petits-Russiens. Leur caractère est sérieux ; ils sont plus réservés et moins communicatifs que les autres indigènes de l'île.

Leur maison est quelquefois spacieuse : le jour vient par le trou ou par les trous du toit ; ce trou ou ces trous sont placés au-dessus du foyer ou des foyers, par lesquels s'échappe la fumée. Sur des planches, sont des ustensiles de ménage généralement en bois ; au mur des vêtements de peaux de chiens, d'ours, de rennes, de renards, de loutres, de phoques ou de poissons. Hommes et femmes portent le même costume, les hommes ont une natte dans le dos.

Près des maisons dans le village, de petites cabanes bâties sur pilotis servent de dépôts de poissons. Les chiens, souvent attachés à de longues perches horizontales soutenues par des perches verticales, sont de taille moyenne, très trapus, les pattes très fortes, les oreilles droites et pointues, les yeux parfois de couleur différente. Ils servent de nourriture à leurs maîtres et leur peau constitue un bon vêtement d'hiver. Ils suivent les Aïnos à la chasse, sont attelés au traîneau, deux par deux, au nombre de treize : le maître conduit à la voix, sans fouet et sans rênes ; le chien d'avant guide l'équipage ; ils font facilement 25 kilomètres à l'heure, et peuvent aller ainsi pendant quatre heures.

La nourriture des Aïnos est composée d'herbes, de racines, de viande et de poissons : ils mangent tout ce qui vole, qui nage ou qui court ; leurs préférences vont à l'ours, au chien, au phoque et aux ouïes crues de poissons. Ils font pour l'hiver des provisions de poissons.

La propriété est collective, tout est à tous. L'homme se marie de 13 à 14 ans, la femme vers 12 ans. La femme enceinte fait fuir le poisson et le gibier, elle va accoucher dans la forêt et le mari ne doit pas assister à l'accouchement. Le mariage se fait sans cérémonie, le gendre doit payer au beau-père une dot constituée en chiens, en objets utiles ou en journées de travail. Le mort est enterré et ses fils ne parlent plus jamais de lui ; si l'on interroge un Aïno sur ses parents défunts, l'Aïno baisse la tête, pleure et s'en va : les morts sont en Dieu, et, par conséquent, ils deviennent, comme lui, terribles ; on les craint et on n'en parle pas.

Dieu est le composé des forces de la nature, il est Dieu parce qu'il n'est pas méchant et parce qu'il ne fait pas le mal qu'il peut faire.

Le diable est composé d'une foule d'esprits plus redoutables les uns que les autres. Le foyer participe à la divinité, s'il n'est pas réellement Dieu, et par conséquent il ne faut jamais le laisser éteindre. L'ours, bien qu'en aient dit certains voyageurs, n'est pas un Dieu, mais le messager que les hommes envoient à Dieu. Un ours est emprisonné à l'âge de deux mois, on le nourrit le mieux possible. Quand il a deux ans, en décembre, les Aïnos se réunissent et préparent un grand repas. Les jeunes femmes font pour l'ours une ceinture et des boucles d'oreilles en liane ; quarante-huit heures durant, les vieilles pleurent autour de la cage. Le vieux du village fait un discours à l'ours qui, mis à mort, devra ensuite aller demander à Dieu beaucoup de zibelines et de loutres pour l'hiver, beaucoup de phoques et de poissons pour l'été.

M. Paul Labbé termine sa communication en décrivant la fête de l'ours dans tous ses détails et d'après les renseignements inédits qu'il a rapportés.

Les routes conventionnelles des paquebots transatlantiques,

Par M. Camena d'Almeida (S. G. Bordeaux).

En octobre 1854, l'opinion publique fut vivement émue de l'abordage de deux steamers, l'*Arctic* (américain) et la *Vesta* (français), catastrophe où 300 personnes environ trouvèrent la mort. On se demanda si la science ne pourrait prévenir de pareils désastres, et si un système de précautions bien entendues ne pourrait être désormais substitué aux errements jusqu'alors suivis dans les traversées de l'Atlantique. La fréquence de plus en plus grande des traversées pouvait en effet faire craindre le retour de semblables sinistres.

C'est alors que Maury proposa d'établir pour cette traversée une double route, l'une d'aller, l'autre de retour; tout vapeur en détresse, à condition de rester sur sa route, serait infailliblement secouru par les vapeurs marchant dans le même sens; quant aux voiliers, ils sauraient quelles portions de leurs traversées les obligeraient à redoubler de vigilance, et il leur serait recommandé d'éviter les routes des steamers. Ces propositions se trouvent, détaillées, dans la réponse de Maury à des négociants de Boston (15 février 1855) et dans sa lettre au président de la Chambre de commerce américaine de Liverpool[1].

Maury recommande, pour la route d'Amérique en Europe, un trajet un peu plus méridional que pour se rendre d'Europe en Amérique. Pour qui connaît l'œuvre de Maury et a lu ses instructions détaillées, le principe est visible. Il s'agit d'utiliser les courants de directions opposées : courant du Labrador avant d'arriver en Amérique, courant du Gulf-Stream en faisant route vers l'Europe, afin que la vitesse propre de ces courants s'ajoute à celle dont le navire est animé. Maury remarque en effet que, dans sa traversée de 1838 d'Europe en Amérique, le *Great Western*, en marchant contre le Gulf-Stream, perdit 175 milles. Bien antérieurement, en 1770, Franklin cite le fait suivant : les navires allant de Londres à Providence (Rhode-Island) restaient quatorze à quinze jours de

---

1. Cf. Maury, *Instructions nautiques*, trad. Vaneechout, Paris, 1859, p. 213-219 et 219-220.

moins en route que les navires allant de Falmouth à Boston. En recherchant la cause, on s'aperçut que les capitaines de Falmouth, ignorant ou négligeant l'effet du Gulf-Stream, perdaient un temps considérable à marcher contre lui.

Ainsi, les routes de Maury sont établies d'après des principes et en raison de phénomènes qui devaient perdre de leur valeur à mesure que s'accroissaient les vitesses des paquebots. Du reste, le Gulf-Stream, au delà de la longitude de Terre-Neuve, est beaucoup plus important comme individu thermique que comme agent dynamique. Les trajets d'épaves flottantes en donnent la preuve.

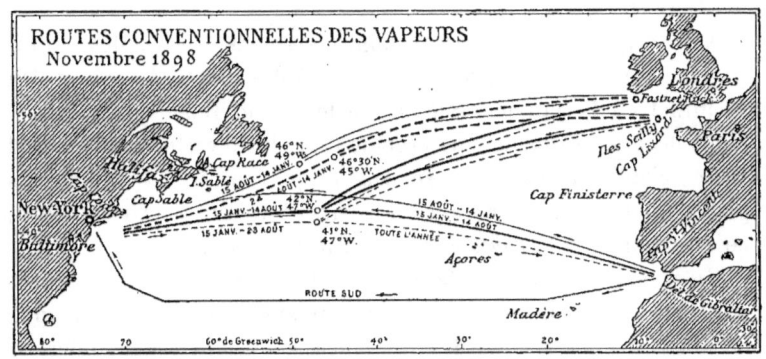

LES ROUTES CONVENTIONNELLES DES PAQUEBOTS TRANSATLANTIQUES
PAR M. CAMENA D'ALMÉIDA.

A mesure que se développait l'étude de l'Atlantique, un phénomène s'imposait de plus en plus à l'attention par les catastrophes qui en résultèrent ou faillirent en résulter : c'était la dérive des glaces sur le Grand Banc de Terre-Neuve. Maury s'exprimait assez cavalièrement sur ce point : « Quant aux glaces, écrivait-il, il est certain qu'on en pourra parfois rencontrer, surtout en mai et en juin, de manière à devoir se détourner de temps en temps de sa route ; il serait sans doute préférable qu'il en fût autrement, mais ce n'est pas là une raison suffisante pour faire abandonner notre proposition[1] ».

Le régime des glaces est généralement le suivant : elles arrivent sur le Grand Banc au début de février et en disparaissent dans la

---

1. *Instructions nautiques*, p. 214.

première quinzaine de juillet[1]. Les routes de Maury, qui restaient les mêmes pendant tout le cours de l'année, n'offraient donc pas, si l'on tient compte de la dérive annuelle moyenne des glaces, les garanties nécessaires de sécurité; il y avait tout au moins une partie de l'année où l'on aurait trouvé avantage à adopter un itinéraire un peu plus méridional. C'est cette modification que préconisèrent M. von Freeden, ancien directeur de la *Deutsche Seewarte* à Hambourg, et l'Office hydrographique de Washington, dont les *Pilot-charts* mensuels renfermaient, au sujet du régime glaciaire de l'Atlantique nord, les plus sûres indications. C'est de ces préoccupations que s'inspira une nouvelle convention, à la fin de 1891.

Aux termes de cette convention, les routes invariables durant tout le cours de l'année faisaient place à des routes de saison. Du 15 juillet au 14 janvier, époque où le Grand Banc est ordinairement dégagé, les paquebots prenaient la plus directe, par le Grand Banc; c'était la *route d'hiver*. Du 15 janvier au 14 juillet, les glaces interdisant ces parages, on passait au sud du Grand Banc, ce qui allongeait la *route d'été* de 72 milles environ.

On ne s'en est pas tenu là, et ces instructions, plus avantageuses que les anciennes, ont été à leur tour améliorées. La fréquence de plus en plus grande des traversées obligeant à redoubler de circonspection, il devenait de jour en jour plus utile de compter avec un phénomène de plus, avec les brumes. Maury croyait, sur la foi d'observations encore incomplètes, que les brumes atteignent en juin leur plus grande extension. S'il en avait été ainsi, les mesures prescrites par la convention de 1891 auraient été suffisantes. Or, il n'en est rien, car le maximum des brumes, qui survient en mai, dure jusqu'en août. C'est en s'autorisant de ce fait que M. Gerhard Schott, en 1897, demanda qu'on reportât à la seconde quinzaine d'août l'époque du changement des routes de saison[2]. Étant donné le régime ordinaire des brumes, il devenait avantageux de prolonger la validité de la route d'hiver finissant le 14 juillet, et, accessoirement, de reporter plus à l'est le point à partir duquel les navires gagnent l'Europe ou en viennent suivant un arc de

---

1. Sauf, bien entendu, de fréquentes exceptions, par exemple en 1899 et 1900, où les glaces, après avoir disparu en mai, sont ensuite revenues en abondance.
2. *Petermanns Mittheilungen*, 1897, p. 211.

grand cercle. C'est cette proposition qui a reçu sa sanction par la convention de novembre 1898, actuellement en vigueur. La route d'hiver est suivie pour l'aller du 15 août au 14 janvier; pour le retour, du 24 août au 14 janvier; la route d'été, plus au sud, est suivie à l'aller du 15 janvier au 14 août; au retour, du 15 janvier au 23 août.

On peut ainsi distinguer trois phases dans le tracé des routes conventionnelles des paquebots transatlantiques. Le premier tracé s'inspire des données qu'on possédait alors sur les courants de l'Atlantique; le second, de l'étude de la dérive des glaces; le troisième, qui n'est qu'une correction du précédent, manifeste en plus le souci d'éviter les brumes. Ces améliorations successives ont eu pour but et pour résultat de diminuer le nombre des sinistres maritimes sur un des parcours les plus fréquentés du globe; elles procèdent de longues et patientes observations qui, de peu de valeur prises isolément, sont venues se condenser en des instructions précises et rationnelles. Des études, purement spéculatives en apparence, poursuivies à Washington et à Hambourg, se sont ainsi révélées riches en résultats pratiques.

La pénétration russe en Asie,

Par M. ÉDOUARD BLANC (S. G. P.).

M. Édouard Blanc dépose sur le bureau la collection des cartes russes les plus récentes relatives à la Chine, à la Sibérie et à l'Asie centrale.

Renonçant à tout plan de conférence préparée, il se met à la disposition de ses collègues pour leur répondre sur les questions qu'ils jugeront à propos de lui poser relativement aux sujets qui concernent ces régions.

Répondant à M. Merchier, M. Édouard Blanc indique le degré d'avancement actuel des diverses voies ferrées de l'Asie russe, et en esquisse le plan général :

Chemin de fer transcaspien et ses prolongements. — Prolongement de Samarkande à Tachkent. — Embranchement du Ferganah. — Embranchement de Merv à Kouchka.

Chemin de fer transsibérien. — Ancienne section orientale devenue la ligne de l'Oussouri. — Raccordements avec le réseau européen. — Raccordements avec la mer Blanche et Arkhangel par la navigation de l'Obi et la ligne de Kotlas.

Raccordement entre le Transcaspien et le Transsibérien. — Ligne de Samarkande-Tachkent-Aoulié-Ata-Tokmak-Viernoié-Omsk.

Ligne d'Orenbourg à Tachkent, reliant le Transcaspien au réseau européen. Cette ligne, qui vient d'être décidée, sera terminée en deux ans [1]. Elle passera au nord de la mer d'Aral et suivra ensuite la vallée du Syr Daria.

Répondant à M. Bonnard, M. Édouard Blanc établit un parallèle entre le régime des dunes sahariennes et celui des déserts d'Asie.

Il indique les procédés employés par les ingénieurs russes pour contenir les sables le long de la ligne du Transcaspien. Il indique les différences entre ce problème et ceux qui se présentent dans la construction de lignes sahariennes ou transsahariennes.

Il esquisse les procédés techniques à employer pour traverser ou faire dévier les dunes continentales.

L'intérêt des questions posées à M. Édouard Blanc et des réponses qu'il a faites, aurait fourni la matière d'un mémoire qui eût été à sa place dans ce volume. Nous avons dû nous contenter de ce rapide aperçu.

Récents progrès de la géographie souterraine,

Par M. E.-A. MARTEL (S. G. P.).

M. E.-A. Martel fait un rapide tableau des progrès récents de la géographie souterraine (spéléologie) et des découvertes qui ont été effectuées dans le sous-sol des terrains calcaires depuis qu'il a inauguré, en 1888, une nouvelle méthode d'exploration scientifique des abîmes et des rivières intérieures, à l'aide des bateaux démontables et du téléphone, avec la collaboration de MM. Gaupillat et de Launay. Son initiative a été fructueusement imitée par

---

[1]. A la suite de récentes modifications dans les projets, la durée de l'exécution a été portée à quatre ans. (*Note de l'auteur.*)

MM. Renauld, Fournier, Magnin, Viré, pour le Jura; Drioton, pour la Côte-d'Or; Décombaz, pour les *scialets* et grottes du Vercors; D. Martin, Lory, Vésignié, pour les *chouruns* du Dévoluy, si curieux par leurs dépôts de glaces et neiges souterraines; Fournier, Janet, Gavet en Provence; Marty, Martrou, Ritter, Campan, pour les Pyrénées, où presque rien encore n'est fait aux points de vue de la géologie et de l'hydrologie souterraines, les savants toulousains s'étant jusqu'ici principalement dévoués aux recherches paléontologiques et préhistoriques; Vidal, Font y Sagué et Puig y Larraz en Espagne; Marinelli, Tellini, Salmojraghi, Oddone, Bensa, en Italie; Dutoit en Suisse, pour les glacières naturelles de Naye; Kloos et Müller dans la Hermann's höhle du Harz en Allemagne; Van den Broeck, de Pierpont, Rahir en Belgique; le Yorkshire Rambler's Club (M. Slingsby, Calvert, Gray, Cuttriss, etc.), parmi les profonds Pot-Holes ou gouffres d'absorption de l'Angleterre; Sideridès dans les katavothres de Grèce; Scorpil en Bulgarie; Cvijic en Serbie; pour la Scandinavie, M. Rabot a signalé des phénomènes spéléologiques dans les calcaires anciens qui entourent le Svartisen; en Russie, il n'y a à peu près rien de fait dans les cavernes de Crimée, du Caucase, de l'Oural. Quant à l'Autriche-Hongrie, elle a été le berceau et le modèle de ces sortes d'investigations (Schmidl à Adelsberg, etc., 1850-1857; Krisz en Moravie, 1864-1900; Hanke, Marinitsch, Muller, depuis 1884, à la Recca près de Trieste; Lindner en 1840 près de Trieste; Putick, Riedel, Ballif, Hrasky, depuis 1886, pour les travaux officiels ordonnés par le gouvernement autrichien pour l'assainissement des vallées fermées du Karst; Siegmeth, Függer en Hongrie. En Amérique, MM. Hovey, Ellsworth Call, Van Epps, Miss L. Owen commencent à donner des indications moins fantaisistes que celles répandues jusqu'à présent. Enfin M. Martel fait ressortir les contributions scientifiques nouvelles apportées par les récentes explorations souterraines à la géographie physique, à l'hygiène, à la géologie. On ne peut ici, sur ces résultats, que renvoyer aux diverses communications annuelles de M. Martel dans les C. R. de l'Académie des sciences et de la Société de Géographie, ainsi qu'à ses différents ouvrages (*Cévennes*, 1890; *Abîmes*, 1894; *Irlande et Angleterre*, 1897; *La Spéléologie*, 1900), et aux publications de la Société de Spéléologie, fondée en 1895.

Le baron Hulot dépose sur le bureau du Congrès, de la part de Madame Charles Garnier, plusieurs exemplaires d'une brochure sur la *Méthode de transcription rationnelle générale des noms géographiques*, par Christian Garnier. Il résume cette méthode appelée à rendre d'importants services en ramenant toutes les écritures à un type unique.

L'œuvre de M. Christian Garnier a mérité le prix Volney (Académie des inscription et belles-lettres). On ne peut que déplorer la mort de ce savant de vingt-six ans, qui avait marqué sa place parmi les géographes.

M. Gauthiot fait remarquer que la classe XIV de l'Exposition universelle a obtenu pour l'ouvrage de Christian Garnier une médaille d'argent, qui s'ajoute aux distinctions qui ont déjà affirmé son importance et son utilité.

M. Gallois présente également la brochure portant le titre : *La Cartographie à l'Exposition universelle de 1900*, par Emm. de Margerie de Louis Raveneau[1].

Une chose ne peut manquer de frapper les géographes visitant l'Exposition, c'est le progrès accompli dans l'expression concrète des faits géographiques. Il a semblé aux auteurs que rien ne serait plus utile que de dresser un catalogue explicatif et méthodique de toutes ces cartes, permettant de les découvrir dans les nombreuses sections où elles se trouvent dispersées, et d'en conserver l'indication précise. Cette brochure est un guide du géographe à l'Exposition, mais limité à la cartographie.

M. Demontès dépose sur le bureau, au nom de M. Georges Mandeville et au sien, un exemplaire d'une *Étude de démographie algérienne* sur les populations européennes, leur accroissement, leur densité et leurs origines.

Cette première étude sera continuée par deux autres qui paraîtront dans les *Questions diplomatiques et coloniales*.

---

[1]. Extrait des *Annales de Géographie*, t. IX, 1900 (n° 46 du 15 juillet et 48 du 15 novembre 1900).

« Trois grands problèmes sont actuellement soulevés :

« 1° Accroissement des populations européennes de l'Algérie : c'est de celui-là que traite cette brochure ;

« 2° Acclimatement de ces mêmes Européens ; comparaison de leur natalité et de leur mortalité ;

« 3° Enfin pénétration de ces divers peuples, français, espagnols, italiens maltais.

« En les abordant dans cet ordre nous ne faisons après tout que nous régler sur l'importance qu'ils ont prise avec le temps ; car, au début, la question la plus grave que souleva la conquête de l'Algérie fut celle du peuplement de cette colonie par l'élément européen et surtout français ; plus tard l'acclimatement de ces colons, venus de pays tempérés dans la chaude Afrique, préoccupa tous les esprits et suscita bien des inquiétudes ; aujourd'hui la question qui doit retenir l'attention, c'est celle de la fusion des races entre elles et la constitution d'un peuple nouveau, le peuple algérien.

Publication d'un atlas contenant les divers documents statistiques et géographiques des ministères,

Par M. A. LAYEC, délégué de la Société Bretonne de Géographie (Lorient).

La question que j'ai l'honneur de vous soumettre, au nom de la Société Bretonne de Lorient, serait mieux intitulée : « De l'utilité de la publication d'un atlas de France géographique et statistique dressé à l'aide des divers documents des ministères. »

La question n'est pas nouvelle : elle a déjà été portée devant les congrès de Lyon en 1894 et de Bordeaux en 1895 ; elle a été suivie de vœux longtemps discutés, dont il n'est rien sorti. Nous avons cependant pensé, surtout après la publication de l'Atlas de Finlande, que l'importance d'une telle publication était prouvée et qu'il appartenait au congrès de Paris de le constater.

La cartographie française est en progrès, on ne peut le nier. Des cartes topographiques de France ont été dressées à des échelles diverses, par les Ministères de la Guerre, de l'Intérieur, des Travaux publics.

Des éditeurs ont entrepris à grands frais la publication d'atlas généraux où chaque pays a la place qu'il mérite.

Mais nous n'avons pas d'atlas complets réservés uniquement à la France, où la France serait étudiée, non seulement aux divers points de vue physiques, mais où encore viendraient se joindre les cartes statistiques de géographie économique et de géographie démographique.

« La cartographie de nos atlas, dit-on dans un article du bulletin de Bordeaux, s'étend trop sur les divisions administratives, qui sont d'un intérêt secondaire en géographie, et néglige absolument les figurations commerciales, industrielles et agricoles. Enfin, la représentation des accidents hypsométriques, hydrographiques et géologiques et des événements météorologiques y est trop restreinte et même manque parfois totalement. »

Cependant reconnaissons que ces sortes de cartes commencent à apparaître dans quelques atlas, mais à une échelle d'ailleurs si minime (1/10 000 000) que les renseignements manquent de précision et restent dans des lignes trop générales.

Aujourd'hui que la géographie ne passe plus pour une œuvre de pure érudition, mais est bien une œuvre scientifique, expliquant les rapports de la terre et de l'homme, l'atlas aura-t-il réalisé son but quand il se sera contenté de couvrir un pays de noms plus ou moins connus, avec la désignation des fleuves et des affluents les plus ignorés? Ce rôle documentaire est réservé aux dictionnaires géographiques, dressés dans l'ordre alphabétique.

Cet atlas est insuffisant, et ceux qu'intéresse la géographie voudraient qu'on leur montrât aussi, par exemple, les zones de végétation, les régions climatologiques, la hauteur des pluies, la répartition des plantes utiles, des animaux, la localisation des produits du sous-sol, le siège des industries, les voies de communication avec la figuration de leur trafic, les ports avec leurs importations et leurs exportations, etc., tout ce qui se rattache en un mot à l'utilisation par l'homme du milieu où il vit.

Ce n'est pas tout : cet homme, l'habitant de ce sol qu'il a fructifié, nous voulons aussi le voir avec sa répartition, sa densité, sa langue, sa religion, sa distribution de sexes, ses proportions de natalité et de mortalité, etc., tout ce qui touche à la « géographie humaine ».

ATLAS STATISTIQUE ET GÉOGRAPHIQUE DES MINISTÈRES

Voilà ce qu'a réalisé l'Atlas de Finlande, publié par les soins de la Société de Géographie d'Helsingfors. Je n'ai pas besoin de vous développer les mérites de cet ouvrage, qui fait honneur à ce petit pays, dont ce n'est pas la seule gloire, comme l'a dit M. Henri Cordier qui, dans votre bulletin *La Géographie*, lui a consacré un article élogieux.

De son côté, la Société de Géographie Commerciale a décerné une de ses récompenses annuelles à cette œuvre, dont un des membres de la Commission a dit « qu'au temps de Mercator on l'eût appelé le Miroir de la Finlande ». Là, en effet, se réfléchissent tous les aspects de ce pays curieux.

En France, rien de semblable n'existe. D'autres pays se sont livrés à ce travail. Cependant les documents ne manquent pas; sous forme de graphiques, de diagrammes, même de cartes, toutes les statistiques, que nous voudrions voir réunies dans un atlas, ont été, à peu près, publiées par les divers ministères.

L'Exposition de 1900 en présente un grand nombre. Nous y voyons le Ministère de la Marine avec plusieurs cartes des pêcheries maritimes et leur rendement par arrondissement et quartier; M. Thoulet avec sa carte lithologique des côtes de France; la Direction des eaux et forêts avec la carte forestière de France sur quatre teintes; le Ministère des Travaux publics avec une série de cartes présentant la production minérale de la France, la production métallurgique, la production des carrières, des eaux minérales, la consommation des combustibles, etc.; la Direction du travail du Ministère du Commerce avec ses cartogrammes et ses tableaux graphiques figurant la densité et le mouvement par arrondissement de la population de 1801 à 1896, les migrations intérieures, la répartition des étrangers par département, la distribution comparative de l'agriculture et de l'industrie sur le territoire de France.

Ces travaux, et d'autres qui reposent dans le fond des armoires des ministères, pourraient servir de base à l'atlas projeté; il suffirait de beaucoup de bonne volonté et de travail pour centraliser et systématiser ces documents établis à des échelles diverses et conçus sur des plans souvent différents.

SÉANCES DE L'APRÈS-MIDI

RÉUNION DES DÉLÉGUÉS

Les délégués des Sociétés françaises de Géographie composant le Comité du Congrès se sont réunis au siège de la Société, le 24 août, à deux heures, sous la présidence du général Derrécagaix, assisté du baron Hulot, secrétaire général.

Les délibérations ont porté : 1° sur la revision des vœux, dont le texte définitif figure dans le compte rendu de la séance de clôture; 2° sur la fixation du lieu du prochain Congrès. A l'unanimité des voix, la ville de Nancy a été désignée. La Société de Géographie de l'Est voudra bien se charger d'organiser la XXII° session.

Sur la proposition de M. le colonel Derrien, le Conseil décide, en outre, que la XXIII° session sera tenue, en 1902, dans la ville d'Oran.

SÉANCE DE CLOTURE

Présidence du général DERRÉCAGAIX.

Au bureau prennent place les délégués des ministères et sur l'estrade les délégués des sociétés.

Le secrétaire général donne lecture des vœux retenus par le Comité.

I

Le Congrès émet le vœu que le projet de carte de France au 50 000°, adopté par la Commission centrale des travaux géographiques et par l'Académie des sciences, soit mis à exécution dans le plus bref délai possible.

II

Le Congrès émet le vœu que le projet de réseau de câbles sous-marins présenté aux Chambres soit adopté; qu'il soit exécuté dans le plus bref délai possible; qu'il soit complété ultérieurement et rapidement.

III

Le Congrès émet le vœu que les pouvoirs publics activent le plus possible la pénétration économique et le mouvement commercial vers l'ouest de l'Afrique du Nord, notamment par la prolongation du chemin de fer de l'Ouest Oranais.

IV

Le Congrès émet le vœu que le rapport de M. Leclère, sur les richesses minérales des provinces voisines du Tonkin, soit vulgarisé le plus complètement et le plus promptement possible.

V

Le Congrès, considérant les intérêts généraux de la Tunisie, rappelle les vœux qu'il a émis à Marseille et à Alger relativement à Bizerte, émet à nouveau le vœu qu'une voie ferrée soit construite le plus tôt possible pour rapprocher Bizerte des richesses de l'intérieur, et mettre aussi à sa portée les ressources militaires de l'Algérie.

VI

Le Congrès, reprenant la proposition du Congrès de 1899, émet le vœu que des opérations de nivellement soient entreprises le plus tôt possible de Tombouctou dans la direction d'*In Salah*, en vue de déterminer jusqu'à quel point des dérivations prises sur le Niger pourraient être utilisées pour l'irrigation de la région.

VII

Le Congrès des Sociétés françaises de Géographie émet le vœu qu'il soit procédé le plus tôt possible à l'exécution :
1° Du canal du Nord;
2° Du canal de l'Escaut à la Meuse;
3° Des travaux d'agrandissement du port de Dunkerque.

VIII

Le Congrès émet le vœu que l'Exposition coloniale, s'il y en a une, soit tenue à Alger en 1903-1904.

IX

Le Congrès, sur la proposition de M. Demontès, émet le vœu :
Que les statistiques algériennes et, en particulier, le prochain dénombrement de 1901, soient établis avec toute la précision désirable, en vue de nous renseigner exactement sur l'état des populations, tant indigènes qu'européennes, qui habitent notre colonie.

X

Le Congrès des Sociétés françaises de Géographie, plein d'admiration et de reconnaissance pour les services rendus par le commandant Lamy, dont le nom glorieux s'ajoute à la liste déjà si longue des héros morts pour la patrie, émet le vœu que le nom du commandant Lamy soit donné à un village de l'Algérie. Le Congrès a tenu à exprimer ce vœu pendant la séance même que présidait le représentant de la Société de Géographie d'Alger, M. le contre-amiral Servan.

XI

Le Congrès renouvelle le vœu que le Conseil municipal de Paris donne le nom d'Henri Duveyrier à une rue de Paris. Le Conseil municipal aurait la sanction de l'opinion publique et celle du monde savant.

XII

Le Congrès, prenant acte de la communication du lieutenant Chardon au sujet des fouilles de Rusguniæ, émet le vœu que les pouvoirs publics encouragent par une subvention la continuation de ces fouilles.

XIII

Le Congrès émet le vœu que les ministères mettent leurs documents géographiques et statistiques (cartes, graphiques, diagrammes) à la disposition des Sociétés ou des personnes qui voudront entreprendre l'Atlas géographique et statistique de la France.

Après cette communication, le président du Congrès clôt la XXIᵉ session par l'allocution suivante :

« Messieurs, nos séances sont terminées; vous venez d'entendre l'exposé des vœux que le Congrès a votés et qui ont été retenus par le Comité. Ils constituent le résumé pratique d'une grande partie de nos travaux. Leur nombre et les sujets dont ils s'occupent suffiraient au besoin à en démontrer l'importance.

« Il reste maintenant à en poursuivre la réalisation. Cette tâche sera remplie avec zèle par le bureau auquel elle incombe. Avec l'aide du président de la Société de Géographie de Paris, il s'efforcera d'obtenir, auprès des pouvoirs publics, les solutions favorables que nous pouvons souhaiter.

« En nous réunissant à Paris cette année, nous avions à craindre que les attraits de l'Exposition ne soient un obstacle pour nos études. Vous devez être heureux de constater qu'il n'en a rien été et que le culte de la géographie l'a emporté sur les distractions du moment.

« Quarante-trois communications écrites ou verbales ont été présentées au Congrès. Presque toutes ont donné lieu au dépôt d'un mémoire ou d'un résumé qui constituent de précieux documents pour la solution de plusieurs questions intéressantes.

« Parmi ces communications, il en est dont l'importance vous a frappés. En les mettant en relief, le Congrès en a mieux fait comprendre la valeur, et il aura sans doute une influence déterminante sur la suite qui leur sera donnée.

« A cette occasion, qu'il me soit permis de féliciter les conférenciers, dont le talent nous a charmés, en éveillant parmi nous l'attention la plus sympathique.

« Les visites aux expositions géographiques ont été pleines d'intérêt, grâce à la direction éclairée qu'ont su leur imprimer, entre autres, M. Camille Guy, du Service géographique des Colonies, et M. le capitaine du génie Jardinet, du Service géographique de l'Armée.

« Enfin le Congrès a montré une fois de plus son utilité, je dirai presque sa nécessité. Il nous a appris d'abord à mieux nous connaître et à comprendre qu'étant isolées les unes des autres, les Sociétés de Géographie peuvent craindre parfois de voir leurs efforts rester impuissants. En se réunissant chaque année, elles créent elles-mêmes l'appui dont elles ont besoin ; elles forment un faisceau de volontés et donnent un corps à des aspirations qui, sans cela, resteraient dispersées de tous côtés ; elles précisent les idées et les font converger sous une direction unique, vers le but qu'elles poursuivent : le progrès de la science et la grandeur de la patrie.

« Messieurs, l'ordre du jour de nos travaux est épuisé. Je déclare, en conséquence, que la vingt et unième session du Congrès des Sociétés de Géographie de France est close. »

***

Bien que le Congrès national des Sociétés françaises de Géographie ait clôturé ses travaux le 24 août, il est juste d'y rattacher deux intéressantes visites organisées sous ses auspices et qui furent faites après cette date, l'une à la section russe de l'Exposition de 1900, l'autre à l'Observatoire de Paris. La première a été dirigée par M. Paul Labbé, commissaire à l'exposition russe ; la seconde s'est effectuée sous la conduite d'un astronome, M. Barré.

C'est une nouvelle occasion pour la Société de Géographie d'exprimer sa reconnaissance à tous les membres du Congrès qui ont bien voulu lui prêter un concours efficace.

TABLE DES MATIÈRES

	Pages.
Règlement	1
Organisation de la XXIᵉ session	7
Questionnaire	9
Bureau du Congrès	11

TRAVAUX DU CONGRÈS

1ʳᵉ Journée. — *Lundi 20 Août 1900.*

SÉANCE D'OUVERTURE

Discours d'ouverture	13
Rapports des délégués	22

SÉANCE DE L'APRÈS-MIDI

E.-J. Bastard. — Mission à Madagascar; les Mahafaly (avec carte hors texte) 56
G. Marcel. — Note sur des portulans du XVIᵉ siècle, à l'usage des marins bretons 63
A.-A. Fauvel. — Nouvelle cartographie chinoise 64
Hulot. — Les missions françaises vers le Tchad (avec carte hors texte). 84
D. Levat. — Le chemin de fer de Cayenne aux placers 85

2ᵉ Journée. — *Mardi 21 Août.*

SÉANCE DU MATIN

M. Dubois. — Définition et limites de la géographie. Classification des sciences géographiques 89
L. Gallois. — L'évolution de la Géographie 108

SÉANCE DE L'APRÈS-MIDI

Général BASSOT. — Le Service géographique de l'Armée en Indo-Chine et à Madagascar........ 120
J. THOULET. — De la confection de cartes lithologiques sous-marines.... 126
CLOZEL. — La Côte d'Ivoire en 1900........ 128
G. CAPUS. — Note sur les sanatoria de l'Indo-Chine française......... 135
CHANTELOUBE. — Note sur l'exploitation de l'alfa et ses applications dans l'industrie......... 136
CH. LEMIRE. — Les câbles sous-marins français......... 138

3ᵉ Journée. — *Mercredi 22 Août*.

SÉANCE DU MATIN

Commandant BOURGEOIS. — Les travaux et les méthodes actuelles de la Géodésie au Service géographique de l'Armée......... 141
Lieutenant CHARDON. — Les fouilles du Rusguniæ......... 146
H. DE SARRAUTON. — Théorie et application du système de l'heure décimale......... 148
C. CASPARI. — Note à propos du système de M. H. de Sarrauton......... 162
I. DE REY-PAILHADE. — Note sur l'application du système décimal au temps et à l'angle......... 164
C. GUY. — La mission Gendron......... 165
E. LEVASSEUR. — Sur la géographie de la houille dans la Grande-Bretagne. 166
H. BARRÉ. — Monographies départementales......... 167
Mme BRESSAC. — Construction d'un globe au 1/400 000ᵉ......... 173
VISITE A L'EXPOSITION......... 175

SÉANCE DU SOIR

A. LECLÈRE. — Mission dans la Chine méridionale......... 178

4ᵉ Journée. — *Jeudi 23 Août*.

SÉANCE DU MATIN

A. BERTRAND. — Exploration chez les ba-Rotsi (Haut-Zambèze)......... 185
G. BOTTIN. — Note sur le canal du Nord et le canal de l'Escaut à la Meuse. 195
V. DEMONTÈS. — Densité comparée des populations européennes et des populations indigènes en Algérie......... 196
E. BELLOC. — Remarques sur la signification et l'orthographe des noms de lieux......... 214
F. SCHRADER. — Note sur l'Union cartographique internationale......... 223

SÉANCE DE L'APRÈS-MIDI

G.-B.-M. FLAMAND. — Le Sahara, reliefs et dépressions......... 231
Colonel BERTHAUT. — Projet d'une nouvelle carte topographique de la France......... 232
CHANTELOUBE. — Note sur l'exploitation du sorgho à balais en Algérie... 254
C. MAUNOIR. — Note sommaire relative à Henry Duveyrier......... 255

BANQUET......... 259

5º Journée. — *Vendredi 24 Août*.

SÉANCE DU MATIN

PAUL LABBÉ. — Note sur les Aïnos de l'île de Sakhaline................	261
CAMENA D'ALMEIDA. — Les routes conventionnelles des paquebots transatlantiques (avec croquis dans le texte)...........	264
ED. BLANC. — La pénétration russe en Asie........................	267
E.-A. MARTEL. — Récents progrès de la géographie souterraine.........	268
A. LAYEC. — Publication d'un atlas contenant les divers documents statistiques et géographiques des ministères......................	271

SÉANCE DE L'APRÈS-MIDI

Réunion des délégués..................................	274
SÉANCE DE CLOTURE. — VŒUX......................................	274
Discours de clôture..	277
Visite à l'exposition russe et à l'Observatoire......................	278

CARTES

Itinéraire de M. Bastard chez les Mahafaly (Madagascar)..............	63
Mission Foureau-Lamy...	85
Routes conventionnelles des paquebots transatlantiques..............	265

TABLE ALPHABÉTIQUE

Aïnos, 9, 261, 262, 263.
Alfa, 10, 136.
Algérie, 10, 196, 254, 276.
Almanach nautique du XVIe siècle, 9.
ANDRÉ (Louis), 35.
ANTHOINE (Ed.), 7, 11, 176.
ARNOUX, 11.
Asie (Pénétration russe en), 9, 267.
Association cartographique internationale, 9, 223.
Atlas documentaire de la France, 9, 271, 276.
AUBRY DE LA NOË (amiral), 11.

Banquet, 259.
Ba-Rotsi (Zambèze), 9, 185.
BARRÉ, 278.
BARRÉ (Henri), 9, 167.
BARTH (H.), 236.
BASSOT (général), 10, 120.
BASTARD (E.-J.), 56.
BELLOC (Émile), 9, 214.
BERTHAUT (colonel), 10, 232.
BERTRAND (Alfred), 9, 185.
Bizerte, 258, 275.
BLANC (Ed.), 9, 267.
BONAPARTE (prince Roland), 7, 8, 11, 88.
BONNARD (Paul), 10, 258.
BONNE, 234.
BOTTIN (Georges), 10, 195.
BOULLAND DE L'ESCALE, 11, 259.
BOURGEOIS, 10, 141.
BRESSAC (Mme), 175.
Bureau du Congrès, 11.

Câbles sous-marins, 138, 276.
CAMENA D'ALMEIDA, 9, 47, 264.
Canal (du Nord et de l'Escaut à la Meuse), 10, 193, 275.
CAPUS (G.), 10.
Cartes (dans le texte), 265.
Carte de France, 10, 232, 274.
Cartes lithologiques sous-marines, 10, 126.
Cartographie internationale, 9, 223.

CASPARI (Chr.), 162.
CASSINI, 232.
CASENAVE, 11.
CHAMBEYRON, 24, 259.
CHANTELOUBE, 10, 36, 254.
CHARDON (lieut.), 9, 146, 276.
Chemin de fer de l'Ouest algérien (vœu), 258, 275.
Chemins de fer africains, 10.
Chine, 10, 64, 177, 178.
CLAPARÈDE (Arthur de), 223, 259.
Classification de la géographie, 87.
CLOZEL (F.-J.), 10, 128.
COILLARD (F.), 185, 186, 193, 194.
Comité d'organisation du XXIe Congrès, 7.
Congrès nationaux fr. de géographie. (Règlement des), 1. — Prochains congrès, 274.
CORCELLE (P.), 53.
CORDIER (H.), 7, 273.
Côte d'Ivoire en 1900, 10, 128.

Délégués des ministères, 11, 374; -- des sociétés, 12, 22, 374.
DEMONTÈS, 10, 196, 270, 276.
Dépôt d'ouvrages, 270.
DERRÉCAGAIX (général), président, 7, 11, 17, 259, 274 (277, discours de clôture).
DERRIEN (colonel), 41, 274.
Djurjura (Algérie), 209.
DOBY (V.), 34.
Documents des ministères, 9, 271, 276.
DUBOIS (Marcel), 9, 87.
Dunkerque, 275.
DUVEYRIER (Henri), 255, 256, 257, 258, 276.

Étymologie géographique, 9, 214.
Évolution de la Géographie, 108.
Exposition coloniale (vœu relatif à une), 276.
Exposition universelle, 8, 175, 277, 278.

FAUVEL (A.-A.), 10, 64.
FAVIER, 26.

TABLE ALPHABÉTIQUE 283

FÉRAUD, 257.
FLAMAND (G.-B.-M.), 10, 231, 258.
Fouilles du Rusguniæ, 9, 146, 276.
FOUREAU (F.), 10, 84.
France. Cartographie, 10, 232. — Monographies départementales, 9, 167. - - Documents des ministères, 9, 271, 276.
FROIDEVAUX (H.), 7.

GALLOIS (Lucien), 108, 270.
GARNIER (Chr.), 270.
GARNIER (J.), 7.
GAUPILLAT, 268.
GAUTHIOT (Ch.), 45, 259, 270.
GENDRON, 10, 165.
Géodésie (méthodes), 141.
Géographie (domaine, classification), 9, 87, 108.
Géographie coloniale (Questions de), 9.
Géographie économique (Questions de), 9.
Géographie générale (Questions de), 9.
Géographie souterraine, 10, 268.
GIRARD (J.), 7.
Globe au 1/400 000ᵉ, 167.
GLORIEUX, 175.
Grande-Bretagne, 10, 166.
GRANDIDIER (Alfred), 7, 11, 13.
GUÉNOT, 23.
GUY (Camille), 7, 10, 11, 165, 175, 277.
Guyane, 85.

Heure décimale, 148.
Houilles dans la Grande-Bretagne, 10, 166; - - dans la Chine méridionale, 178.
HULOT (baron), 1, 7, 11, 18, 84, 176, 270, 274.

Indo-Chine, 10, 120, 135.

JALLA (Louis), 193.
JARDINET (capitaine), 8, 175, 277.
Jésuites en Chine, 65.

Kabylie, 208, 209.
KOVERSKI, 140.

LABBÉ (Paul), 1, 8, 9, 11, 258, 261, 262, 263, 278.
LACROIX (commandant), 7.
LAMY (commandant), 10, 258, 276.
Lao-Kaï, 181.
LAPPARENT (A. de), 7.
LAUNAY (L. de), 268.
LAYEC (A.), 9, 54, 271.
LECLÈRE (A.), 7, 177, 275.
LEMIRE (Ch.), 8, 138.
LÉOTARD (Jacques), 37.
LE VASSEUR, 223.
LEVASSEUR (Émile), 10, 11, 166.
LEVAT (E.-D), 85.
LEWANIKA, 187.
LOZÉ, 166.

MAC CARTHY (O.), 256.
Madagascar, 10, 56, 120.
Mahafaly, 56.
MANDEVILLE (G.), 270.
MARCEL (Gabriel), 7, 9.
MARGERIE (Emm. de), 270.
MARIN, 11.
MARTEL (E.-A), 10, 268.
MAUNOIR (Ch. J.), 7, 255.
MAURY, 264.
MERCHIER, 22, 259.
MILLE (Pierre), 175.
Missions d'exploration en Afrique : Foureau-Lamy, 10, 84; — Gentil, 10, 84; — Gendron, 10, 165.
MONFLIER, 43.
Monographies départ.mentales, 9, 167, 276.

Navigation (routes), 9, 264.
Niger. Hydrographie, 10.
Noms des lieux (Origine des), 9, 214.

Organisation du Congrès, 7.
Orthographe géographique, 9, 214.

Paquebots transatlantiques (routes), 9, 264.
PERRON, 223.
Population de l'Algérie, 10, 196.
PORT (Étienne), 36.

Questionnaire, 9.

Rapports des délégués, 22-55.
RAVENEAU (L.), 270.
Règlement des Congrès nat. de géogr., 1.
Réception, 88.
Réunion des délégués, 274.
REY-PAILHADE (J. de), 164.
ROCHER (E.), 179.
ROUDAIRE, 257.
Routes des paquebots transatlantiques, 264.
Rusguniæ (cap Matifou), 9, 146, 276.
Russes en Asie, 9, 267.

SABATINI, 259.
Sahara, 10, 201, 231.
Sakhaline, 9, 261.
SARDA, 259.
Sanatoria de l'Indo-Chine, 10, 135.
SARRAUTON (H. de), 148.
SCHLUMBERGER, 7.
SCHRADER (Franz), 9, 223.
SERVAN (amiral), 10, 27, 146, 258, 276.
Service géographique de l'Armée, 10, 141, 241, 244.
SIMON, 175.
Société de géographie de Poitiers, 119.
Sociétés représentées au Congrès, 12, 22-55.
Sorgho (Culture du), 10, 254.
Soudan occidental (nivellement), 275.
Spéléologie, 10, 268.

Statistiques algériennes (Vœu relatif aux), 276.
Subventions accordées au Congrès, 7.
Système métrique (applications diverses), 148, 164.

Tell, 198, 199.
THOULET (J.), 10, 126, 273.
TILLO (général de), 223, 228.
TOCANNE (commandant), 11.

Union cartographique internationale, 9, 223.

VAULSERRE (De), 183.
VENUKOFF (Michel), 140.
Vœux, 223, 258, 274-276.

Yunnan, 178, 179.

Zombèze, 9, 183.

Coulommiers. — Imp. PAUL BRODARD. — 193-1901.

www.ingramcontent.com/pod-product-compliance
Lightning Source LLC
Chambersburg PA
CBHW071420150426
43191CB00008B/983